필름 리터러시

필름 리터러시 영화로 읽는 세상

초판 1쇄 인쇄 · 2018년 1월 5일
초판 1쇄 발행 · 2018년 1월 10일

지은이 · 황영미
펴낸이 · 한봉숙
펴낸곳 · 푸른사상사

주간 · 맹문재 | 편집 · 지순이 | 교정 · 김수란
등록 · 1999년 7월 8일 제2-2876호
주소 · 경기도 파주시 회동길 337-16 푸른사상사
대표전화 · 031) 955-9111(2) | 팩시밀리 · 031) 955-9114
이메일 · prun21c@hanmail.net / prunsasang@naver.com
홈페이지 · http://www.prun21c.com

이 도서의 국립중앙도서관 출판예정도서목록(CIP)은 서지정보유통지원시스템 홈페이
지(http://seoji.nl.go.kr)와 국가자료공동목록시스템(http://www.nl.go.kr/kolisnet)에서
이용하실 수 있습니다.(CIP제어번호 : CIP2018000421)

푸른사상 예술총서 15

필름 리터러시

영화로 읽는 세상

황영미

푸른사상
PRUNSASANG

영화 관련 논문을 많이 썼는데도 단행본으로 묶어야겠다는 생각을 하지 못할 만큼 바빴다. 늘 일이 밀린 채로 10년을 지내왔다. 학교 수업 외에 여러 단체 업무도 많았고, 개인적으로도 프로젝트 및 연구와 해야 할 공부도 많았다. 이번 단행본에 들어가지 않은 영화 관련 논문은 감독론이나 다른 연구자들과 함께 쓴 공동 논문이다. 조만간 감독론도 발간해야 하고, 무엇보다 올해 꼭 발간해야 되는 '영화 인문학 기행'도 기다리고 있다.

좋은 논문을 남겨야 한다는 강박증보다 열심히 써야 한다는 당위성이 먼저여서 세상에 내놓기가 한편으로는 부끄럽기도 하다. 그래도 10년간 영화 리터러시에 대해 연구한 결과물로 여기며 한 편 한 편 모았다.

이 책은 4장으로 구성되어 있다. 먼저 1장에서는 교양학부 교수자로서 필자가 고민했던 내용인 영화를 활용한 의사소통 교육과 관련한 논문들을 모았다. 영화를 읽기 교육과 쓰기 교육에 활용하려면 학생들의 영화에 대한 분석력이 키워져야 한다. 이를 위해 다양한 읽기 훈련을 한 후, 키워진 분석력을 바탕으로 글쓰기를 하는 수업모델을 제시하고 있다. 2장에서는 문학을 원작으로 한 영화에 대한 연구를 모았다. 문학이 전공이며 영화평론을 하는 필자로서는 가장 관심과 애정이 가는 분야의 연구이다. 영화와 문학이라는 서사를 서사론을 바탕으로 시점을 중심으로 한 방법론으로 읽어낸 논문들이다. 3장에서는 영화는 사회를 비추는 거울 역할을 하기 때문에, 영화가 담고 있는 사회적 함의를 중심으로 읽어

4

본 글들이다. 다문화, 한국전쟁, 내셔널 시네마의 의미를 탐구해보았다. 사회의 변화와 역사 속 의미를 영화를 통해 읽어낸 연구들이다. 마지막으로 4장에서는 영화에서 철학적 의미를 천착해보았다. 노자의『도덕경』적 사유를 소설 원작으로 만든 영화에서 읽어보고자 했다. 자연, 본능이라는 코드가 노자와 오늘날의 영화를 만나게 해주었다. 또한 장 보드리야르의『시뮬라시옹』에서의 사회철학적 관점으로도 접근하여 읽어냈다. 모사된 이미지가 현실을 대체한다는 시뮬라시옹(Simulation) 이론에서는 더 이상 모사할 실재가 없어지면서 실재보다 더 실재 같은 파생실재가 생산된다고 한다. 이러한 양상을 질서와 권력 유지를 위해 가상의 적을 만들어 공포감을 조성하는 플롯을 지닌 문학과 영화를 통해 읽어냈다. 영화에 대한 이러한 다양한 읽기 방법이 필름리터러시의 하나의 시도가 될 수 있을 것이다.

타인이든 자신이든 삶에 대한 읽기 능력인 라이프 리터러시가 잘 되고 있어야 우리의 삶도 바람직하게 살 수 있을 것이다. 우리 삶에 깊숙이 들어와 있는 영화에 대한 읽기를 필름 리터러시라 불러보며 책을 꾸렸다.

이 책은 연구자와 교육자 모두에게 도움이 되는 방식으로 구성되어 있다. 여기 실린 글은 전문 학술지에 게재된 논문이다. 대중성이 없는 전문 학술서를 선뜻 발간해준 푸른사상사에 감사드린다.

2017년을 보내며
청파동 연구실에서 황영미

제2부

영화와 문학

영화와 문학

영화와 글쓰기

글쓰기 교육에서 영화를 활용하여 교육적 효과를 증진시키는 방법을 제시한다. 전공별 맞춤형 글쓰기 교육과 읽기와 쓰기를 연결하여 교육하는 방식 및 성찰적 글쓰기 교육까지 영화를 활용하여 교육하는 모델을 제시한다.

예술학부 글쓰기 교육 사례

▣ 『영혼의 편지』와 〈열정의 랩소디〉를 중심으로

1. 들어가며

2000년 이후 대학의 교양교육은 교양국어를 벗어나 '의사소통 교육'을 지향하게 되면서 다양하게 변화해왔다. 김주현은 "한국의 대학들은 '실천적 지식(practical knowledge)'을 중심으로 교양교육을 개편했다. 실천적 지식이란 이론적 지식과 대별되어 '스스로 할 수 있는(how to do)' 지식을 뜻한다. 교양교육은 지식의 내용 전수에 그치지 않으며 지식의 구사, 곧 어떻게 지식을 생산하고 적용하고 소통하는지 그 방법을 몸에 익히도록 한다"[1]고 주장하며 교양교육이 의사소통 교육으로 전환하고 있음을 강조한 바 있다. 대학의 교양교육 대부분이 의사소통 교육으로 모아지면서 대학마다 과목명과 목표는 조금씩 상이하지만, 대체로 학문을 하기 위한 기초 능력 함양과 지식인으로 살아가기 위한 사고 능력과 표현 능력을

---

1   김주현, 「미술대학 글쓰기 교육 체계 – 교양 교과 예술 계열 글쓰기와 전공 교과 글쓰기 연계」, 『미술교육논총』 29권 4호(한국미술교육학회), 2015, 164쪽.

함양하기 위한 방향으로 진행되어왔다고 해도 큰 무리는 없을 것이다.

각 대학미다 운용하는 방법은 다르지만, 대체로 글쓰기가 중심이 되어, 읽기와 말하기가 글쓰기와 통합적으로 운영되기도 하고, 글쓰기만 중점적으로 다루어지기도 한다. 이 글은 읽기와 말하기와 쓰기는 연계되어 운영되는 것이 그 효과가 증진된다는 관점에서 출발한다.

또한 의사소통 교육을 보다 효과적으로 진행하기 위한 방법론적 논의로 계열별 글쓰기 논의가 대두되기 시작했다. 글쓰기 교육에서 계열별 차이를 강조하는 이유는 그간 학술적 글쓰기를 강조했던 수업이 전공별 특성을 무시함으로써 학습자의 불만족이 이어지고 있다는 주장이 설득력을 얻고 있기 때문[2]으로 각 대학에서는 계열별 글쓰기로 교과과정을 구분하고, 해당 교재를 만드는 등의 변화를 꾀하고 있으며, 계열별 글쓰기 교육에 관한 학자들의 연구도 많아졌다.

계열별 글쓰기 교육에 관한 논의들 가운데 타 계열보다 글쓰기에 두려움을 많이 가지고 있는 예술 계열 글쓰기 논의에 많은 연구들이 있었다. 예술 계열 글쓰기 교육은 전공 영역인 예술 활동을 보다 잘 수행할 수 있는 능력과 타인과 의사소통할 수 있는 표현 능력을 함께 갖추게 하는 것에 그 목표를 두어야 할 것이다. 그렇다면 이 전문가로서의 능력과 의사소통 측면의 표현 능력이라는 두 측면이 함께 향상될 수 있도록 교육하는 방향이 가장 바람직할 것이다.

구체적으로 어떤 방향으로 교육해야 소기의 목적을 도달할 수 있게 할 것인가. 인간 누구나에게 가장 근본되는 갈등은 현실과 이상과의 갈등이라고 할 수 있다. 예술가로서 예술 활동을 하면서 살고자 예술 전공을 택

---

2   전지니, 「계열별 글쓰기 교육의 방향성에 대한 재고—E여대 교재 및 수업 개편 사례를 중심으로」, 『교양교육연구』 10권 3호 (한국교양교육학회), 2016, 656쪽.

했음에도, 취업이라는 현실은 예술 계열 학생들에게 가장 큰 무게로 그들을 짓누른다. 예술 계열 글쓰기 수업에서는 기본적으로 다루어야 할 교육내용을 가르치면서도 반드시 적어도 한 번쯤은 이러한 예술 계열 학생들의 갈등을 해결하는 데 도움을 줄 수 있는 텍스트를 선택하여 함께 나누어야 할 필요성이 대두된다.

이 글은 세부전공 영역이 무엇이든 예술학부 학생들에게는 예술 정신을 끝까지 지키고자 했던 고흐의 삶에 대해 고찰해보는 것이 현실 위주의 취업에 모든 것을 걸어야 하는 현 시대를 살아가는 예술학부 학생들에게 필요하다는 데서 출발한다. 지금은 작품이 최고액으로 판매되지만 살아 있을 당시에는 1점밖에 팔지 못했던 고흐의 삶을 통해 진정한 예술 정신에 대한 고민을 확장시켜볼 필요가 있다. 고흐가 동생 테오와 주고 받았던 668통의 편지를 모은 『영혼의 편지』에는 고흐의 고민과 예술 정신이 녹아 있어 책을 읽으면서 예술 정신에 대하여 고찰할 수 있다. 또한 수업에서 고흐의 삶을 주제로 한 영화를 활용하여 수업하면 학생들이 보다 핍진하게 고흐의 삶을 느낄 수 있다. 고흐 관련 영화로는 1967년 빈센트 미넬리 감독이 연출한 〈열정의 랩소디〉라는 영화가 최근 개봉한 〈고흐 : 위대한 탄생〉보다 훨씬 고흐의 예술 정신을 가르치기에 좋은 텍스트이다.

예술학부 글쓰기 수업은 한 학기 동안 전체적으로 같은 방식으로 4~5개 정도의 텍스트를 다루지만, 그중 이 글은 『영혼의 편지』 사례를 중심으로 소개하고자 한다. 특히 당대에 인정받지 못하고 죽은 고흐와는 달리 당대에 인정받고 많은 돈도 벌게 된 앤디 워홀과의 비교를 위해 아서 단토의 『앤디 워홀 이야기』를 먼저 다룬 후 고흐 관련 수업을 진행하였다.

이 글에서는 특히 예술학부에서는 다른 학부와 달리 창의성을 더욱 많이 고려해야 한다는 것을 강조하고자 한다. 그동안 예술학부 글쓰기 교육 논문은 많았지만, 이 글의 차별점은 창의적 문제 해결을 위한 독창적인 과제 형식에 있다. 각 전공별로 배운 내용에 따라 다양하게 융합하면서 창의적으로 과제를 한 사례를 통해 예술학부 글쓰기 교육의 지평을 열어갈 수 있을 것이다.

2. 예술학부 글쓰기 교육의 특성

교양과목은 선택이든 필수든 전공이 무엇이든 어느 진로를 택하든 대상 학생들이 지식인으로서 교양인으로서 대학생이 갖추어야 할 요소를 기본적으로 교육하여야 한다. 그러나 예술학부 학생들의 진로 선택 과정이 다른 학부와 대부분 다르다는 점은 유념해야 할 문제이다. 예술 계열 학생들은 전공을 선택하기 위해 어렸을 때부터 학과 공부만큼의 혹은 그 이상의 시간과 노력을 들여서 전공특성에 매진해온 학생들이다. 물론 어렸을 때부터 해온 전공특성을 버리고, 일반 대학생들의 진로처럼 취업 준비로 미래를 준비하는 경우도 있다. 그러나 전공특성을 버리고 싶지 않은데도 불구하고 예술가로서의 삶이 현실적으로 주는 어려움 때문에 전공특성을 버려야 하는가, 아닌가에 대한 갈등이 학창 시절 내내 꼬리표처럼 따라다니는 고민이 된다. 그러므로 이 글에서는 예술학부 글쓰기 교육에서는 기본적으로 다루는 교양적인 내용 외에 추가로 예술가로서 살아가는 것에 대한 갈등이라는 문제를 해결해줄 수 있는 텍스트를 1권 이상 선택하여 교육할 필요가 있고, 기말 과제도 학술적 글쓰기라는 고정된 틀에서 벗어나 전공에 따라 창의적으로 혹은 융합적으로 제출할 수 있도록 열어두는 필요성을 제시한다.

예술학부의 글쓰기 교육에 대한 관련 연구도 적지는 않다. 먼저 예술 계열의 진로는 다른 전공생과는 달리 전공과 취업이 긴밀하게 연결된 분야가 극히 제한되어 있기 때문에 진로와 관련된 고민이 더 클 수밖에 없다. 이영민 등이 연구한 「4년제 대학 예체능계열 졸업생의 취업준비행동과 취업성과 결정요인 분석」을 보면 취업에 관한 목표 달성을 위한 다양한 준비를 통해, 그렇지 않은 집단에 비해 비교적 취업문이 좁은 예술 분야에서도 취업에 성공하는 확률이 높았을 것으로 생각되며, 전공 교수진의 능력 및 열의, 재학 시절 학교에 대한 전반적인 만족 수준이 높았을 경우는 예술 분야에서 더욱 전문성을 높이기 위해 대학원 등 계속 공부하는 것을 선택할 확률이 높았을 것으로 예상할 수 있다[3]고 분석한 바 있다. 그러나 이 글의 결론 역시 예상에 불과하다. 취업률에 있어서는 타 전공생들에 비해 상당히 낮은 이유로 대학원에서 공부하지 않고 혼자서 개인 작품에 매진하기도 하고, 예체능 학원의 시간강사로 나가기 때문에 취업 불안정성으로 인해 취업률 통계에 아예 포함하지 않는 경우도 많다. 그러므로 전공 분야뿐 아니라 대학 시절 예술 계열 글쓰기 교육이 어떻게 이루어져야 하는가에 관심이 증대되어야 하는 것이다.

예술 계열 글쓰기 수업이 타 계열과 달리 운용되어야 한다는 것에는 대부분의 교수자들이 동의하는 바이다. 이원숙은 예술 계열 글쓰기 수업에서는 대체로 창작하는 과정뿐만 아니라 미술작품을 감상하고 해석하는 과정에서 심미적 경험과 비평이 발생된다는 사실에서 작품에 대한 미적 경험이 글쓰기, 즉 감상문 쓰기와 비평문 쓰기로 이어질 때 그 교육적

---

3   이영민 · 이수영 · 임정연, 「4년제 대학 예체능계열 졸업생의 취업준비행동과 취업성과 결정요인 분석」, 『사회과학연구』 52권 1호, 강원대학교 사회과학연구원, 2013, 1~28쪽.

함의가 크다[4]고 보고 있다. 그러나 감상문 쓰기와 비평문 쓰기는 타 계열 학생들도 기본적으로 하는 과정이어서 특별히 다르게 교육해야 한다는 주장은 드러나 있지 않는 것으로 보인다. 이미정도 여러 내핵에서의 예술 계열 글쓰기는 대체로 일반적인 글쓰기에 대한 기본적인 요건들을 학습하거나, '실용적 글쓰기'를 실습하여 전공과의 연계성을 역설하며, 이때 실용적 글쓰기는 미술 계열이라는 전공 분야의 특수성을 고려해 예술작품과 관련된 읽기 소재를 지문으로 차용하거나 직업으로서 활용할 수 있는 글쓰기의 방안을 모색하고 있다[5]는 점을 강조한다. 또한 이미정은 각 대학의 사례를 언급하면서 예술 계열을 독립적으로 분리한 경희대의 경우를 대표적인 예라고 보았다. 4장으로 구성된 교재는 '경희 미학과 그 체험', '예술 계열 논문 작성법' 등을 통해 예술 계열의 학구적 글쓰기의 장르를 논의한 후 3장부터 실질적인 미술 글쓰기의 적용 부분으로 '작업노트, 보고서, 예술비평문' 등을 소개하고 있다. 하지만 대체로 일반적인 글쓰기 역량을 향상시키는 데 초점을 두고 있다.

한편 이은주는 특히 예술대 학생들은 자신들이 배우고 익히는 일련의 전공 과정이 '학술적'인 것과는 다른 성격의 활동이라고 생각하는 경향이 있어 '기말소논문'을 더 어려워하고, 동기 부여가 쉽지 않아서 수업 초반에, 현대 예술 활동의 흐름이 논리적 사고력, 사회적 의사소통 능력과 별개로 만들어지는 것이 아니라는 것을 설명하는 시간이 필요하다[6]

---

4   이원숙, 「인식의 확장을 유도하는 예술계열 글쓰기」, 『대학작문』 6호, 대학작문학회, 2013, 185쪽.

5   이미정, 「예체능 계열 글쓰기 교육 방안 연구 : 디자인학과를 중심으로」, 『교양교육연구』 7권 6호, 한국교양교육학회, 2013, 48쪽.

6   이은주, 「대학 글쓰기의 이론과 실제 ─ 예술대 글쓰기 사례를 중심으로」, 『이화어문논집』 26(이화어문학회), 2008, 152쪽.

는 것을 강조한다. 그러나 다른 방식으로 글쓰기 교육을 해야 한다는 주장을 하고 있지는 않다. 그러나 이 글은 김수현이 주장한 "미적 경험의 기회를 넓히는 미적 교육은 인간성의 부분이 아니라 항상 전체로 드러내며, 예술의 창작이나 감상과 관련되는 미적 인식 능력을 신장하는 예술교육이론의 핵심이 된다"[7]는 점에 근거하여 융합적인 교육을 바탕으로 한 교육모델과 수업 후 각자가 독창적인 과제를 수행하는 점을 강조한다.

3. 『영혼의 편지』와 〈열정의 랩소디〉를 활용한 예술학부 글쓰기 교육모델

예술학부 한 학기 수업은 4~5개 정도로 읽기 텍스트를 지정하고, 한 텍스트를 대체로 3주간 다루게 된다. 각 텍스트를 분석하기 위한 이전 단계로 텍스트에 대한 핵심 문제를 교수자가 미리 제시해준 뒤, 읽을 때 문제를 생각하면서 읽도록 지도한다. 학생들은 핵심 문제를 통해 방만한 텍스트에서 핵심을 요약하는 능력이 향상되며, 텍스트를 내재화하는 훈련을 하게 된다. 글쓰기 교육의 시작은 읽기에서 출발하는 것이 보다 효과적이다. 글쓰기가 출력적 활동이라면, 읽기는 입력적 활동에 가까우므로 읽는 것은 글쓰기를 위한 바탕이 되기 때문이다. 학생들은 텍스트에 대한 핵심 문제에 대한 답변을 수업 과정을 통해 함께 나누며 다양한 답을 서로 교류한다. 같은 텍스트를 읽고 같은 문제에 대한 답을 썼는데도 불구하고 답변을 교류하는 시간을 통해 더 깊이 분석하고, 다양한 개

---

7   김수현, 앞의 글, 533~536쪽 참조.

넘어들을 활용한 동료들의 글을 접하면서 학생들은 교수의 강의보다도 오히려 서로에게 더 많이 배우는 체험을 하게 된다. 이후 다음 차시에는 영화를 보고 왔다는 전제하에 영화의 중요 장면을 보면서 질의 응답을 통해 학습자의 생각을 확장시킨 후에, 각 조별로 해당되는 조가 텍스트를 바탕으로 토론할 논제를 만들어낸다. 이때는 교수자와의 개별 상담을 통해 논제를 확정하여 입론과 반론 준비를 조별 과제로 해당 토론 조만 준비한다. 다음 차시에는 준비한 내용을 바탕으로 독서 토론을 한 후, 배운 내용을 중심으로 전공 분야를 살려 기말 과제를 창의적으로 구상하여 발표하는 방식으로 구성된 수업 모델을 제시하고자 한다.

이 글에서는 한 학기 수업 중 예술가들의 가장 큰 고민인 예술성과 대중성에 대한 갈등을 고흐의 삶을 통해 고찰해보는 과정을 아래와 같이 제시한다.

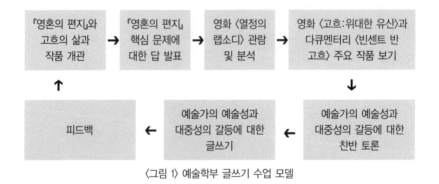

〈그림 1〉 예술학부 글쓰기 수업 모델

이 과정은 예술 계열 학생들의 갈등에 대한 문제해결 과정이 될 것이다. 전체 학생을 대상으로 텍스트별로 조를 구성하고, 동일 형태로 각 텍스트마다 3주간 진행하는 모형이다.

4. 각 단계별 수업 과정

1) 문제를 통한 사고력 향상 교육과정

이 글은 고흐가 동생 테오에게 보낸 668통의 편지를 모아 테오의 아내가 출간한『영혼의 편지』를 중심으로 한 계열별 글쓰기 모델을 제시한다. 이 텍스트에는 고흐의 예술적 갈등과 예술관이 고스란히 나타나 있다. 이 책을 학생들과 함께 읽을 때 아래와 같은 문제를 먼저 주고 답을 써 오게 했다. 문제는 대체로 고흐의 예술관을 이해하는가. 이는 현재 나의 삶의 가치관에 어떠한 영향을 미쳤는가에 대한 내용으로 이루어져 있다. 책을 읽고 질문에 답하는 과정은 학생들이 자본주의 현실에서 예술의 역할과 운명에 대해 보다 깊게 고찰하며 자신의 예술관과 현실적 입장의 갈등을 해결하는 방안을 찾는 과정이 된다.『영혼의 편지』에 나타난 고흐의 갈등에 공감과 비판을 함께 해보면서 학생들 자신의 예술관이 형성될 수 있다.

■ 문제 예시

1. 고흐가 그림에서 표현하고 싶은 것은 무엇이었는가? 본문에 있는 내용을 인용해가면서 답변하시오.

2. 내용 중에 고흐의 예술세계에서 가장 공감되는 내용은 어떤 것인가? 그렇게 생각하는 본인의 근거나 이유는 무엇인가?

3. 내용 중에 고흐의 태도 중 가장 납득하기 어려운 내용은 무엇인가? 그렇게 생각하는 근거나 이유는 무엇인가?

4. 고흐가 자신이 동생 테오에게 돈을 타 쓰면서 그림을 그리는 것에 대해 어떻게 생각하고 있는가?

5. 죽어서 인정받는 예술에 대한 학생 자신의 의견을 써보시오.

위의 문제에 대한 학생들의 답변을 받는 것은 책을 실제로 읽어 오는 기에 대한 검증이 된다. 그래서 반드시 책 쪽수를 인용하며 쓰라고 지도하는 것이 효과적이다. 그냥 읽는 것보다 답을 쓰면서 읽으빈 학생들은 정리가 잘 되어 독서효과가 배가된다.

1번에 대한 학생들의 답은 대체로 텍스트에 나와 있는 부분에서 발췌한 터라 크게 차이가 나지 않았다. 고흐가 그림에 나타내고 싶었던 것이 뿌리 깊은 고뇌이며, 엄밀하고 강렬한 표현을 그림에 나타내고자 했다는 내용이 대부분이었다. 학생들은 텍스트를 읽고 답을 쓰는 과정에서 고흐가 예술세계를 통해 표현하고 싶은 바를 알게 되고, 예술가에게 예술이란 과연 궁극적으로 무엇인가를 알게 하는 질문이다.

2번의 경우 각자 공감되는 구체적 부분은 달랐지만, 대체적으로 고흐의 성실하고 진정성 있는 태도, 자신을 믿는 태도에 공감을 하고 있었다. "예술은 질투가 심하다고…… 가벼운 병 따위에 밀려 두 번째 자리를 차지하게 되는 건 좋아하지 않는다"는 구절을 통해, 매일매일 예술의 세계에 매진해야 한다는 고흐의 각오에 대해 깊이 공감하는 글도 있었고, 대중의 호응을 얻는 그림보다 진정성을 담는 그림을 그리는 것이 결국은 사람들이 공감대를 살 확률이 높을 것이라며 고흐의 태도에 공감을 보이는 학생들도 있었다. 또한 당시 본인의 예술 세계가 인정받지 못하는 것을 알았다 하더라도 고집을 가지고 자신의 작업을 믿었다는 것을 알 수 있다는 점 등을 썼다. 이러한 질문은 학생들이 텍스트를 통해 예술을 대하는 학생들의 태도나 각오에 새로운 다짐을 주는 질문이며, 교육적 효과도 높은 질문이다.

3번의 경우 학생들마다 차이가 많이 났다. 예술가들의 공동체를 만들고 싶어 하는 고흐의 생각에 대해 몇몇 인기 있는 예술가들이 나머지 예술가들을 먹여살리게 될 것이라는 현실적인 문제로 공감하지 못한다는 답변이 있는가 하면, 경제적으로 자립하지 못하고 형도 아닌 동생 테오에게 의지하면서 살아가는 고흐의 태도에 공감하지 못하겠다는 답변이 많았다. 적어도 그림 그리는 비용 정도는 자립적으로 만들어내야 한다는 것이다. 또한 그림 그리는 것에만 신경을 쏟고 자신의 건강이나 결혼 등 행복의 조건에는 진정한 삶을 살아가지 못하는 삶을 반복하면서도 고치지 못한다는 점 등을 공감할 수 없다고 했다. 이는 고흐라는 예술가의 삶의 태도에 대한 학생들의 비판력을 향상시켜줄 수 있는 질문이다. 텍스트에 대한 비판적 읽기를 통해 예술가의 삶이 과연 어떠해야 바람직한가를 다양하게 고찰해 보게 하는 질문이다.

4번의 경우도 상당히 차이가 났다. 순수미술을 하려면 후원자가 필요한데, 든든한 후원자를 지닌 고흐가 부럽다는 답변도 있는가 하면, 동생에게 돈을 보내달라고 하여 그림을 그리는 것에 대한 미안함과, 불평하지 않는 동생에 대한 고마움, 그리고 나중에 꼭 동생에게 보답하리라는 마음을 볼 수 있다는 답변 등을 통해 예술을 하려면 미안하지만 후원자의 도움을 받을 수밖에 없다는 점을 인정하고 있다는 것을 알 수 있었다. 즉 이 질문은 예술가의 길은 곧바로 경제적으로 치환될 수 있는 길이 아니라는 것을 인식하는 데 도움을 주는 질문이다.

5번 역시 답변마다 차이를 보였으나 대체로 작품을 통해 영원히 기억된다는 것, 이것은 모든 예술가들의 소망일 것이라는 의견이 더 많았다. 예술가에게 있어서 살아 있는 동안 인정받지 못하는 것은 굉장한 고통이지만, 인정받지 못하는 현실 속에서도 예술 세계에 몰입하여 끊임없이 새로운 것을 시도하고, 새롭게 바라보고, 어려운 상황에서도 자신을 끊임없이 지탱하고 사물의 본질에 도달하기 위해 집중하는 예술가는 죽어서 인정받더라도 그 예술은 시리도록 아름답다고 생각한다는 답변이 있는가 하면, 예술을 하는 동안의 힘든 생활과 끊임없이 노력한 결과가 정말 시간이 지나고 죽고 나서야 나타나고 또 그때서야 예술이 인정받게 되다는 것은 정말로 안타까운 일인 것 같다는 의견도 많았다. 이 질문은 예술가로서 살아가는 삶이 얼마나 많은 희생과 대가를 치러야 하는지를 인식한 후 선택해야 된다는 각오를 다지는 질문으로 예술학부 학생들의 갈등의 정점을 보여준다. 이러한 질문에 답하면서 예술가의 삶에 대해 실감하게 되는 것이다.

2) 영화 감상을 통한 이해도 증진

영상세대인 학생들에게는 문자 텍스트보다 영상 텍스트가 같은 주제라도 더 핍진하게 느낄 수 있으며, 주제에 대한 이해도와 관심도가 높아 교육적 효과가 크다. 고흐의 삶에 대한 아래 영화 중 〈열정의 랩소디〉가 가장 학생들의 이해도 진전에 기여한다. 부분 부분을 발췌하여 고흐의 가치관을 엿볼 수 있도록 지도한다.

먼저 빈센트 미넬리가 감독하고 커크 더글러스가 고흐로 앤서니 퀸이 고갱으로 출연했던 〈열정의 랩소디〉(1956)는 어빙 스톤의 베스트셀러 소설을 원작으로 한 빈센트 반 고흐의 전기 영화다. 광기와 가난과 고독으로 점철되는 불운한 천재 화가 고흐의 인생을 연대기 순으로 사실적으로 묘사하고 있다. 빈센트가 성직자가 되고자 했던 청년기부터 그의 자살에 이르기까지의 전 생애를 포괄한다. 또한 전기의 기본적 특성인 연대기를 충실히 따라가면서도 빈센트의 인생 행로에 커다란 영향을 미친 사람들과의 만남과 헤어짐을 몇 개의 시퀀스로 구성함으로써 극적 긴장감을 더해준다. 게다가 빈센트의 작품 속에 등장하는 인물과 장소들이 실제의 그의 작품들과 결부되어 풍부하게 인용됨으로써 사실감을 더해준다. 이 영화를 통해 학생들은 고흐의 삶에 대한 전체적인 측면을 임팩트 있게 이해하는 데 도움을 받게 된다.

최근작임에도 불구하고 〈반 고흐 : 위대한 유산〉(2013)은 반 고흐의 조카인 빈센트 발렘 반 고흐를 통해서 보는 반 고흐의 삶을 그리고 있는데, 현재와 과거가 교차되는 점과 조카를 통해 고흐를 들여다봄으로써 고흐의 고뇌를 들여다보는 데는 효과적이라고 생각되는 영화는 아닌 것으로 생각된다. 그러나 영화라는 시청각 자료를 봄으로써 고흐의 삶을 가깝게 느낄 수 있는 효과는 있으므로, 보조자료로 활용하는 것이 바람직하다.

3) 주제 토론을 통한 예술적 갈등의 증폭과 해결

주제 토론은 텍스트 논제와 심화 논제로 구분하여 토론하는 것이 독서 과정과 토론과정을 관련시키는 토론으로 이끄는 데 도움이 된다. 이는 수렴적 독서 과정과 발산적 독서 과정을 통해 논제를 이끌어내는 과정과 함께한다. 즉 텍스트 논제는 텍스트 내적 갈등에서 논제를 추출해내는 과정을 거치며, 심화 논제는 텍스트 바깥의 현실적 문제로 일반화시켜 논제를 추출해 내는 과정을 거쳐 만들어낸다.

『영혼의 편지』 텍스트 내에 나타난 고흐 개인적 삶의 태도에 대한 예술가로서의 평가에 대한 텍스트 논제와 텍스트 바깥으로 확대하여 일반 예술가들의 삶에 대한 심화토론으로 구분하여 찬반 논제를 추출한 결과는 다음과 같다. 텍스트 논제에서는 책의 쪽수를 인용하여 근거로 삼아 토론하게 진행하는 것이 바람직하며 심화 논제 토론 시에는 텍스트를 기반으로 하되 오늘 날의 현실적 시선을 적용시키는 것이 바람직하다.

토론을 통해 논리적인 글쓰기 능력을 배양하는 차원에서 각 토론에 대한 입론과 반론을 글로 쓰게 하고, 이를 바탕으로 토론이 이루어지게 한다. 토론 방식은 수업의 인원수에 따라 찬성팀을 2~4명, 반대팀을 2~4

명으로 구성하여 입론과 반론 후 최종 발언 때의 발언 정리 시간을 통해 논지를 강화하는 방식으로 토론하게 한다. 이 과정은 예술학부 학생들의 논리적이면서 비판적 사고와 표현 능력을 향상시킬 수 있게 된다. 각 논제는 다음과 같은 사례로 진행시킬 수 있다. 두 논제는 고흐의 입장을 옹호하는 방식으로 표제화되며, 이를 찬성하는 팀과 반대하는 팀으로 구성하여 토론하게 될 때, 예술학부 학생들은 예술가의 삶에 대한 갈등의 타당한 근거를 통해 갈등 해결 과정을 체험하게 된다.

> - 텍스트 논제 : 고흐가 대중성보다 예술성을 추구해야 한 것은 바람직하다
> - 심화 논제 : 당대에 인정받지 못해도 예술가는 자신의 스타일을 추구해야 한다

교수자는 학생들이 입론과 반론을 준비할 때, 핵심 문제와 관련시켜 준비하게 유도함으로써 읽기와 토론의 연계 과정이 되도록 지도한다.

■ 찬성팀 입론 사례

(1) 찬성팀 텍스트 입론 정리

① 개념 정의 및 문제 제기

가. 예술이라는 것은 작가의 미학적, 철학적 사고가 담긴, 기존의 사고에서 머무르지 않고 생각의 창조를 표출하는 것이다. 이런 정의를 봤을 때 작가는 대중의 생각, 상업적인 면보다는 자신의 생각을 중점적으로 예술 활동을 해나간다는 것을 확인할 수 있다.

나. 텍스트에서는 대중성보다 예술성을 고집하는 고흐의 예술관을 볼

수 있다. 64페이지에서 고흐는 예술이란 다른 사람의 말에 휩쓸려 자신의 견해를 포기하지 않는 것을 말하고 있다. 그는 당시 화풍의 주류를 이루었던 대중적인 사실주의 미술보다 순수한 자기표현의 미술을 추구하여 주목을 받지 못했음에도 예술에 대한 순수한 태도를 가지고 작업에 임했다는 것을 볼 수 있다.

② 논제 관련성

가. 79페이지를 근거로 하면 내가 돈 버는 일에는 아무런 관심도 없다고 생각하지는 말았으면 좋겠다고 말한다. 고흐는 경제적인 면에 대해서도 관심이 있기는 했다. 다만 참되고 가치 있는 작품을 그리는 게 예술의 가장 기본이 되는 거라고 생각하며, 작품이 팔릴 수 있을까 하는 생각으로 작업할 것이 아니라 작품의 물질적 가치보다는 내용적인 측면에 주목한다는 생각을 볼 수 있다.

나. 253페이지에서 고갱, 르누아르 등의 그림이 팔리지 않는 것 볼 때, 우린 대중적인 인기를 누리지 못하는 걸 기뻐해야 하는지도 몰라. 지금 대중의 사랑을 받는 자라도 영원히 그걸 유지하진 못할 테니까. 라는 테오의 편지 내용에서 대중성은 시대에 따라 변한다고 여겨 그것을 따르지 않은 테오와 고흐의 시각을 알 수 있다.

다. 68페이지에서 화가의 의무를 얘기하고 있는데, 자연에 몰두하고 온 힘을 다해서 자신의 감정을 작품 속에 쏟아 붓는 것이다. 만일 팔기 위해 그림을 그린다면 그런 목적에 도달할 수 없으며, 그것은 예술을 사랑하는 사람들의 눈을 속이는 행위이다. 라고 했다.

③ 결과 도출

예술이란 한 시대만이 아닌 전 인류의 역사를 통틀어 공감을 이끌어내고 감동을 주는 활동이라고 생각한다. 이러한 이유로 고흐의 대중성보다는 예술성을 따르는 가치관은 타당성이 있다.

(2) 찬성팀 심화논제 입론 정리

① 개념 정의 및 문제 제기

가. 예술가는 각자 추구하는 예술 세계가 다르다. 가난한 사람들에게 마음이 뛰는 화가가 있고 꽃을 그리면 행복한 화가가 있는 등, 각자 그리고자 하는 사물이나 나타내고자 하는 주제가 끝없이 많고 다양하다. 중요한 것은 화가의 생각이다. 화가가 나타내고자 하는 것, 자기의 표출이 곧 진정성이며 궁극적으로 훌륭한 작품을 탄생시키는 것이 진정성이기 때문이다. 그렇기 때문에 예술가는 미술시장에서 인정받는 것을 고려하기 전에 자신이 작업을 통해 나타내고 싶은 것이 무엇인지 알아야 한다.

나. 고흐는 생전에 결과를 인정받지 못했음에도 자신의 작업과 주제에 스스로 만족했기 때문에 대중들의 호응도와 인정을 받는 것에 크게 고려하지 않았다.

② 논제 관련성

가. 고흐 이외에도 이중섭, 박수근이라는 작가들이 있는데, 살아생전 주목받지 못했지만, 한국 근대미술에 큰 업적을 남긴 것으로 평가된다. 박수근은 소외된 사람들, 즉 여성과 아이들, 노인들을 주로 그렸다. 본인도 가난했고, 그림도 독학으로 배웠지만 현재는 우리나라에서 가장 비싼 그림을 그린 작가가 되었다.

나. 세익스피어도 생전에 그리 주목받지 못했던 시골의 극작가였다. 죽은 지 7년이 되어 그의 친구들이 그의 작품 모음집을 출간했고, 인정

받았다. 당대의 인정과 예술성은 관계가 없다는 것을 보여주는 예시 중 하나이다.

다. 호퍼는 나이가 든 후 주목받은 예술가의 사례이다. 그는 후에 높은 인세를 받았으나 소박하고 가난하게 사는 방식을 지속했고, 인세는 전부 기부하였다. 돈이 작품의 원동력이 아니라는 것을 보여준다.

③ 결과 도출

당대에 인정받는 것만이 예술은 아니라는 것을 알 수 있다. 예술은 인간들의 내면을 다루는 것이므로 그 당시 시간에만 머무는 것이 아닌, 어느 시대든지 초월하여 사람들에게 다가갈 수 있고 인정받을 수 있는 것이다.

■ 반대팀 입론 사례

고흐는 예술성뿐만 아니라 대중성이나, 경제성, 개인의 행복도 고려했어야 했다.

(1) 반대팀 텍스트 입론 정리

① 개념 정의 및 문제 제기

가. 예술가는 예술을 추구함에 있어서 대중성을 고려해야 한다. 흔히 예술계에서 유명세를 얻거나, 돈을 많이 벌고 싶거나, 혹은 세상에 영향력 있는 인물이 되려면 대중성을 가져야 한다. 그러나 예술성과 대중성은 모순되는 가치로 대립되고 있다. 소위 예술평론가들이 말하는 '예술성'이란 대중의 의견과 일치할 때도 있지만, 대부분 다수의 대중이 이해

하기 힘든 경우가 많기 때문에 대중성을 가지는 것이 중요하다.

니. 고흐가 살던 시기는 그림을 일정한 규범에 따라 아름답게 그려야 한다는 생각을 담은 사조인 '아카데미즘'이 절정에 이른 시기였다. 이런 시기에 대상을 미화하지도 않고 끊임없는 탐구로 그림에 있어서 느낌을 전달하고자 하는 게 목표였던 고흐의 그림은 팔리지 않았던 게 당연하다. 사후에 고흐는 예술적인 가치로 인정받았지만 당시에는 고흐의 작품이 단 한 점밖에 팔리지 못했다. 그러나 고흐 역시 고갱처럼 세상에서 사람들을 그림으로 감동시키는 예술가로 인정받길 바랐고 그 소망은 테오에게 부친 편지에서도 잘 나타난다.

② 논제 관련성

가. 63페이지를 보면 고흐는 "내 목표를 이루는 건 지독하게 힘들겠지만, 그렇다고 내 눈이 너무 높다고 생각하지는 않는다. 사람들을 감동시키는 그림을 그리고 싶으니까."라고 한다. 또 64페이지를 보면 고흐는 자신이 다른 사람들 눈에 어떻게 비칠지 생각해본다. 설령 자신이 "기이한 사람, 보잘것없는 사람으로 보이더라도 그 사람의 마음속에 무엇이 들어있는지 꼭 보여주겠다"는 것에서 볼 때 대중성을 중시한 것으로 보인다.

나. 164페이지에 보면 "내가 나 자신만을 위해 작업하는 게 아니라는 사실을 너에게 말해주고 싶어서이다. 이제 새로운 색채 예술과 데생, 새로운 예술적 삶이 요구되고 있다. 이런 신념을 가지고 일한다면, 우리 희망이 수포로 돌아가지는 않겠지."라고 하며 시대의 풍조를 읽고 그 시대에 맞춰서 자신도 변화하고 변화된 자신이 세상에 받아들여지기를 바라고 있는 것이 보인다.

③ 결과 도출

예술성이라는 것 자체가 평가하는 사람에 따라, 관점에 따라 달라질 수 있으나 한 시대에 풍조로 주류를 이루거나 당대 최고의 예술성으로 인정받는 예술은 대부분 많은 사람들이 공감할 수 있는 예술이다. 대중은 예술의 깊은 면까지 알지 못하지만, 그러나 가장 냉정하고 혹독한 평가자이다. 그러므로 예술이 예술로서 존재하려면 그 예술은 대중의 공감을 얻고 대중성을 갖추어야 마땅하다. 고흐 역시 자신이 힘들게 내어놓은 작품을 세상에서 인정받을 수 있기를 바라고 있음을 알 수 있다. 또한 대중에게 인정받는 것은 예술가의 경제성까지도 결정하기 때문이다.

(2) 반대팀 심화 논제 입론 정리

① 개념 정의 및 문제 제기

가. 예술가가 예술 활동에 집중한다는 것은 문제되어 보이지는 않는다. 다만, 예술성에 치중한 나머지 주변의 희생까지 요구되며 본인 스스로의 건강마저 챙기지 못하는 등 예술가로서의 작업의 자세에 문제가 있다. 자신을 되돌아보며 작업의 정도에 대한 조절이 필요하다.

② 논제 관련성

가. 고흐 이외에도 많은 작가나 화가들이 자살을 하였다. 정말 순수하게 예술성을 이끌어낸 것 자체에 모든 만족을 느낀다면 예술가의 태도에 대해 비판을 할 순 없다. 하지만 고흐는 주변 사람들에게 의존적 모습을 보이는 등 피해를 준 것으로 보이며 생활하는 데에 있어 현실적인 판단을 하지 않은 부분이 부족하다고 본다. 아무리 자신만의 예술성과 가치를 창조해내는 즐거움이 있더라도 이것은 그 활동을 하게끔 이끌어내는

뒷받침들이 안정적이어야 꾸준히 가능하고 진정한 예술이라고 생각한다. 활동을 하면서도 적당히 절제를 하면서 삶의 다른 부분들도 되돌아봐가며 다듬는 것이 진정한 예술 활동이라고 본다.

③ 결과 도출

고흐의 예술에 대한 지나친 몰입의 결과 "고흐의 병세와 미래에 대한 불안은 너무 심해졌다. 1890년 7월 27일 고흐는 밀밭으로 걸어 들어가 자신의 가슴에 총구를 겨누고 방아쇠를 당겼다."에서 고흐는 되돌아보지 않았던 건강과 미래에 대한 경제적 관리의 소홀함이 결국은 자신이 예술 활동을 하지도 못할 만큼 이미 망쳐버린 것으로 보인다. 다른 많은 작가가 고흐처럼 자살하였는데, 경제력을 갖추게 하는 대중성을 중시하지 않은 결과 자신까지 망쳐버리는 결과가 된 것이다.

※ 전체 토론평가 : 찬성팀과 반대팀의 토론은 찬성팀의 승리로 평가되었다. 반대팀의 심화 논제 입론과 반론이 고흐의 경우를 적용한 다른 현실적 사례라고 보기 어려워 논제와 관련성이 적었고, 확산적 사고 측면에서 부족함을 보였다.

4) 기말 소논문 쓰기 및 창의 과제 사례

예술학부의 기말 소논문은 예술학부의 특성을 살려 창의적으로 다양하게 지도하는 것이 바람직하다. 이 글의 핵심은 이 부분에 있다고 해도 과언이 아니다. 기말 소논문은 주제 토론을 확장시켜 발표나 소논문을 써도 좋고 아예 전공적 특성을 살려 표현하는 것도 가능하도록 열어두었다. 수업 중 배운 두 개의 다른 텍스트를 융합하여 논의를 진행시키기도 하였다.

예를 들면 고흐의『영혼의 편지』이전에 다룬 아서 단토의『앤디 워홀 이야기』와를 비교하며 당대에 인정받은 예술가와 사후 인정받은 예술가를 비교하는 주제를 이끌어 내어 주제 탐구 글쓰기를 제출하기도 하였다.

전공적 특성을 살려 표현한 창의 과제 사례로 음대 작곡과 학생은『영혼의 편지』를 읽고, 고흐의 심경을 주제로 하여 작곡을 한 것을 발표하기도 하였고, 고흐의 심경과 가까운 음악을 골라 연주한 동영상을 찍어 발표하기도 하였고, 수업에 악기를 직접 들고 와 PPT로 작품 설명을 발표한 후 직접 연주하기도 하였다. 한편 무용과 학생들은 고흐의 예술적 갈등을 주제로 안무를 만들어 동영상을 찍어 발표하기도 했으며, 의상과 음악을 준비하여 직접 수업 시간에 안무를 시연하기도 하였다. 디자인과 학생들은 고흐 작품의 특성을 텍스처 섬유 디자인으로 구상하여 발표하기도 하였다. 심지어 장르를 넘어 고흐의 작품의 특성과 음악가의 특성을 비교하여 발표하기도 하였다.

단 이러한 창의 과제는 따로 창작 의도와 작품 설명 및 해당 텍스트 관련성에 대해 A4용지 1장 이상으로 발표 스크립트를 글로 써서 제출하도록 하였다. 특히 작곡인 경우 악보도 설명글과 함께 제출하도록 지도하였다. 그러므로 창의 과제를 통해서도 글쓰기 교육이 충분히 가능할 수 있도록 하였다.

■기말 창의과제 사례

다음은 디자인학부 학생의 사례로『영혼의 편지』에서 나오는 공동체에 대한 생각을 확장시킨 것이다. 고흐는 화가 공동체를 결국 만들지 못했으나, 가상의 화가 공동체를 만들어 이를 홍보하는 홍보자료까지 만든 사례를 소개한다.

〈그림 2〉 가상의 예술공동체 발의

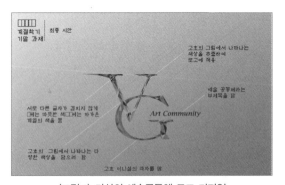

〈그림 3〉 가상의 예술공동체 로고 디자인

〈그림 4〉 가상의 예술공동체 브로슈어 디자인

위 과제를 한 학생은 고흐의 공동체를 실제로 만들었을 때, 취지 등을 고려하여 이미지를 구상하여 로고를 만들고, 공동체의 성격을 규정하고 브로슈어까지 만들었다. 그리고 이에 대한 설명을 따로 글로 제출하였다. 이처럼 책을 읽고 이를 발전시켜 다양한 예술 체험으로 승화시키는 과정을 통해 예술가로서의 전공 능력도 향상될 뿐 아니라, 의사소통의 능력도 함께 향상시킬 수 있다. 소논문도 반드시 글을 통해서 결과물이 나오는 것이 아니라 다양한 장르로 도전할 수 있다는 것을 보여주는 사례라고 할 수 있다.

5. 나가는 말

이 글은 교양 글쓰기 수업이 계열별로 진행될 때, 예술학부의 경우 다른 학부와는 다르게 진행되어야 한다는 것에서 출발한다. 예술 계열 글쓰기 교육은 예술 활동을 보다 잘 수행할 수 있는 예술가로서의 성찰적 태도와 자신의 생각을 표현하는 글쓰기 능력을 키우는 두 측면 모두에 기여해야 할 것이기 때문이다. 이 글에서는 학기 전체의 수업과정과 함께, 한 텍스트를 3주간 운용하는 모형을 제시하면서 고흐의 예술 정신이 표현된 『영혼의 편지』와 고흐의 삶을 그린 영화 〈열정의 랩소디〉를 활용한 수업을 사례로 제시하였다. 이 과정은 읽기와 토론, 쓰기라는 일련의 통합적인 과정을 통해 이루어지는 모형이 된다. 이 글이 다른 예술학부 글쓰기 연구와의 극명한 차이는 기말 과제의 형식적 확대에 있다. 즉 수업 내용을 바탕으로 자신만의 방식으로 재구성한 기말 과제를 제출하는 방식으로 진행하는 과정으로 각 전공과 관련하여 텍스트를 적용한 사례를 제시한 것이다. 음악 전공, 미술 전공, 무용 전공 등의 각 예술 분야로 텍스트를 적용하여 융합적으로 열린 과제를 수행하는 방식이다.

이 과정을 통해 예술학부에서는 다른 학부와 달리 예술에 대한 고민과 창의성을 가장 많이 고려해야 한다는 것을 강조하였다. 이러한 과정은 정형화된 교과지식 중심에서 체험을 기반으로 지식을 재구성할 수 있는 교수-학습 방법이라고 생각된다. 이는 창의적 문제해결과정이 될 뿐만 아니라 개별화된 평가를 위한 과제형식을 통해 개인의 선호와 미래의 직업과 관련된 주제를 탐구하는 과정이 될 것이다.

읽기와 쓰기의 상호텍스트성 교육의
한 사례 연구

▣ 마이클 커닝햄의 『세월』과 영화 〈디 아워스〉를 중심으로

1. 머리말

이 글의 목적은 대학 교양 사고와 표현 교육에서 영화를 활용한 새로운 교육 방법론을 모색하는 것이다. 대학의 교양교육이 교양국어에서 의사소통 능력 향상에 주력해온 지 벌써 15년이 지났고, 글쓰기 강좌는 오늘날 국내의 거의 모든 대학에서 개설, 운영하고 있다. 10여 년 동안 많은 연구가 이루어졌고, 최근 관심은 대학마다 읽기와 쓰기를 연계하여 교육할 것인가 아니면 글쓰기에 집중하는 것이 보다 효과적인가 등에 대한 것이다. 이 글은 글쓰기 교육과 읽기 교육을 연계하는 것이 효과적이라는 방향에 있다. 필자가 근무하는 대학에서는 읽기 교육과 쓰기 교육을 연계하고 있으므로 이 방향에 대한 많은 사례를 교육현장에서 체험하였으며, 교양필수 교과를 함께 담당하는 교수들과 함께 교재[1] 집필을 함으로써 읽기와 쓰기의 연계 교육의 방식을 제시한 바 있다.

---

1   숙명여자대학교 의사소통센터, 『세상을 바꾸는 글읽기와 쓰기』, 경문사, 2010.

그동안 읽기와 쓰기 교육의 연계 방향에 관한 연구도 많이 진척되어온 바 있다. 김연주는 여러 대학의 글쓰기 수업의 반성적 방향 전환을 논하면서, "글쓰기를 위해서는 읽기의 작업이 필수적인데, 글쓰기에 편중된 수업만으로 글쓰기 능력의 향상이 가능하겠느냐는 문제의식이다. 그도 그럴 것이 한 편의 글쓰기를 위해서는 확장된 독서와 토론을 통한 심화된 정보 축적이 필요한 것이기 때문"[2]이라는 점을 지적하면서 읽기와 쓰기 교육의 연계성을 강조하고 있다.

이는 읽기와 쓰기라는 행위가 본래 연결되어 있는 과정이라고 보는 데서 출발한다. "읽기 능력과 쓰기 능력은 서로의 능력을 향상하는 데 도움이 된다는 점에서 읽기와 쓰기는 상보적 행위로 이해될 수 있다. 따라서 이들을 개별적으로 지도하는 것보다는 통합적으로 다루는 것이 보다 합리적일 것"[3]으로 보는 의견이 많은 것이다.

그런데 문제는 최숙기가 지적한 것처럼 "선행 연구들에서는 읽기와 쓰기 통합의 근거나 주요한 단위, 통합 지도의 방향을 상위의 차원에서 논의하고 있어 실천적인 차원에서 읽기와 쓰기의 통합 지도가 어떻게 이루어져야 하는지는 구체적으로 제시되어 있지 않다"[4]는 점이다.

이에 이 글은 읽기와 쓰기의 연계 교육의 필요성을 한 번 더 강조하며, 이에 대한 실천적이며 구체적인 방향 면에서 볼 때, 읽기와 쓰기 연계 교

---

2   김연주, 「읽기와 쓰기의 통합 모형 연구-〈명저읽기와 글쓰기〉를 중심으로」, 『교양교육연구』 제7권 제3호, 한국교양교육학회, 2013, 462~463쪽.

3   윤재연, 「대학 글쓰기에서 읽기와 쓰기 통합 방안 모색-설득 텍스트의 읽기-쓰기 통합지도를 중심으로」, 『한민족어문학』 제66권, 한민족어문학회, 2014, 117쪽.

4   최숙기, 「읽기와 쓰기의 통합적 교수 학습 방안 탐색」, 『독서연구』 제28호, 독서학회, 2012, 112쪽.

육이 교육자뿐 아니라 학습자에게도 필요성이 실감되고 동기 부여 되어야 그 교육적 효과가 높다고 보는 데서 출발한다. 학습자에게 필요성과 동기가 부여되려면 읽기와 쓰기 과정의 상호텍스트성이 학생들에게 교육되어야 한다고 생각된다. 한래희 역시 대학 교양 고전 교육의 읽기, 토론 쓰기의 연계에 있어 상호텍스트성을 활용한 교수 학습 방안을 탐구하면서, "대학 교양 고전 교육이 읽기·토론·쓰기와 같은 기본적 의사소통 능력과 더불어 학생의 자기 주도 능력과 창의적 의미구성을 최대한 살리는 방향으로 나아가야 한다는 전제하에 진행될 것이다. 읽기와 쓰기에 상호텍스트적 성격이 있다는 것은 익히 지적되어왔고 그것을 활용한 읽기, 쓰기 교육방안도 어렵지 않게 찾을 수 있다"[5]고 보며 접근하고 있다.

읽기와 쓰기의 관련성은 읽기와 쓰기 자체의 본질적인 문제에서 비롯하여 교육적인 측면까지 다양하게 논의되고 있다. 윤재연은 그의 논문에서 여러 논의를 언급하면서 "본질적으로 읽기와 쓰기는 분리된 활동이 아니라 긴밀하게 연결되어 있다"[6]는 것을 강조한다.

---

5   한래의, 「대학 교양 고전 교육과 상호텍스트성의 활성화－읽기, 토론, 쓰기의 연계를 중심으로」, 『현대문학의 연구』 제50호, 한국문학연구학회, 2013, 385~386쪽.

6   읽기와 쓰기는 기본적으로 같은 과정이라는 견해들을 다양한 논의에서 살펴볼 수 있는데, 오현희(2012 : 102)에서는 "Goodman & Goodman(1983)은 읽기에서 텍스트를 예견하는 모든 스키마는 쓰기 도중 텍스트를 구성하는 데 사용하는 것과 동일하다고 하였으며, Wittrock(1983)도 읽기와 쓰기는 텍스트와 학습자가 알고, 미독, 경험하는 것 사이의 관련성을 설명하였다. 텍스트 자료를 읽고 목적에 따라 분석하여 새로운 창조적인 글쓰기를 하는 것은 Vygotsky의 견해를 바탕으로 접근해보면, 텍스트라는 외적인 말이 독자에 의해 해석되고, 자기 스스로 의미를 번역하는 내적인 말이 될 수 있으며, 이것은 결국 쓰기 기능과 읽기 기능은 순환되며 사고가 서로 연결되어 있음을 의미하는 것이다."라고 하였다(윤재

요즘 대학 글쓰기 교육에서는 글쓰기에 있어서 읽기-쓰기 통합 지도의 필요성이 대두되고, 통합 지도 방안에 대해 많은 논의가 이루어지고 있다. 하지만 제대로 된 읽기-쓰기의 통합 지도에 대한 논의는 매우 부족한 것으로 보인다. 읽기-쓰기 통합을 내세운 기존의 논의들은 대체로 읽기와 쓰기를 단순히 병렬적으로 제시하는 데 그치거나, 구체적 학습 내용이 읽기나 쓰기 어느 한 쪽에 치우쳐 균형을 이루지 못하기 때문이다.[7]

위의 지적에서 볼 때 왜 읽기와 쓰기를 통합적으로 교육해야 하는지에 대한 이론적 배경에 대한 탐색이 먼저 필요한 것으로 보인다. 이에 대해 최숙기는 보다 근본적인 이유를 내세운다. "읽기와 쓰기를 교육적으로 조합하는 방식이 효과를 거두는 이유는 읽기와 쓰기에 필요한 지식과 기능이 공유되기 때문이며, 읽기와 쓰기를 통해 상호 언어 영역 간의 훈련이 가능하기 때문이다."[8]라고 보았다. 또한 "읽기와 쓰기를 연계한 지도 방법이 언어 교육과 관련하여 지속적으로 안내되고 있는 배경에는 읽기와 쓰기가 구어와 대별되는 문어적 언어 행위라는 속성이 자리 잡고 있다. 즉, 듣기와 말하기는 1차적으로 발생하는 언어 능력인 반면, 읽기와 쓰기는 1차적 언어 능력에 의존하는 2차적인 언어 능력에 속한다. 또한 구어는 일시적이고 단편적인 언어 속성을 지닌 반면 문어는 보존되고 이에 대한 숙고와 성찰이 가능한 속성을 지닌다"[9]는 점을 지적하며 읽기와 쓰기를 문어적 공통점으로 접근하고 있다.

그런데 읽기와 쓰기를 통합한 교육을 실제로 할 경우에 따른 문제점도

연, 앞의 글, 114~115쪽. 재인용).

7   위의 글, 114~115쪽.
8   최숙기, 앞의 글, 116~117쪽.
9   위의 글, 113쪽.

만만치 않다. "책읽기를 접할 기회가 많지 않은 학습자에게 2주마다 새로운 책을 읽게 하는 데 전력을 기울이고 나면 쓰기는 상대적으로 소홀해지기 쉽다. 즉 학기 동안 6~7권의 책을 학습자들에게 읽히고 토론하면서 글쓰기의 기본 과정까지 습득하게 한다는 것은 실질적으로 무리가 따른다. 그러다 보니 학습내용은 주로 읽고, 되새기고, 점검하는 데 치중하게 되고, 문장의 구성 원리를 정확히 숙지하여 어법에 맞는 문장을 구사하고, 주제에 따라 자료를 검색하고, 주어진 자료를 통합해내는 등 '기초적인 글쓰기 능력'을 습득할 수 있는 시간은 상대적으로 줄어드는 경향이 있다"[10]고 볼 수 있다. 그러므로 학생 스스로 읽기와 쓰기가 긴밀하게 관련되어 있다는 것을 인식할 수 있도록 지도하는 것이 무엇보다 중요하다고 하겠다.

이 글에서는 읽기와 쓰기 교육의 연계성을 상호텍스트성으로 접근하고자 한다. 전술한 한래희의 논문에서도 대학 교육에서 상호텍스트성 교육에 대한 접근에서 필요한 내용들을 구체적으로 언급한 바 있다. 읽기를 통한 의미 구성이 관련 텍스트, 독자가 도입하는 맥락과 연관되어 있다는 점, 쓰기 또한 해당 주제를 다룬 텍스트와의 상호성 속에서 의미가 탄생한다는 점은 새삼스럽게 강조할 필요가 없을 정도이다. 이런 상황에서 대학 고전 교육, 읽기와 토론, 쓰기 연계 교육에서 상호텍스트성의 활용 논의가 진부한 명제의 확인이나 맥락 활용의 단계 제시 정도로 끝나지 않으려면 문학 고전 교육에서 상호텍스트성의 활용이 필요한 이유, 그것의 활성화 조건, 교수 학습 방안 등이 구체적으로 탐구되어야 할 것[11]이라고 언급하면서 구체적인 교수 학습 방안이 필요함을 강조하였다. 한

---

10   김연주, 앞의 글, 466쪽.
11   한래희, 앞의 글, 113~117쪽.

래의의 논의의 후반부에서 제시한 수업모형은 상호텍스트성 교육에 적질힌 히나의 텍스트를 찾아서 수업한 것이 아니라, 유사한 주제의 여러 텍스트의 겹쳐 읽기를 통해 하나의 주제망을 찾아내는 방식이다.

이 글에서는 여러 텍스트를 통해서가 아니라 읽기와 쓰기의 상호텍스트성을 인식할 수 있는 하나의 텍스트를 이를 영화화한 텍스트와 함께 학생들에게 읽거나 보게 하여 학생 스스로 인식할 수 있도록 하는 사례를 제시하고자 한다.

이러한 필요성에 의거하여 이 글에서는 읽기와 쓰기의 상호텍스트성 교육에 대한 실천적 방향으로 읽기와 쓰기의 상호텍스트성이 주제인 마이클 커닝햄의 소설『세월(The Hours)』과 이 소설이 원작인 영화 〈디 아워스〉를 통해 읽기와 쓰기의 상호텍스트성 교육의 한 사례를 제시하고자 한다. 이 소설 원작과 영화를 읽고 보면서 습득되는 읽기와 쓰기의 연계성 교육은 왜 읽기와 쓰기 연계되어야 하는지의 교육적 효과성의 근거가 되어 이를 증진시키는 데 도움을 줄 것이다. 더불어 영화를 활용한 사고와표현 교육의 의미 있는 사례가 될 것으로 생각된다.

2. 『세월』과 영화 〈디 아워스〉에 나타난 읽기와 쓰기의 상호텍스트성

이 글에서는 읽기와 쓰기의 상호텍스트성은 상호 언어 영역 간의 훈련뿐만 아니라 포스트모더니즘의 중요한 테마라는 점을 주지하고자 한다. 읽기와 쓰기 상호텍스트성은 글을 쓰는 저자와 독자 사이에도 발생되지만, 한 텍스트와 이와 연결된 다른 텍스트의 관계에서도 발생된다. 텍스트 간의 상호텍스트성의 경우 매체 전환에도 접근할 수 있는 개념이다.

이를 테면 소설을 원작으로 한 영화나 드라마 텍스트인 경우, 원작과 상호텍스트성을 지닌다고 말할 수 있는 것이다. 김성곤은 "미국의 포스트모더니즘소설들은 모두 포스트모더니즘의 특성인 〈글쓰기〉에 대해 뛰어난 성찰을 보여주고 있다. 다시 말해, 그것들은 한결같이 '쓴다는 행위'에 대해 독특한 자의식적 회의와 반성과 고뇌를 보여주고 있으며, 더 나아가 이 소설 같은 시대에 수행되는 '소설짓기 fiction making'의 문제점에 대해서도 심오한 통찰을 보여주고 있다."[12]고 지적하며 글쓰기를 주제로 한 소설을 읽는 과정에서 글쓰기와 읽기의 상호텍스트성이 이루어진다는 점을 강조하고 있다. 그러한 점에서 버지니아 울프가 1923년에 영국 리치몬드에서『댈러웨이 부인』을 쓰는 과정과 1949년에 미국 LA에서 이 소설을 읽는 로라 브라운(Laura Brown), 20세기 말 뉴욕에서『댈러웨이 부인』처럼 하루를 살아가는 클라리사 보언(Clarissa Vaughan)의 삶을 병치시킨 마이클 커밍햄의『세월』은 상당히 유의미하다고 볼 수 있다. 포스트모더니즘의 텍스트 간의 상호텍스트성으로 볼 때는, 1999년에 퓰리처상을 수상한『세월』을 집필하는 마이클 커닝햄과『댈러웨이 부인』을 집필하는 버지니아 울프 사이에는 긴밀한 상호텍스트성이 있다.

　『세월』 내부에 이미 쓰기와 읽기의 상호텍스트성이 구현되고 있으므로『세월』은 학생들에게 읽기와 쓰기의 상호텍스트성 교육에 있어서 가장 적절한 텍스트라고 볼 수 있다. 게다가 책 읽기 부담스러워하는 요즘 학생들에게 책보다는 이해하기 쉬운 스티븐 달드리 감독의 영화 〈디 아워스〉까지 있으니 상호텍스트성 교육에 있어 더할 나위 없이 적절한 텍스

12　김성곤, 「포스트모더니즘과 포스트리얼리즘 ― 현대미국소설과 유럽소설의 〈상호텍스트성〉을 중심으로」, 『미국학(American studies)』제12호, 서울대학교 미국학연구소, 1989, 22쪽.

트라고 볼 수 있다.

상호텍스트성은 다양하게 접근되고 있는바, 김상률은 상호텍스트성에 대해 소설의 영화화에 적용하여 언급하고 있다. 김상률은 "그 모더니즘의 난해한 예술성은 상호텍스트성이란 바람을 타고 문밖 출입을 시작하더니, 마침내 스크린에 화려하게 펼쳐지는 마법의 창(窓)을 통해 과 소통하기 시작했다. 특히 최근의 울프 소설의 영화화는 소설과 영화의 상호텍스트적 만남이라는 장르간의 대화적 가능성을 보여 줄 뿐만 아니라 그의 문학성을 대중들에게 소개하는 계기가 되었다"[13]고 언급하고 있어 상호텍스트성이 다양하게 사용되고 있다. 그 다양한 의미망 중 이 모든 현상에 적용될 수 있는 텍스트가 바로 『세월』과 영화 〈디 아워스〉이다. 이에 다음 절에서는 『세월』과 영화 〈디 아워스〉에 나타난 상호텍스트성을 분석해보고자 한다.

마이클 커닝햄의 소설 『세월』은 쓰기와 읽기의 상호텍스트성을 포스트모더니즘적으로 구현한 텍스트이다. 이는 마이클 커닝햄 개인적 특성도 되지만, 모더니즘에서 시작한 읽기와 쓰기의 상호텍스트성이 포스트모더니즘에서 핵심 주제로 다루어지는 경향에서도 기인한다고 볼 수 있다. 김성곤은 "포스트모더니즘 소설의 또 한 가지 특성은 강렬한 미로의식이다. 그것은 불투명한 오늘의 현실과 그 속에서의 〈글쓰기〉와 〈책읽기/진리탐구〉의 어려움에 대한 작가들의 절박한 상황 인식에서 비롯된 것"[14]이라는 점을 적시하였다. 이처럼 글쓰기와 책읽기는 서로 상호텍스트성을 지니며 포스트모더니즘에서 구현되고 있는 것이다. 특히 마이클

---

13 김상률, 「울프와 함께 춤을―세 예술가의 텍스트에 나타난 죽음의 문제와 상호텍스트성」, 『문학과영상』 제6권 2호, 문학과영상학회, 2005, 108쪽.

14 김성곤, 앞의 글, 23쪽.

커닝햄의 『세월』은 '글쓰기'와 '책읽기'를 핵심 주제로 드러냄으로써 전술한 상호텍스트성을 상당히 많이 지니고 있다고 볼 수 있다. 15세에 우연히 버지니아 울프의 『댈러웨이 부인』을 접하게 되면서 시작한 마이클 커닝햄의 '버지니아 앓이'는 『댈러웨이 부인』의 가제였던 『세월(The Hours)』로 제목으로 하고, 뉴욕의 사교계의 한 여성을 그리고자 하였으나, 『댈러웨이 부인』이 있는데, 새로운 버전이 왜 필요한가를 고민하면서 여러 차례 수정 끝에 아래의 구성으로 완성됐다고 한다.

> 소설가와 그것을 읽는 사람, 그리고 또 한 사람, 그렇게 세 여인의 삶 속의 각각 하루를 다룬 소설이 만들어졌다.[15]

그리하여 이 소설은 버지니아 울프가 자살하는 에피소드를 다룬 '프롤로그'로 시작하여 '댈러웨이 부인'이라는 소제목으로 된 20세기 말 뉴욕에 사는 클라리사의 에피소드, 그다음으로는 '울프 부인'이라는 소제목으로 버지니아 울프가 『댈러웨이 부인』을 집필하는 과정의 일상이 전개되며, 다음으로는 '브라운 부인'이라는 소제목으로 『댈러웨이 부인』을 남편의 생일날 아침에 읽는 1949년의 로라의 에피소드가 전개된다.

소설의 구성은 계속해서 동일하게 세 가지가 8회 반복되어 병치되어 있다. 소설이 진행되면서 시공간이 다른 세 인물들의 병치는 『댈러웨이 부인』이라는 작품이라는 공통성 외에도 남성중심주의에서 벗어나 주체성을 가진 삶을 추구하지만, 여전히 존재론적 허무감을 벗어날 수 없는 여성의 삶이라는 공통성을 의미화한다. 작가(버지니아 울프), 독자(로라 브라운), 인물(클라리사 보언)이라는 세 인물은 읽기와 쓰기의 상호텍스

---

15 마이클 커닝햄, 〈디 아워스〉 DVD 코멘터리 부분.

트성을 구현하고 있는 인물이다.

이러한 상호텍스트성은 마이클 커닝햄의 『세월』의 특징인 의식의 흐름기법에도 기인한다고 볼 수 있다. "의식의 흐름 기법은 간단히 말해서 이전의 사실주의 기법이 추구하는 플롯 중심의 서사(Plot-centered narrative)와 현실에 대한 객관적 재현의 추구를 목표로 하지 않고 그야말로 작가의 의식의 흐름을 좇아가는, 그리하여 정형화된 플롯과 객관적인 시간과 공간을 넘어서고자 하는 기법"[16]으로 소설 속 세 공간 속 시간은 시간순으로 정렬되어 있지 않고 각각의 공간 내부에서 제멋대로 흐트러진다. 마이클 커닝햄은 버지니아 울프의 모더니즘적 특성인 의식의 흐름 기법을 세 시공간에서 흩었다가 모으는 방식을 통해 포스트모던적 양상으로 재구성하고 있는 것이다.

스티븐 달드리 감독의 영화 〈디 아워스〉에서 이 세 인물의 상호텍스트성은 인물들의 귀걸이를 통해서도 나타난다. 세 여성은 모두 노란색 호박 귀걸이를 하고 있는데, 버지니아의 귀걸이가 가장 크기가 작고, 그다음이 로라, 세 번째 클라리사의 귀걸이가 가장 크다. 이 귀걸이의 크기는 이 영화에서의 쓰는 자, 읽는 자, 행위하는 자라는 세 시공간의 상호텍스트성을 말하고 있다. 즉 쓰기와 읽기의 상호텍스트성을 구현하는 소도구인 것이다.

호박 귀걸이를 한 세 여성이 배치되어 있는 세 시공간의 상호텍스스성은 오프닝 시퀀스에서도 부각된다. 박인영은 오프닝 시퀀스를 분석[17]하

---

16 Robert Humphrey, *Stream of Consciousness in the Modern Novel*, Berkely University of California Press, 1954, p.33(나병우, 『『댈러웨이 부인』에 나타난 서사 기법 연구』, 『인문학논총』 제33호, 경성대학교 인문과학연구소, 2013, 7~8쪽 재인용).

17 박인영, 「〈디아워스〉의 오프닝 시퀀스 연구」, 『영화연구』 제59호, 한국영화학회, 2014, 157~183쪽.

여 세 여성 인물의 상호텍스트성을 강조했다.

> 오프닝 시퀀스 후반부에 집중적으로 제시되는 숏들은 인물의 행위
> 와 방향성 등 정교하게 구조화된 미장센적 요소를 비롯 평행편집과 사
> 운드의 효과를 바탕으로 각각의 인물들이 갖는 개별성을 추상화함으
> 로써 일시적으로 무효화하는 한편 단절과 불연속성을 연속성과 심리
> 적 유대로 대체한다. 그 결과 오프닝 시퀀스라는 짧은 시간 속에서도
> 세 인물은 차별적 주관성을 바탕으로 개별화되는 것이 아니라 일상적
> 인 시간 속에서 유사한 삶의 과제를 안고 있는 여성이라는 총체적 모
> 습으로 가시화된다.[18]

위에서 제시한 사운드의 효과는 〈디 아워스〉의 DVD 중 필립 글래스
음악감독이 세 시공간의 상호텍스트성을 어떻게 강조하려고 했는지 언
급한 코멘터리 부분에서도 드러난다.

> 영화의 스토리는 매우 복잡했으며, 내가 본 영화 속에서의 음악은
> 중요한 역할을 맡을 수 있었다. 이 영화를 처음 봤을 때부터 이 영화에
> 서 음악은 영화의 구조를 전달하는 것이라고 봤기 때문이다. 영화를
> 보다 더 볼 만하게 만들고 이해를 도우려면, 각각의 이야기들이 흩어
> 지지 않고 함께 이어지도록 해야 한다. 즉 음악은 영화를 실과 같이 이
> 어지도록 해야 한다고 보았다. 각 시기마다 다른 음악을 썼으면 어땠
> 을까 생각할 수도 있지만 난 단호히 거절했다. 세 이야기에 모두 같은
> 음악을 흐르도록 했는데, 인물이 다시 등장할 때면, 주제가 변주되어
> 흐른다.[19]

필립 글래스의 세 시공간의 상호텍스트성 구현에 대해 진희숙은 "선

---

18 위의 글, 178쪽.
19 필립 글래스, 〈디 아워스〉 DVD 코멘터리 중,

율적인 요소를 최대한 배제한 단순한 음형, 음이라는 재료에서 정서적인 요소를 제거한 무미건조한 패턴의 무한 반복을 통해 세 여인에게 부과된 비인간적인 삶이 또 다른 삶에서 무한 재생될 것이라는 사실을 암시한다"[20]고 지적하였다. 이는 음악뿐만 아니라 편집을 통해서도 잘 드러난다. 침대에서 일어난 클라리사와 버지니아의 세수하는 행위의 연결이라든지 꽃이 꽂혀 있는 꽃병을 집는 뉴욕에 사는 클라리사의 손은 LA에 사는 로라의 남편 댄의 손으로 이어지면서 댄이 꽃병을 옆 테이블로 옮기는 장면으로 이어지고, 버지니아 집으로 공간이 바뀌면서 꽃병에 있는 꽃을 정리하는 하인의 손으로 장면은 이어진다. 이러한 콘티뉴이티(Continuity)가 강조된 편집을 통해 동일시와 연속성이 강화되면서 상호텍스트성이 부각된다. 〈디 아워스〉의 감독 스티븐 달드리는 이 영화에서의 가장 큰 일은 상호텍스트성을 영화 속에 녹여내는 일이었다고 언급한 바 있다.

> 이 이야기를 선택한 건 상당히 큰 도전이었다. 우선 다루어야 할 내용이 각각 3개의 다른 시대와 이야기를 한데 합치는 것이었고, 이야기 속에서 감정의 변화와 내러티브와 주제의 흐름 등이 하나의 영화로 녹아들어야 했다.[21]

이처럼 영화 〈디 아워스〉에서 제시된 세 가지 시공간의 상호텍스트성은 음악, 편집, 내러티브를 통해 '쓰기'와 '읽기'와 '행위하기'라는 세 과정을 통해 구현되고 있는 것으로 보인다.

---

20 진희숙, 『영화 속 클래식』, 청아출판사, 2013(http://blog.naver.com/dpslap2/40185626832).

21 스티븐 달드리, 〈디 아워스〉 DVD 코멘터리 중.

3. 『세월』과 영화 〈디 아워스〉를 통한 읽기와 쓰기의 상호텍스트성 교육 사례

읽기와 쓰기를 통합적으로 교육하는 교양수업에서 필자는 읽기와 쓰기의 상호텍스트성을 중시한다. 필자가 재직하는 대학에서 교양필수로 진행되는 사고와 표현 교육은 읽기와 쓰기가 연계된 수업으로 15주 동안 고전 4~6편의 텍스트를 읽고, 그에 대한 학술적 글쓰기를 하는 방식으로 진행된다. 그중 한 텍스트인 버지니아 울프의 『자기만의 방』은 최대 3주 정도를 강의할 수 있다. 3주 중 도입부의 버지니아 울프의 삶에 대해 설명하는 과정에서 영화 〈디 아워스〉를 버지니아 울프의 당시의 삶과 죽음에 대해 잘 알 수 있는 보조 텍스트로 소개를 한다. 그런데 학생들에게 아무런 정보 없이 이 영화를 보고 오라고 하면 세 시공간이 어떻게 구성되어 있는지 상당히 혼돈스러워하기 때문에 오프닝을 보여주면서 영화 전체에 대한 강의를 우선 먼저 진행한다.

실제로 〈디 아워스〉를 수업에서 활용한 정현숙은 『세월』을 원작으로 한 〈디 아워스〉처럼 "중첩을 통해 한 개의 공통적인 주제를 다루고 있는 복잡한 이야기는 한 번의 영화 감상만으로는 이해가 충분하지 않은 점을 염두에 두었고 예상하던 바와 같이 각자의 집에서 영화를 보고 온 학생들의 반응은 세 가지 이야기가 뒤죽박죽되어 누가 누구인지 혼돈스럽다는 반응이었다. 세 가지 이야기를 시대별로 주인공별로 나눌 수 있는 학생이 없었다. 염려한 바와 같이 시간 이동이나 공간 이동에 대한 학생들의 이해가 부족했다."[22]고 보았다.

---

22 정현숙, 「영화로 이해하는 윌리엄 포크너와 버지니아 울프 — 〈시민 케인〉과 〈디 아워스〉」, 『영미어문학』 제82호(한국영미어문학회), 2007, 54쪽.

그러므로 학생들이 영화를 보면서 읽기와 쓰기의 상호텍스트성을 자연스럽게 연결지어 생각할 수 있는 마이클 커닝햄의 『세월』과 영화 〈디 아워스〉를 함께 강의 자료로 사용할 때는 세 시공간의 언결, 또한 인물의 행동에 대한 이해 등이 다소 난해한 영화의 내용에 관해 먼저 자세히 설명해준 후 진행하는 것이 좋다. 이 수업은 다음과 같이 진행될 수 있다.

단계	학습내용	교수-학습 활동		지도상의 유의점	학습 자료	시간
		교수자	학생			
도입	전시 학습 확인	읽기는 무엇이며, 쓰기를 한 작가와 읽기는 무슨 관련성이 있는지 질문한다. 읽기와 쓰기가 왜 연계되어야 하는지 생각해보라고 질문한다.	교수자의 질문에 답한다.	학생들이 자발적으로 발표할 수 있는 분위기를 유도한다.	영화 자료 〈디 아워스〉 오프닝	3분
	동기 유발 및 학습목표 제시	〈디 아워스〉의 오프닝 내용 전개에 대해 설명한다.	교수자의 질문에 답한다.	영화 감상을 통해 쓰기와 읽기가 깊이 연계되어 있음을 알게 한다.		2분
전개 1	읽기와 쓰기가 관련된 〈디 아워스〉의 앞 부분 감상하기	·편집이나 음악 등에서 나타나는 연결성이 어떻게 영화 속에서 나타나는가를 설명한다. ·영화를 통해 쓰기와 읽기가 어떻게 관련되는지를 생각해보게 한다.	·영화를 보며 교수자의 설명을 경청한다. ·'읽기와 쓰기'의 연계성을 깨닫는다.	읽기와 쓰기의 연계성을 인식할 수 있도록 지도한다.	〈디 아워스〉 부분 편집 감상	20분

전개 2	발표 및 토의하기	학생들 스스로 영화 속에서 나타난 쓰기와 읽기의 관련성에 대해 찾아보고 발표하고 이에 대해 토의하게 한다.	영화 외에도 읽기와 쓰기가 연계되어 있다는 것을 느낀 사례에 대해 발표하고 토의한다.	교수자의 일방적인 지도가 아니라 학생들의 자발적인 탐구로 수업 목표를 달성할 수 있도록 지도한다.	17분
정리	학습내용 정리 과제 제시	·영화와 토의한 내용을 바탕으로 '디 아워스'의 주제를 파악한다. ·〈디 아워스〉의 영화평을 쓰게 한다.	·경청한다. ·영화평을 쓸 때, 읽기와 쓰기의 관계를 고려한 관점에서 쓴다.	영화평 쓰기의 구성이나 영화의 내용 뿐만 아니라 기법이 읽기와 쓰기의 상호텍스트성을 어떻게 담고 있는지를 고려하여 영화평에 담도록 지도한다.	8분

정현숙은 주로 다소 복잡하고 난해한 〈디 아워스〉의 내용 파악을 지도하는 데 중점을 두고 지도를 한 것으로 보인다. 포스트모더니즘 텍스트에 대한 이해도가 낮은 대학생을 대상으로 하는 수업이므로 포스트모더니즘의 상호텍스트성에 대한 인식보다는 주로 인물의 행동에 대한 내용 파악에 중심을 둔 경우라고 할 수 있겠다.

　　학생들이 전체적으로 공감한 내용은 이 세 이야기를 통해서 어렴풋하게나마 버지니아 울프의 삶을 유추할 수 있었으며 그것이 감독의 의도라는 사실을 이야기했고 자살 동기에 대해서는 의견이 상이했으며 가장 궁금증을 가지는 부분은 리처드가 자살한 동기였다. 이 토론에서 남학생들은 비교적 소극적인 태도를 취했다. 로라 브라운의 경우 무엇 때문에 가출을 하거나 자살 시도를 하는지 도저히 이해가 되지 않는다는 반응을 보였다. 토론 후에 자살 혹은 자살 시도나 자살 대치 행동들이 짧지만 동성애적인 암시를 주는 행위 이후에 일어났다는 사실을 언급했을 때 학생들은 그 부분을 놓치지 않고 보았으나 동성애적인 암시와 자살의 관계에 대해서는 유추하지 못했다.[23]

물론 위의 정현숙의 수업처럼 〈디 아워스〉라는 작품에 대한 이해를 위한 수업 방식도 중요하다. 작품을 이해하기 위해서는 버지니아 울프라는 작가의 삶에 대한 이해도 중요하고 인물의 행동 방식에 대한 이해도 중요하다. 그러한 수업은 영화라는 텍스트를 활용하여 학생들의 텍스트 분석력과 이해력을 증진시키는 수업 방식이라고 볼 수 있다.

하지만 이 글에서는 읽기와 쓰기의 상호텍스트성을 인식시키기 위한 수업은 내용파악에 대해서는 오히려 교수자가 먼저 복잡한 내용을 먼저 강의로 제시해주는 방식이 좋다고 보고 강의안을 제시하였다. 〈디 아워스〉 영화를 활용하여 수업할 때, 학습자들은 일단 영화 속 내용이 어떻게 진행되는지 알기가 쉽지 않고, 인물의 행동에 대해 이해하기 어렵기 때문에 영화의 내용과 관련하여 교수자의 설명이 우선되어야 할 것이다. 특히 이는 오프닝을 통해 먼저 설명한 후에 전개를 해야 할 필요가 있다. 또한 소설 『세월』과 〈디 아워스〉의 차이점에 대해서도 설명하면서 소설과 영화 각각 중 어느 장르에서 쓰기와 읽기의 상호텍스트성이 더 다양하고 쉽게 전달되는지도 생각해 보게 하여야 할 것이다.

4. 맺음말

이 글은 대학의 사고와 표현 교육에 있어서, 읽기와 쓰기의 연계 교육

제1부 영화와 글쓰기

---

23 위의 글, 55쪽.

의 필요성에 대해, 이론적 배경과 의미를 먼저 살펴보았다. 기존의 여러 접근 방식 중 이 글에서는 읽기와 쓰기의 상호텍스트성으로의 접근이 필요하다는 것을 강조하며, 그 이론적 배경과 의미를 살펴보았다. 상호텍스트성의 의미를 포스트모더니즘 이론과의 연계성으로 접근해 보았는데, 이는 텍스트와 텍스트 간에서도 이루어질 수 있으며, 텍스트 내의 서술 주체인 작가와 행동 주체인 인물, 소설을 읽는 소통주체인 독자와의 사이에서도 이루어질 수 있음을 밝혔다.

또한 읽기와 쓰기의 상호텍스트성을 가장 효과적으로 교육시킬 수 있는 마이클 커닝햄의 소설『세월(The Hours)』과 이 소설을 영화화한 스티븐 달드리 감독의 〈디 아워스〉를 통해 상호텍스트성이 어떻게 드러나는지를 살펴보았다. 영화 〈디 아워스〉에 나타난 편집, 음악, 오프닝시퀀스, 소도구 등을 통해서 나타나는 상호텍스트성에도 주목하여 강의하는 강의안을 제시하여 주제나 내용 파악만을 중심으로 진행되는 영화 활용 교육의 새로운 방식을 제시하였다.

이 글은 쓰기와 읽기의 상호텍스트성을 이와 관련된 소설과 영화를 통해 학습자가 자연스럽게 인식하여 읽기와 쓰기를 함께 해야겠다는 깨달음을 주게 하는 데 도움을 주는 의의가 있다. 앞으로 읽기와 쓰기가 관련된 다른 텍스트를 통해 상호텍스트성 논의를 확장시킬 필요가 있다고 생각된다.

환경영화를 활용한 융합적 사고와 표현 교육모형 연구

■ 영화 〈클라우드〉를 중심으로

1. 머리말

미래사회를 짊어질 인재는 폭넓은 지적 소양과 실천적 지혜를 가져야할 것이다. 지금까지의 교육 방향은 교육 대상인 학생들의 변화에 대한 인식 부족으로 비효율적인 면이 잔존해왔다. 시대가 변화하는 속도 이상으로 학생들의 의식 구조와 태도의 패러다임 자체가 과거와는 현격하게 변화해가고 있기 때문이다. 피교육자의 변화에 발맞추지 않은 대학의 교육은 피상적인 지식 전달에 그칠 뿐이며, 학생들을 바람직한 방향의 지식인으로 만들기 어렵다. '인문학의 위기론'이 대두되면서 그 대안적 방향의 하나로 영상문화의 수용이 거론되고 실제로 수업에서 운용되고 있다. 이는 영상 시대라는 말이 어색하지 않을 정도로 최근에 와서는 영화가 대중들에게 친근하게 파고들고 있는 데 어느 정도 기인한다. 특히 대학생들의 경우 가장 가깝게 대하는 예술 매체가 영화라고 할 수 있다.[1]

---

1   황영미, 2009, 『영화와 글쓰기』, 예림기획, 6~10쪽.

영상시대라고 할 수 있는 요즈음 학계에서도 영화와 관련된 학제간 연구가 활발히 진행되고 있다. 뿐만 아니라 교육계에서 영상세대인 학생들에게 보다 효과적인 교육을 위해 영화가 적극적으로 수용되고 있는 것은 이미 자리를 잡아가고 있는 추세가 되었다. 영상문화에 익숙하고 관심이 많은 학생들에게 영화를 활용하는 것은 사고력과 표현력을 키우는 데 뛰어난 학습 효과가 있기 때문이다. 대학에서는 이미 어떤 교과목이든 영화를 교육에 다양하게 활용하는 방식이 확대되고 있다. 이에 그동안 교양교육에서 영화 활용 교육과 관련된 연구는 지난 10여 년간 상당히 축적되어 왔다고 할 수 있다. 한국사고와표현학회의 '영화와 의사소통교육 연구회'에서『영화로 읽기 영화로 쓰기[2]』를 발간하여 영화 활용 교육 연구를 모은 점은 큰 의미가 있다고 볼 수 있다. 그런데도 영화를 활용하여 가르치면 효과적이라는 것은 알지만, 어떻게 가르쳐야 하는지에 대한 교수자의 갈증은 더해가고 있다.

이 글은 영화를 활용한 사고와 표현 교육을 비주얼 리터러시(Visual literacy) 교육 측면에서 접근하고자 한다. 그동안 국내 학계에서는 '리터러시(literacy)'를 '문식성'으로 번역하여 단순히 문자언어를 읽는 능력을 중심으로 인식해왔고, 최근 들어서야 미디어 리터러시 등의 용어로 리터러시의 의미를 확장하여 접근해왔다. 이에 이 글은 영화라는 시청각 매체 장르의 특성을 살린 Unsworth[3] 등의 해외 학자의 관련 연구와 이를 적용하여 교육하는 방식을 소개하고 이와 관견된 새로운 수업 모형을 제시하고자 한다.

---

2   황영미 외,『영화로 읽기 영화로 쓰기』, 푸른사상사, 2015.

3   Len Unsworth, *Teaching multiliteracies across the curriculum*, Open University Press: Buckingham UK, Philadelphia USA, 2001.

또한 이 글은 오늘날 지식 기반 정보화 사회에서는 기존의 분과 학문의 급격한 재구성과 새로운 통합이 이루어지고 있다는 데에 주목한다. 그 방향은 학문간 상호 소통, 즉 학제간 연구를 통해 융합 학문 중심의 패러다임으로 변화하고 있는 것이다. 한 가지만 능통한 전문인 양성이 아니라, 여러 분야를 통괄할 수 있는 융합형 인재가 미래 사회에 필요하게 됨으로써 미래 지식인 유형의 변화에도[4] 영향을 미친다. 이에 현대 사회에서 중요한 문제 중 하나인 환경문제 중 원자력발전소 문제를 다룬 영화인 〈클라우드〉[5]를 활용하여 학생들로 하여금 이 영화를 비판적으로 읽는 능력을 키우고 더불어 토론과 글쓰기 등 사고와 표현 교육을 하는 방법을 제시하고자 한다. 이는 환경이라는 융합적인 주제를 통해 학생들을 융합인재로 키우는 데도 기여할 것이며, 영화 활용 교육의 한 모델을 제시할 수 있을 것으로 생각된다. 영화를 통해 학생들은 삶을 성찰하고 인간을 이해하며 시대가 새롭게 요구하는 덕목을 갖출 수 있다.

2. 비주얼 리터러시 교육으로서의 영화활용 교육

최근 리터러시 교육에 대한 접근이 변화하고 있다. 국내 학계에서는 리터러시를 문식성이라고 번역하여 사용한다. 옥현진은 "최근 들어 문식성을 단지 머릿속에 들어 있는 인지적 능력으로 보기보다는 실천력 (literacy in practices)이라는 개념으로 보려는 경향이 있는데 이 역시 문식

---

4   황영미, 「융합학문으로서의 '영화공학'의 학적 성립과 방향」, 『영화연구』 제61호, 한국영화학회, 2014, 453쪽.

5   그레고르 쉬니츨러, 〈클라우드(Die Wolke)〉, 2006,

성의 본질이 소통과 실천에 있으며 또 한편으로 소통과 실천을 통해서 문식성이 향상될 수 있다는 관점을 반영하고 있다고 하겠다. 이러한 관점이 반영된 문식성 교육 실행을 위해서는 학습자들로 하여금 실생활 맥락에서 문식성을 통해 다양한 문제들을 해결해 나갈 수 있다는 것을 직접 경험하도록 하는 것이 중요하다."[6]는 것을 강조하였다. 이재형은 "국어과 교육에서의 비판적 문식성 개념을 ① 인지적 문제 해결 과정으로서의 비판적 문식성 ② 사회·문화적 맥락을 고려하는 행위로서의 비판적 문식성 ③ 실천적·해방적 주체를 지향하는 비판적 문식성으로 유형화해보고, 이러한 비판적 문식성 개념이 국어과 교과서에 반영되고 있는 양상을 살펴"[7]보고 있다. 이러한 논의는 텍스트 해석은 결국 사회문화적 맥락의 적용을 통해 정치 같은 영역에서 자신의 관점이나 목소리를 내는 것까지를 모두 포괄하는 것이라고 보고 있기는 하지만, 리터러시를 문식성으로 보고 문자언어를 해독하는 능력으로 좁혀서 접근하고 있다. 그러나 Marianna Ryshina-Pankova는 "말하기에서 보여주기식으로 교육 방식이 변화하고 현대사회의 모든 양상에 영향을 미치고 이 늘어남에 따라 비판적으로 시각적 미디어를 해석하고 생산하는 것이 리터러시 능력을 획득하는 중요한 부분이 되고 있다."[8]고 보고 있다. 특히 영화를 활용

---

6 옥현진, 「국제 문식성 평가 분석을 통한 문식성 교육 시사점 탐색-PIRLS, PISA, PIAAC을 중심으로」, 『청람어문교육』 제49호, 청람어문교육학회, 2014, 92쪽.

7 이재형, 「국어과 교과서에서의 비판적 문식성 수용 양상」, 『청람어문교육』 제44호, 청람어문교육학회, 2011, 185쪽.

8 Marianna Ryshina-Pankova, "Understanding "Green Germany" through Images and Film: A Critical Literacy Approach", *Die Unterrichtspraxis/Teaching German*, vol.46, issue 2(the American Accociation of Teachers of German), 2013, p.163.(원문 With a move from "telling the world to showing the world," as noted by Kress,

하여 교육을 할 때 기존의 국내의 리터러시 개념보다는 보다 넓게 보는 해외의 리터러시 개념으로 접근하는 것이 타당하다고 할 수 있다. Len Unsworth는 리터러시의 교육의 양상을 "'recognition literacy', 'reproduction literacy', 'reflection literacy'로 분류될 수 있다"[9]고 보았다. 인지적 리터러시(recognition literacy)는 의미를 구축하고 커뮤니케이션하는 데 사용된 언어적, 시각적 그리고 전자 코드를 인식하고 (단순) 생산하는 것을 말하는 것이다. 또한 유비쿼터스적이고 필수적인 일상생활의 보편적 경험인 문화에서 자주 접할 수 있는 리터러시 습득 과정이기도 하다.[10] 분석적 리터러시(reproduction literacy)는 관습적으로 형성된 시각적, 언어적 텍스트 형식을 이해하고 생산하는 것을 포함한다. 이러한 텍스트 형식은 문화 속에서 체계적으로 형성된 문화적 관습과 소통하거나 생산된 것이다.[11] 반성적 리터러시(reflection literacy)는 모든 사회적으로 구축된 관습에 대한 이해를 필요로 한다. 이것 때문에, 리터러시는 특정 가치와 이해를 포괄성과 배제성을 지니는 '선별적' 개념이다.[12] 반성적 리터러시(reflection literacy)는 이러한 포괄성과 배제성을 어떻게 읽는가를 배우는 것을 의미한다. 즉 텍스트를 구축하고 해석하는 것은 텍스트를 분석하는 것뿐만 아니라 시각적, 언어적 코드에서 정보를 얻어내는 것도 수반한다. 언어와 이미지를 선택하는 것이 특정 관점을 어떻게 드러내는지와 또 다른 시각적, 언어적 선택은 어떻게 다른 관점을 구축하게 하는지에

2003, p.140). (이하 본문 내용은 모두 필자의 번역임)

9   Len Unsworth, 앞의 책, pp.14~15.

10   위의 책, 같은 곳(필자 번역).

11   위의 책, 같은 곳(필자 번역).

12   위의 책, 같은 곳(필자 번역).

대해 명확히 설명하게 한다.[13]

이처럼 Unsworth는 리터러시 개념을 언어적인 맥락에서뿐만 아니라 시각적인 맥락을 고려하여 접근하고 있다. 이에 대하여 Marianna Ryshina-Pankova는 다른 여러 학자들의 의견을 고려하여 Unsworth의 'reflection literacy'를 'critical literacy'로 접근하여 리터러시를 구분하였다. Marianna Ryshina-Pankova가 포스터를 분석하면서 구분한 층위[14]를 필자가 영화에 적용하여 표를 재구성하면 다음과 같다.

〈그림 1〉 시각적 리터러시 전개 사이클

---

13   위의 책, 같은 곳(필자 번역).

14   Marianna Ryshina-Pankova, 앞의 글, 171쪽 ('The Literacy Development Cycle. Visual Literacy: Envirnomental Posters', based on Unsworth, 2001).

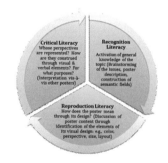

이어서 Marianna Ryshina-Pankova는 영화를 학생들이 분석할 때, 아래와 같이 영화를 연출하는 감독의 입장에서 분석하기를 제시한다. 즉 아래와 같이 미장센(Mise-en-Scène)까지 분석하여야 한나는 것이다. 학생들로 하여금 인상비평에 머물지 않고 분석적 비평을 넘어서 비판적 비평을 할 수 있도록 제시하는 것이다.

- 장면을 (하이앵글) 위에서 찍었느냐, 아래(로우앵글)에서 찍었느냐?
- 카메라가 어떻게 움직였는가?
- 카메라가 얼마나 가까이 또는 멀리 떨어져 있는가?(피사체와의 거리) 디테일하게 묘사되고 있는가? 불명료한 것은 무엇이냐? 무엇이 크게 혹은 작게 나타나는가?
- 관객에게 카메라의 시점이 어떤 영향을 주는가?
- 당신이 장면에서 보는 색깔은? 그 색깔이 어떤 감정을 불러일으키는가?
- 어떻게 장면이 서로 간에 상호작용되는가?(편집에서 페이드 아웃, 디졸브, 플래시백, 점프 컷, 분할 화면)
- 어떤 소리가 들리는가? 음악의 역할은 무엇인가?(사운드를 함께 다시 보기)
- 대사가 장면의 다른 비주얼적 요소와 음향적 요소와 어떤 관계를 보이는가?[15]

---

15 이는 Marianna Ryshina-Pankova가 논문에서 인용한 다른 학자의 글이다(Swaffar, J., & Vlatten, A, "A sequential model for video viewing in the foreign language curriculum". *The Modern Language Journal*, 81(1), 1997, pp.175~188(위의 글, pp.179~180에서 재인용)
(원문 Wie nah oder distanziert ist die Kamera? Was wird detailliert dargestellt? Was undeutlich? Was erscheint groß, was klein? Welche Wirkung hat die Perspektive auf die Zuschauer? Welche Farben sieht man in der Szene? Welche Emotionen evozieren sie? Wie werden die Szenen mit einander verbunden (Abblendung, Überblendung, Rückblendung, Split-Screen, Jump-Cut)? Welche Geräusche gibt es? Was ist die

중요한 점은 위의 미장센의 요소가 해당 영화의 주제와 어떻게 맞물리는가를 찾아내는 것이다. 그는 이어서 자신이 규정한 리터러시 세 단계를 아래와 같이 설명하고 있다. "첫째, 이미지에 초점 맞추는 것은 언어와 영화의 일반적 이해의 형식에서 recognition literacy의 계발을 가능하게 한다. 배경과 인물에 주목하여 이미지에 대한 이야기, 등장인물의 모습, 행동, 그리고 시각적으로 확인할 수 있는 감정들을 보는 것은 학생들로 하여금 예측할 수 있게 한다. 대사로만은 파악할 수 있기도 하고 없기도 한 스토리라인과 캐릭터의 성격과 관련된 장면scene이나 시퀀스에서 무엇이 일어날지 예측하는 것을 도와준다."[16]

둘째로, 이러한 분석은 학생들이 특정 영화를 보면서 영화라는 장르가 가지는 전형적 시각적 의미를 만드는 패턴을 해석 가능하게 한다. 일반적 예상은 일반적 이해를 낳기 때문에 이 일은 환영할 일이다. 그리고 결과적으로 'visual의 문법(의역 : 영화의 문법)'을 통해 영화의 일반적 특징을 이해하는 것은 학생들로 하여금 내용으로부터 해석적 거리를 가지게 해준다. 또한 특정 효과나 포인트를 전달하기 위해 구축된 것을 인식하는 것도 도와준다.[17]

결론에서 그는 교수자들이 학생들이 시각적 자원을 분석하고, 복잡한 맥락적 의미를 해석하는 것을 도와줄 수 있기를 바란다[18]고 하였다.

이러한 비주얼 리터러시 분석 방법은 그동안 문자언어적 리터러시에

Rolle der Musik? (on the second viewing with sound) In welcher Verbindung steht der Dialog zu den anderen visuellen und akustischen Elementen der Szene? (on the second viewing with sound)

16 위의 글, 같은 곳.

17 위의 글, 같은 곳.

18 위의 글, 같은 곳.

만 갇혀 있던 리터러시 개념을 넓혀주고 영화 활용 교육의 새로운 분석 방법을 제시한 것으로 볼 수 있다.

3. 방사능 피폭 영화 〈클라우드〉의 분석 사례

1) 해외 분석 사례

Marianna Ryshina-Pankova는 앞에서 제시한 논문에서 독일의 회화, 포스터, 그리고 영화를 Green Germany라는 통합 코스로 배우는 과정에 대해 논하고 있으며, 비주얼 리터러시(visual literacy)의 발전 양상 조사를 통해 어떻게 시각매체가 환경교육을 확대시키는 데 쓰였는지 알아보고자 하였다.[19]

그녀는 영화 〈클라우드〉를 앞에서 제시한 미장센까지 자세히 분석하는 방식으로 장면과 함께 의미를 분석하여 제시한다. "원전 폭발의 영향에 대해 다룬 독일 영화 〈클라우드(Die Wolke)〉의 초반부로 이미지와 카메라의 시점에 대해 이야기해보고자 한다. 첫 여러 장면들의 이미지와 카메라의 시점은 서사구조 아래 깔려 있는 메인 모티브가 무엇인지 요약하는 동시에 의사 전달을 논리적으로 구현하고 있다. 숲 속에서 자전거를 타고 호수에서 수영을 하는 주인공의 이미지는 영화의 주제가 인간과 환경의 관계라는 것을 잘 드러낸다. 이러한 주제는 영상기법에 의해 더

---

19 위의 글, 163쪽, Abstract(원문 This article reports on the ways of incorporating paintings, posters, and film into an advanced German content and language-integrated course called Green Germany).

욱 강화된다. 주인공 한나가 뒤쪽에 흐릿하게 보이도록 나무들과 나뭇잎에 가까이 초점을 잡는다거나, 한나가 자전거를 탈 때 조감하는 기법, 그리고 한나가 나무기둥을 올려다볼 때의 로우앵글 같은 기법은 자연 속에 인간이 있다는 것과 우리의 상호의존성과 일체성을 강조한다. 인간의 의식을 형성하는 중요한 부분이 자연이라는 것과 인간 역시 자연의 한 부분이라는 것이다."[20]

또한 "동시에, 관객과의 관계의 관점에서 보면, 카메라의 시각은 두 개의 포지션을 설정한다. 조감 기법은 관객으로 하여금 일어나고 있는 상황에 대해 관측, 해석, 궁극적으로는 판단하게 한다. 로우앵글은 관객들이 장면과 캐릭터들에 공감하게 하고 실제로 그들과 함께 있는 것처럼 감정이입을 하게 한다. 이 두 가지 유형의 포지션은 이러한 장르의 영화에서 관객들에게 교훈이나 설교를 하게 되어 그들에게 영향을 주는 전형적인 서사전략이다. 조직적-기능적 서사분석가 Macken-Horarick은 이 두 가지 주관을 '공감'이라 지정하며 캐릭터와 함께 느낄 수 있는 능력, 그리고 그 캐릭터 옆에서 그/그녀의 행동을 윤리적으로 평가할 수 있는 안목이라고 정의했다. Macken Horarick이 두 가지 포지셔닝을 자아내기 위해 서사에 사용된 언어적 기술을 묘사했다면, 영상 분석은 우리가 그러한 환기가 구체적으로 어떤 영화적 수단을 통해 이루어졌는지 살펴보게 한다. 캐릭터를 동일시하는 건 클로즈업을 통해 이뤄지고 핵 폭발로 겁에 질린 상황에서는 로우앵글이 사용된다. 위에서 보는 시점은 말 그대로 조감시점을 통해 이뤄지는데 관객이 캐릭터로부터 거리를 두고 떨어져, 더 높은 입장에서 그 캐릭터들을 비판적인 시각으로 평가하게 한다."[21]

20　위의 글, 178쪽(필자 번역).
21　위의 글, 같은 곳(필자 번역).

이어서 "위에서 바라보는 시각과 밑에서 바라보는 시각의 상호작용은 영화 초반부를 구성할 뿐만 아니라 인간-환경 간 관계의 여러 측면을 보여주면서 하나의 패턴을 형성하게 된다. 학생들은 이러한 패턴이 보이는 여러 장들을 분석할 수 있다. 예를 들면, 영화에서 가장 강력한 에피소드 인데, 시각적으로 위협적인 로우앵글을 사용해서 한나와 시민들을 보여주고 있고 기차역 입구에서 거대한 보라색 구름이 불길하게 다가오면 혼돈이 시작되는 장면이 된다. 그리고 이 장면은 멀리 위에서 한나가 땅 위에 무기력하게 누워 있는 것으로 끝난다. 시점은 에피소드 내내 변화하면서 겁에 질린 사람들이 마을까지 절박하게 기어가는 장면을 목격하게 하고 관객들이 한나의 눈으로 그 방사능 구름을 올려다보게 하여 한나가 느끼는 두려움에 공감하게 만든다. 이러한 카메라 앵글은 인간과 자연 사이에 벌어지는 투쟁, 자연의 법칙을 거스르는 인간에 대한 자연의 복수, 그럼에도 불구하고 불가분적인 그 관계, 벗어날 방도가 없는 인간의 무능력함(한나는 그 유해한 비를 맞으며 땅에 무기력하게 구부리고만 있었다)에 대해 관객의 마음을 일치시키고 이러한 것들에 대한 감정, 고심 또는 어떤 판단이 뒤섞인 반응을 이끌어낼 수 있다."[22]

2) 필자의 분석 사례

〈그림 1〉의 '시각적 리터러시 전개 사이클'에서 제시한 내용을 〈클라우드〉의 분석에 적용하여 수업을 진행할 때 유의할 점은 다음과 같다. 인지적 리터러시(recognition literacy)는 영화를 처음 한 번 감상했을 때, 인지할 수 있는 내용을 중심으로 다룬다. 즉 캐릭터나 주제 등과 같이 영화

---

22 위의 글, 179쪽(필자 번역).

를 보고 알 수 있는 내용들을 학생들과 함께 나눈다.

아래와 같은 질문을 교수자는 학생들에게 할 수 있으며, 이 부분에서는 영화 주제에 대한 이슈와 의미 영역에서 여러 가지 생각을 열어두고 학생들에게 브레인스토밍을 유도한다.

- 이 영화는 어떤 장르로 볼 수 있는가? (영화 〈클라우드〉는 독일 문학계의 거장 구드룬 파우제방의 밀리언셀러 소설 『구름』을 원작으로 하고 있다. 체르노빌 원전 폭발 사건을 모티프로 하여 멜로 장르 영화로 드라마화했다)
- 이 영화 속에 언급되는 체르노빌 원전 폭발과 영화의 사건은 어떻게 유사한가? (다큐멘터리와 극영화의 차이는 무엇인가도 포함하여)
- 감독은 왜 이 소재로 영화를 왜 만들었을까?
- 한나와 엘마라는 캐릭터는 어떤 주제를 실어 나르기 위한 것인가?
- 이 영화는 환경 문제, 특히 원전의 위험성에 대한 어떤 각성을 불러일으키는가?

인지적 리터러시는 위와 같은 질문을 학생들과 함께 나누면서 영화의 메시지가 무엇인가에 대해 접근할 때 향상될 수 있다.

다음으로 필자가 분석적 리터러시로 번역한 'reproduction literacy'에서는 영화의 표현적 영역을 분석해보는 과정을 거친다. 즉 영화에서 특별히 카메라의 시점이 돋보이는 장면이나, 음악이나 편집 등을 고려하여 질문을 던진다.

- 음악은 어떤 장면에서 주인공의 감정을 잘 실어나르고 있는가?

음악은 엘마와 한나가 사랑을 나누는 장면의 조심스러운 느낌을 전해주고 있는가 하면, 엔딩 부분의 한나가 자유로움을 느끼는 장면에서는 가볍고 밝은 음악으로 한나의 마음을 잘 전달해주고 있다.

- 영화의 색조는 사건과 어떤 관련을 맺고 변화하는가?
- 시점 쇼트가 두드러지는 장면은 어떤 장면인가? (롱쇼트나 하이앵글과 로우앵글이 두드러지는 장면을 찾아본다)
- 어떤 장면에서 편집의 속도감이 강하게 느껴지는가?

사람들이 기차역에서 서로 들어가려고 밀치는 과정에서의 편집의 속도감은 상황의 긴박감을 잘 표현해주고 있다(49:15) 또한 오른쪽 장면에서 엘마가 급하게 짐을 꾸리는 장면에서도 긴박감을 편집을 속도감으로 표현해주고 있다.

분석적 리터러시는 위와 같은 질문을 교수자가 던지고 학생들과 함께 나눌 때 학생들의 시각적 요소의 인식이 주제와 어떤 관련성을 갖는지를 파악하는 과정에서 향상된다.

다음으로 비판적 리터러시로 번역되는 'critical literacy'는 관점 비평으로 감독의 관점을 찾아내고 이에 대한 학생들의 생각을 펼칠 수 있도록 유도하는 것이 필요하다.

- 영화는 어떤 관점에서 대상을 바라보고 있는가? (이 영화는 원전의 위험성을 강조하는 쪽으로 기울어져 있다. 학생들이 이 영화에서 제시한 관점을 벗어나 원전을 대체할 만한 발전시설이 과연 있는가에 대한 자료 조사를 하여 토의한다.)
- 분석적 비평에서 찾아낸 시청각적 요소와 대사에 담겨 있는 메시지를 비평한다.
- 자신이 영화를 만든다면 어떤 방향으로 주제를 잡을 수 있는가에 대해 발표해본다.

위의 세 가지 영역에서 〈클라우드〉를 분석 비평하고 이에 대한 토론이나 글쓰기를 함으로써 텍스트를 재생산하는 과정을 통해 사고와 표현 능력을 향상할 수 있다. 이는 영화를 활용한 교육이 사고와 표현 교육에 효과적이라는 것을 말한다.

4. 비주얼 리터러시 교육으로서의 영화 활용 교육 모델

1) 인문학적 읽기 교육

인문학적 관점에서 접근할 때, 환경 영화에 대한 어떤 관점을 가질 것인가의 문제에 있어서 교수자는 학생들에게 환경윤리적 관점을 제시해줄 필요가 있다. 〈클라우드〉라는 영화를 통해 원자력발전소가 오작동되거나 후쿠시마처럼 천재지변으로 인해 사람들에게 엄청난 방사능 피폭을 자행한 현상이 생길 때, 우리는 어떤 관점으로 이 문제를 해결해야 하는가에 대한 접근도 필요하다. 박이문은 "지금 우리는 어떠한 대가를 치르더라도 오늘의 환경문제에 대한 대책을 마련해야 하고 해결방법을 찾아야 한다."[23]고 주장한다. 어떤 원인으로 이러한 환경재난적 상황에 이르렀으며, 이에 대한 대책은 어떻게 찾아야 바람직한 것인가? 박이문에 따르면 "인간중심적 환경윤리가 환경의 위기를 이끌었다."[24] 이와 대립되는 "생태중심적 세계관은 우주 안의 삼라만상들, 인간과 그 이외의 존재들간의 형이상학적 구별을 부정한다. 인간이 적어도 윤리적 객체의 자

---

23 박이문, 『환경철학』, 미다스북스, 2002, 12쪽.
24 위의 책, 126쪽.

격으로 윤리 공동체의 구성원이 될 수 있다면 인간 이외의 모든 존재, 즉 좁은 뜻으로서의 '자연' 전체도 다같이 윤리공동체의 구성원이 될 수 있고 윤리적 배려의 대상이 되어야 한다"[25]고 그는 주장한다.

실제로 〈클라우드〉를 인문학적으로 접근할 때, 교수자는 원전에 대한 정반대의 시각을 지닌 여러 책의 맥락을 모두 제시해주는 것이 필요하다. 제임스 러브록은 "같은 양의 전기를 생산하려면 석유나 천연가스가 우라늄보다 100만 배는 더 필요하다. 원자력 산업은 원자력 지지 시위를 벌이거나 광고를 할 여유가 거의 없기에 반론을 들어본 사람도 거의 없다. 원자력이 위험하다는 잘못된 이미지가 시작되는 또다른 이유는 과학자들이 공개적으로 말하기를 꺼려하기 때문이다. 뛰어나 과학자라면 아무 것도 확실하지 않다는 것을 잘 안다. 모든 것은 확률이다. 반면에 반핵운동가는 과장하고 추측하는 데 결코 주저하지 않을 것이다."[26]라고 하면서 원전의 위험성이 과장되어 있다고 주장한다. 그러나 찰스 D. 퍼거슨은 "1979년 개봉한 〈차이나 신드롬(The China Syndrome)〉이란 영화는 최악의 원전 사고를 묘사하고 있는데, 미국의 한 원자력발전소에서 일어난 원자로 노심의 융융이 너무 심각해서 매우 뜨거운 방사능 물질이 지구를 관통하여 반대편인 중국을 오염시킨다. 아이러니하게도 이 영화는 쓰리마일 아일랜드 사고가 나기 바로 2주 전인 1979년에 최초로 상영되었다."[27]고 하며 영화에서 다룬 내용이 현실로 나타난다고 경고하고 있다.

대립되는 두 가지 관점의 제시는 학생들이 둘 중 한 가지 관점을 선택할 수 있도록 유도하도록 이끈다. 그러나 편파적 관점을 지니지 말고 어

25 위의 책, 164쪽.
26 제임스 러브록, 『가이아의 복수』, 이한음 역, 세종서적, 2008, 143쪽.
27 찰스 D. 퍼거슨, 『원자력 재난을 막아라』, 주홍렬 역, 생각의힘, 2014, 188쪽.

느 관점도 다른 관점으로 볼 때는 모순성을 지닌다는 이중적 시선을 가질 수 있도록 지도하는 것이 중요하다.

2) 원자력발전에 관한 토론 교육

아래는 숙명여대 교양필수 과목 '발표와 토론' 수업에서 영화 〈클라우드〉를 본 후, '원자력발전소, 폐지해야 한다'는 논제로 토론한 사례를 분석한 것이다. 분석 형식은 한상철의 논문[28]에서 제시된 형식을 참고로 하였다. 영화 〈클라우드〉는 원전 사고로 인한 피해를 그린 영화이지만 원전의 장점과 원전을 폐기할 수 없는 한국의 현 상황을 고려하여 자료조사를 하였고 이에 대해 아래와 같은 입론으로 토론을 진행하였다.

> ### 논제 : 원자력발전소, 폐지해야 한다.

■ 찬성

(1) 개념 정의

① 원자력발전이란 핵분열 연쇄반응을 통해 발생한 에너지로 발전기를 돌려 전기를 생산하는 것이다.

② 우리나라는 1958년 공표한 원자력법을 기반으로, 에너지의 안정적

---

28 한상철, 「비판적 사고와 토론－아카데미식 토론을 중심으로」, 『철학사상』 별책 제4권 『비판적 사고의 이론적 토대와 그 활용에 대한 철학적 연구』, 서울대학교 철학사상연구소, 2004, 308~317쪽 참조.

수급을 위해 원자력발전을 도입했다. 1978년 4월 고리원전 1호기가 첫 상업운전을 시작한 이후 원자력발전소를 지속적으로 건설해 왔고, 현재 총 21개의 원자력발전소를 운영하고 있다.

(2) 논제 관련성

① 적은 우라늄만으로 큰 에너지를 생산해낼 수 있고, 비교적 환경에 피해가 덜 간다는 장점 때문에 많은 국가에서 사용하고 있는 발전 방법 중 하나이다.

② 그러나 후쿠시마 원전 사고 이후 원자력발전의 안정성에 대한 문제점이 다시 부각되기 시작했고, 원자력발전이 더 이상 지속되어서는 안 된다는 우려의 목소리가 높아졌다.

③ 따라서 원자력발전소 폐지를 찬성한다.

(3) 현상 변화 필요성

가. 원자력발전은 정치적으로 악용될 수 있다.

① 외교 활동 시 약점으로 악용될 수 있다. 원자력발전을 하기 위해서는 우라늄이 필수적으로 필요하다. 하지만 우리나라는 우라늄을 모두 수입에 의존해야 하기 때문에 우라늄 수입 문제는 우라늄 수출국과 외교 활동 시의 약점이 될 가능성이 있다.

② 님비 현상이 발생할 수 있다. 한국원자력문화재단이 여론조사 전문기관인 TN소프레스사에 의뢰하여 전국을 대상으로 원자력에 대한 국민의식 조사 결과를 살펴보면, 자신의 거주지 내에 원자력발전소를 건설하는 것에 대해서는 10.9%만이 찬성하고 74%가 반대하고 있다.

③ 우리나라는 현재 분단국가로서 전쟁의 위험에서 100% 안정적이라고 할 수 없어 원자력발전소는 북한의 공격 목표물이 될 수 있다. 원자력발전소가 공격당할 경우 한반도 전체에 방사능 오염을 비롯한 엄청난 피해가 일어날 것이다.

나. 원자력발전은 대기, 토양, 수질 등 생태계 전반에 악영향을 끼친다.
① 원자력을 추출하는 과정에서 발생하는 방사물질은 공기로 분산, 또는 토양에 침전되며, 오염된 온수로 인한 바다 생태계 교란을 일으킬 수 있다. 이런 방사 물질은 유기체가 흡수하며 먹이사슬의 정점에 있는 인간이 흡수할 경우 유전자를 손상시키고 암을 유발할 수 있다.
② 우리나라의 고리원자력발전소 제2발전소 내 배수로 일부 및 폐기물 저장고 부근이 방사성 물질에 오염돼 공간 방사선량이 발전소 주변의 자연방사선 준위보다 상당히 높다는 사실이 나타났다. 또한 방사능오염 지역에 대한 방사성핵종 분석결과 세슘, 코발트 등이 검출됐다.
③ 생태학적 윤리학자 한스 요나스의 '책임윤리'의 관점에서 볼 때, 현세대는 미래 세대를 위한 환경 보존의 의무를 가지고 있다. 그렇기 때문에 재생 불가능한 쓰레기, 핵폐기물 같은 미래 세대가 살아가는 데 불이익을 초래할 것들은 물려주어서는 안 된다.

다. 원자력발전은 안정성을 보장할 수 없다.
① 일본 후쿠시마 원전 사고, 체르노빌 원전 사고가 대표적인 예이며, 우리나라의 원자력발전소는 대부분 낙후되어 있다. 우리나라의 경우 지진에 안정적인 나라가 아니기 때문에 노후화된 원전은 지진,

해일과 같은 자연재해에 취약하다.

② 가장 문제가 되고 있는 고리원자력발전소 경우에는 설계수명을 다하여 중단되었으나 상업 운전을 10년 연장하여 무려 36년째 가동하고 있다. 원자력안전위원회의 자료를 보면, 고리원전이 상업 운전을 시작한 이후 사고·고장이 발생한 것은 모두 130회에 이른다. 더욱이 고리원전은 대도시에 인접에 있기 때문에 사고 발생 시 치명적인 결과를 초래할 수 있다.

(4) 결과 도출

① 원자력발전은 정치적, 환경적, 안정성 측면에서 많은 문제점을 가지고 있다. 이를 무시한 채 현재의 편의를 위해 원자력발전을 가동한다면 체르노빌, 후쿠시마 원전 사고에 이어 끔찍한 비극을 반복하게 된다.

② 따라서 원자력발전소 폐지를 찬성한다.

■ 반대

(1) 개념 정의

① 에너지란 물리적인 일을 할 수 있는 능력을 말하며, 우리가 삶을 살아가는 데 있어 꼭 필요한 요소이다. 에너지를 만드는 방식엔 여러 가지가 있는데, 원자력발전방식은 그중 하나이다.

② 원자력발전은 원자들의 핵분열 과정에서 발생하는 열을 이용한 발전 양식으로, 국내 전력 생산량의 34.1%를 차지하고 있다.

(2) 논제 관련성

① 최근 안정성의 문제로 전 세계적 논란거리가 되고 있으나 원자력발전은 막대한 양의 에너지를 제공해주며 화석연료보다 환경오염이 적다는 큰 장점이 있다.

② 따라서 원자력발전소의 유지를 주장한다.

(3) 현장 변화의 필요성

가. 원전 폐기 시, 그 에너지를 다른 발전 양식으로 충당하는 데 현실적 어려움이 많다.

① 원자력발전 양식은 효율적일 뿐만 아니라 우리나라 전체 에너지 발전량의 34.1%를 차지할 정도로 그 비중이 상당하다.

② 수력발전소는 큰 낙차와 풍부한 수량이 확보되어야 한다는 지형적 · 환경적 제약을 크게 받기 때문에 단기간에 그 양을 늘리기가 쉽지 않다. 화력발전의 경우 화석연료의 지역적 편중성 때문에 가격과 공급이 불안정하다는 문제를 가지고 있다. 신재생에너지의 경우 연구뿐만 아니라 상용화되는 데 많은 시간이 소요된다. 또, 자연환경 조건에 크게 영향을 받기 때문에 원전처럼 24시간 전력 생산이 불가능하며, 더 넓은 면적의 부지가 요구된다.

③ 이처럼 원전은 공급, 시간, 토지 면에서 그 효율성이 상대적으로 크며, 이를 다른 발전 양식으로 대체하는 데엔 많은 한계들이 있다.

나. 원자력발전의 문제는 발전 방식 그 자체의 문제가 아니라 발전소 관리의 문제이다.

① 한전원자력연료(KNF)의 자료에 따르면, 각 발전원별 이산화탄소 배출량은 석탄 991, 석유 782, LNG 549, 태양광 57, 풍력 14, 원자력 10g/kWh로, 원자력발전의 수치가 월등히 낮음을 알 수 있다.

② 환경오염을 유발하는 대표적인 온실가스, 이산화탄소의 배출량이 낮다는 것은 원자력이 지구환경 측면에서 유리한 친환경 클린 에너지임을 보여준다.

③ 한전원자력연료(KNF)에 따르면, 원자력발전소에는 심층적ㆍ다중적인 방어 시스템이 구축되어있어 그 안전성이 확보되고 있다. OECD 내 핵에너지 전문기관인 NEA에서도 원전의 안정성 확보를 위한 많은 규칙들을 제정하고 있다.

④ 원자력발전은 그 자체로는 문제가 되지 않으며, 발전소 안전 관리에 더 힘쓴다면 안전성의 문제는 해결될 수 있다.

다. 원자력발전 방식은 생산단가의 면에서 경제적으로 유리하다.

① 2011년 에너지경제연구원이 내놓은 에너지원별 생산 단가 자료에 의하면, 원자력 40원, 석탄 60원, LNG 125원, 신재생 240원으로, 원자력에너지의 생산 단가가 다른 에너지에 비해 월등히 싼 것을 확인할 수 있다.

② 생산 단가가 낮기 때문에, 동일 비용으로 더 많은 전력을 생산할 수 있는 원자력발전 방식은 경제적인 측면에서도 유리하다.

(4) 결과 예측

① 원자력은 효율성, 경제성, 안정성의 측면에서 뛰어난 에너지이다. 효율성과 경제성의 면에서는, 원자력을 대체할 만한 에너지를 찾

는 것보다 원자력발전소를 유지하는 기회비용이 훨씬 작다. 원자력의 위험성은 원자력 자체에서 오는 것이 아니라 발전소 관리의 문제에서 오는 것이다.

② 따라서 원자력발전소의 유지를 주장한다.

위의 찬성과 반대의 분석을 바탕으로 교수자는 칼 포퍼식 방식이든 CEDA 방식이든 원자력발전소에 관련된 주제로 토론할 수 있다. 이를 통해 학생들은 원전의 찬반의견을 모두 알게 되고, 자신의 관점을 정하여 글을 쓸 수 있다.

3) 영화 활용 교육 모델

이 절에서는 위에서 제시한 내용으로 수업을 진행할 때 아래와 같이 모델을 제시하고자 한다.

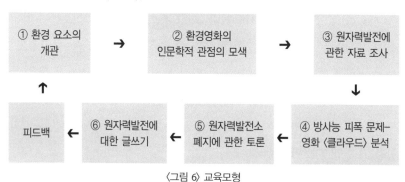

〈그림 6〉 교육모형

위의 모형에 의하면, 환경영화를 활용하기 전 환경 요소를 개관하고, 환경영화를 볼 때 어떠한 관점으로 볼 것인가를 인문학적으로 접근하고, 원자력발전에 대한 자료를 조사한 후에 영화 〈클라우드〉를 감상하고, 원자력발전소 폐지에 관한 토론을 하며, 이를 바탕으로 원자력발전에 대한 글쓰기를 과제로 하고, 교수자는 이에 대해 피드백을 하는 것으로 수업이 진행되도록 한다.

5. 맺음말

이 글은 영화를 활용한 사고와 표현 교육을 비주얼 리터러시(Visual literacy) 교육 측면에서 접근하였다. 그동안 국내 학계에서는 '리터러시(literacy)'를 '문식성'으로 번역하여 단순히 문자언어를 읽는 능력을 중심으로 인식해왔고, 최근 들어서야 미디어 리터러시 등의 용어로 리터러시의 의미를 확장하여 접근해왔다. 이에 이 글은 영화라는 시청각 매체 장르의 특성을 살린 해외 학자의 관련 연구를 국내 처음으로 소개하고 이를 적용한 수업 모형을 제시하였다. 이를 융합형 인재의 필요성에 따라 현대 사회의 중요한 문제인 환경 문제 중 원전 문제를 다룬 〈클라우드〉라는 영화를 통해 학생들의 비판적 읽기 능력과 토론과 글쓰기 등을 통해 사고와 표현 교육을 하는 모형을 제시하였다. 이는 영화를 활용한 인문학적 읽기 교육과 원자력발전에 관한 토론 교육을 통해 일련의 영화 활용 교육 모델을 제시한 것이다.

한국전쟁기 양민학살사건을 그린 영화와 소설을 활용한 성찰적 글쓰기 교육방안

▣ 영화 〈청야〉와 단편소설 「도묘」를 중심으로

1. 머리말

이 글은 한국전쟁기 거창양민학살사건처럼 국군이 민간인을 학살한 사건을 소재로 한 영화 〈청야〉와 소설 「도묘」를 활용해 자기 성찰적 글쓰기 교육방안을 모색하는 데 목적이 있다. 우선 과거의 부정적 체험의 극복과 치유를 주제로 한 자기 성찰적 서사의 재현 방식을 이해하고, 학생들이 자신의 체험을 바탕으로 성찰적 글쓰기 능력을 배양할 수 있는 교육 모형을 제시하고자 한다.

한국전쟁에서 민간인은 북한 인민군의 희생자였을 뿐만 아니라, 미군의 폭격에 피해자가 되기도 했으며, 심지어 국군의 피해자가 되기도 했다. 전쟁에서 일반적으로 민간인은 타자로 밀려날 수밖에 없다. 하지만 국군이 한 마을에 수백 명, 인근 지역까지 포함하면 희생자가 총 수천 명이나 되는 민간인의 생명과 재산을 앗아간 사건은 아무리 전쟁 상황이라고 해도 수긍이 되지 않는다. 1951년 당시 빨치산 소탕이라는 명령에 따라 국군이 마을 주민을 빨치산과 내통한 통비분자로 몰아 집단 학살했다. 거창양민학살 사건 외에도 빨치산이 출몰했던 지역에는 국군이 민간인을 학살하는 사건이 많았는데, 거창에서는 마을 사람들 719명이 몰살당했고, 그 주변 지역인 산청, 밀양, 청도 등지에서 수백 명 심지어 천 명이 넘는 마을 주민이 학살됐다. 이러한 사건을 다룬 작품은 대부분 피해자 중심으로 서술돼 있다. 김원일의 장편소설 『겨울 골짜기』[1]가 대표적이다. 이 소설은 마을 사람들과 빨치산의 관계, 빨치산의 삶 등이 중심이 돼 있고, 마지막 부분에 다루어진 거창양민학살사건은 피해자인 마을 사람의 관점으로 서술돼 있다. 이외에도 한국전쟁기 양민학살에 관한 영화로는 〈작은 연못〉(2009)이 있다. 이 영화는 미군이 군사작전을 수행하던 과정에서 양민을 학살하게 된 노근리사건을 다루고 있다.

그러나 이 글은 한국전쟁기의 가해자 측 입장을 그린 작품을 대상으로 자기 성찰적 서사의 특성을 살피는 데서 출발한다. '자기 성찰적 서사'라는 용어는 이 글에서 처음 사용하는 용어로 자기 성찰적 주제를 담은 소설, 영화 등의 서사를 통칭하는 것으로 정의한다. 박용익은 자기 성찰적 글쓰기와 관련하여 '생활서사 글쓰기'라는 용어를 사용했으며, "자아 성찰, 과거 체험의 정리, 자기인지, 자기정체성 확립, 과거의 부정적 체험의 극복과 치료"[2] 등에 장점이 있다고 파악했다. 이 글에서는 자기 성찰적 서사가 과거 부정적 체험의 극복과 치유 과정을 담은 서사로 보고 피해자보다는 가해자에 초점 맞춰진 텍스트를 대상으로 삼았다. 비해 같은 사건을 다루었다고 해도 피해자 서사는 성찰적 성격보다는 사건 자체를 고발하는 성격이 강한 반면, 가해자 후일담 서사일 경우 자기 성찰적 특

---

1   김원일, 『겨울 골짜기』, 도서출판 강, 2014(초판 : 민음사, 1987).

2   박용익, 「자기 표현적 글쓰기의 교육적 함의」, 『텍스트 언어학』 24호, 텍스트언어학회, 2008, 136쪽.

성이 강하게 나타난다는 점 때문이다.

이 글의 대상 작품은 김재수 감독의 영화 〈청야〉(2013)[3]와 윤영수의 단편소설 「도묘」[4]이다. 영화 〈작은 연못〉이나 소설 『겨울 골짜기』는 피해자의 입장에서 당시의 사건을 재현하여 얼마나 끔찍한 사건이었는지를 강조한다. 그러나 〈청야〉와 「도묘」는 가해자의 입장에서 사건을 다룬다. 가해자의 입장에서는 그에 대한 반성과 상처를 함께 지니기에 해당 사건 속으로 직접 들어가 재현하는 데 목적이 있는 것이 아니라, 대신 50년이 지난 현재 시점에서도 남아 있는 상처와 화해를 통한 성찰을 다룬다. 영화 〈청야〉는 2011년 거창사건 60주기를 맞아 기획됐고, 거창군과 유족회 등의 지원으로 제작됐다. 또한 「도묘」는 거창 양민 살해 사건과 같은 시기 근처 청도에서의 양민 살해 사건이 소재다. 이들 작품의 공통점은 당시의 사건이 사건 가해자와 가해자 가족에게 현재까지 어떤 상처를 남기고 있는가를 현재 시점에서 성찰하고 있다는 점이다. 즉 이 두 작품은 소설과 영화라는 점을 떠나 가해자의 후일담 서사라는 점에서 공통점을 지닌다. 그러나 그 양상은 주체가 가해자 본인인가 가해자 가족인가에 따라 다르게 나타난다. 다음 절에서 이에 대해 보다 구체적으로 접근하여, 가해자 입장의 자기 성찰적 서사의 재현 방식을 살필 것이다.

이 글은 민간인을 구해야 하는 국군이 가해자가 돼 민간인을 학살하고 타자화시키는 상황에 주목한다. 타자 윤리학의 관점에서 최진석은 "타자를 도구적으로만 인식함으로써 타자에 대한 무자비한 폭력의 역사를 배태하기도 했다. 가령 고도로 발달된('합리화된') 과학기술을 무기로 벌어

---

3 김재수, 〈청야〉, 꿈꿀 권리 · 거창군 · (사)거창사건희생자유족회 제작, 2013.
4 윤영수, 「도묘」, 『사랑하라 희망없이』, 민음사, 2008(최초 게재 : 『현대문학』, 현대문학사, 1991.5).

한국전쟁기 양민학살사건을 그린 영화와 소설을 활용한 성찰적 글쓰기 교육방안

졌던 20세기 전쟁과 대량살육의 참사가 그 대표적 사례들"[5]임을 지적했다. 이 글에서는 데카르트의 코기토적 주체 중심주의를 해체하는 임마누엘 레비나스를 원용하여 타자성에 접근하고자 한다. 레비나스는 타자의 존재를 고려하지 않고서는 주체도 성립할 수 없다고 본다. 따라서 주체의 타자에 대한 책임은 무한이 되는 것이다. 즉 "레비나스가 말하고자 하는 선한 마음, 양심은 타자를 위해 혼신을 다하는 마음"[6]이라고 할 수 있다. 이 글에서는 국군이 주체로서 민간인 집단 살해를 저지른 입장에 서 있었다는 점에 주목한다. 이에 따라 가해자의 입장에서의 양심이란 미필적 고의로 부정적인 일은 저질렀지만, 반성적 시각으로 타자를 위해 혼신을 다하는 마음이라고 할 수 있다. 이러한 가해자의 양심은 가해자 자신에게도 가해자의 가족에게도 상처로 남을 수밖에 없다. 이러한 점에서 〈청야〉와 「도묘」 두 서사는 양심을 지닌 자기 성찰적 주체의 반성적 이야기가 된다. 이 두 서사에 대한 논문이 전무하므로 이 글은 이 두 서사에 대한 첫 논문이라는 의의를 가진다.

또한 이 글은 대학 교양 글쓰기 교육이 교양국어의 틀을 깨고 10여 년간 진화해오면서 그동안 비판적 · 논리적 사고를 교육하는 비판적 글쓰기나 학술적 글쓰기가 주된 방향이었지만 최근에는 인성교육, 체험과 관련된 자기 성찰적 글쓰기가 한 방향이라는 데에 주목한다. 자기 성찰적 글쓰기는 각 대학에서 여러 방향으로 진행돼왔다. 경희대에서는 체험을 중심으로 비판적 읽기와 창의적인 글쓰기를 통합하는 가운데 '자기 서사

---

5   최진석, 「타자 윤리학의 두 가지 길 : 바흐친과 레비나스」, 『노어노문학』 21권 3
     호, 한국노어노문학회, 2009, 173쪽.
6   김연숙, 「타자를 위한 책임으로 구현되는 레비나스의 양심」, 『윤리교육연구』 25
     집, 한국윤리교육학회, 2011, 107쪽.

와 표현, 탐색으로서의 문제의식을 공유하는 글쓰기'로 정의하면서 『나를 위한 글쓰기』라는 이름의 교재를 활용하고 있다.[7] 자기 성찰적 글쓰기 교육방법에 관한 연구도 어느 정도로 진척돼 있다.[8] 이 글은 자기 성찰적 글쓰기 교육에 앞서, 역사나 사회 속 개인으로서의 성찰적 인식을 갖게 하는 것이 중요하다고 본다. 그러므로 자기 성찰적 서사의 특성을 통해 성찰적 인식을 확립하는 것이 학생들에게 하나의 분명한 방향을 제시해준다고 보는 데서 출발한다. 그러므로 이 글에서는 영화 〈청야〉와 단편소설 「도묘」에서 나타나는 자기 성찰적 서사의 특성을 살피고, 이를 바탕으로 학생들이 자신의 삶과 조건을 성찰하면서 자기 성찰적 글쓰기를 보다 쉽게 접근하게 만드는 글쓰기 교육 모델을 제시하고자 한다.

2. 가해자 입장의 자기 성찰적 서사 재현 방식

1) 체험적 서사에서의 자기 성찰—영화 〈청야〉

〈청야〉는 젊은 시절 거창양민학살사건의 가해자였던 이 노인(명계남)이 노인성 치매가 생긴 상태에서도 늘 그날 사건의 주범이 됐다는 기억

---

7 오태호, 「자기 성찰적 글쓰기의 이론과 실제―경희대 글쓰기 1 교재 『나를 위한 글쓰기』와 수업사례를 중심으로」, 『우리어문연구』 43, 우리어문학회, 2012, 65쪽.

8 김성철, 「자기 성찰적 글쓰기 교육의 방법과 운영 사례 연구―경희대학교 글쓰기 교육을 중심으로」, 『우리어문연구』 44, 우리어문학회, 2012.
한래희, 「자아 이미지와 서사적 정체성 개념을 활용한 자기 성찰적 글쓰기 교육 연구」, 『작문연구』 20, 한국작문학회, 2014.

에 고착돼 고통받는 이야기다. 즉 〈청야〉는 가해자 본인의 자기 성찰적 서시이다.

이 노인이 치매 상태에서 반복해서 손녀 지윤(안미나)에게 히는 말은 "오줌 안 마려워?" "집에 가자" "글로 가면 안 돼, 달아나야 돼" 등이다. 이는 이 노인이 거창양민학살사건의 주범이었던 군인 시절 만났던 한 소녀에게 했던 말이다. 노인은 오래되어 누렇게 바랜 흑백사진 속의 소녀 모습을 보며 손가락으로 사진을 가리키면서 "여기, 여기"라고 간절하게 말하고는 회한이 가득한 듯 손녀 앞에서 먼 곳을 바라보곤 한다. 젊은 시절 자행했던 사건에 고착된 이 노인의 무의식은 치매 상태에서도 그대로 드러난다.

이 영화는 거창양민학살사건의 현재화를 위해, 다큐멘터리 프로듀서 차 피디(김기방)가 거창사건 다큐멘터리를 만드는 과정과 할아버지 에피소드를 겹쳐놓는다. 지윤은 할아버지 이 노인의 소원을 풀어주기 위해 거창을 방문한다. 차 피디는 준비한 거창사건 다큐멘터리의 편성이 취소되는 진퇴양난의 상황에서 우연히 거창에 온 지윤과 이 노인을 만나게 되고, 이 사건과 깊은 관계가 있다는 것을 직감한 차 피디가 자신의 작품에 이들을 이용하려 하면서 이 노인의 과거가 하나씩 밝혀지는 구조로 구성돼 있다. 할아버지와 함께 동행한 지윤은 거창에 와서야 할아버지가 거창사건의 가해자였으며, 거창사건이 마을 사람들에게 어느 정도로 큰 피해를 남겼는지를 알게 된다. 이는 지윤이 보고 있던 다큐멘터리에서 할아버지가 만났던 바로 그 소녀가 지금은 노인이 되어 당시를 회상하는 장면에서 점차 드러난다. 다큐멘터리에는 피해자였던 할머니가 당시를 회상하며 "어린 마음에 국군이 왜 우리를 죽일까 하는 생각이 들었어요. 그중에도 어떤 군인이 다른 사람들 눈치를 보면서 나지막하게 '저기…… 소변 안 할래요? 하며 물었어요."라고 말하는 장면이 있다. 바로 지윤이 할아버지가 늘 중얼거리던 '오줌 안 마려워?'라는 말의 전모를 확실하게 알게 되는 장면이다. 이후 마을 사람들을 붙잡고 손을 잡으며 눈물을 흘리는 지윤의 모습은 치매에 걸린 이 노인의 분신을 상징한다. 이 노인이 왜 치매인 상태에서 이상한 말을 지껄이는지 영화의 중반까지도 나오지 않다가 결말 부분에서야 국군이었던 노인의 청년 시절 거창양민학살에 동원됐다는 것이 드러난다. 당시에 마을 사람들을 죽이고 마을을 불태웠던 만행을 저지르면서도 혼자 집에 남게 된 여자아이를 발견하고는, 그 아이에게 꼭꼭 숨어서 나오지 말라는 당부를 한 후 방문 앞에 떨어져 있던 그 소녀의 사진을 간직한다. 영화 초반에 나왔던 소녀의 사진을 왜 평생을 간직했는지가 엔딩 부분에서야 밝혀짐으로써 가해자 입장의 자기 성찰적 서사의 특성의 한 면모가 드러난다.

이 노인은 이미 치매가 걸려 사과다운 사과와 반성을 하기 어려운 상태지만, 그의 분신인 지윤이 피해자의 손을 붙들고, 눈물로 통한해하는 장면은 레비나스가 말하는 타자에 대한 무한 책임의 윤리학을 보여준다. 레비나스는 "진정한 의미의 형이상학이란 '존재에 관한 이론적 탐구를 넘어서는 존재보다 더욱 선한 것'에 대한 탐구이며, 이런 플라톤적인 의미의 선함이 구현될 수 있는 자아와 타자의 윤리적인 관계에 그는 주목"[9]한다는 점에 있어 그러하다고 볼 수 있다.

또한 이 영화에서는 거창사건의 피해자인 홍 노인(장두이)이 늘 낫을 갈거나 들고 다니며 옷에 피가 튀어 있는 상태로 복수의 긴장감을 조성하지만, 가해자였던 치매 노인 이 노인(명계남)과 함께 음식을 나눠 먹으

---

9 Emmanuel Levinas, *Etique et Infini*, Fayard, 1982, 77쪽. 홍경실, 「키에르케고어와 레비나스의 주체성 비교―우리 시대의 새로운 인간 이해를 위하여」, 『철학연구』 27집, 고려대학교 철학연구소, 2004, 156쪽 재인용.

며 가까워지는 상황에서 피해자와 가해자가 화해하는 측면도 그려진다. 그러나 이는 지나치게 낙관적인 면이 있다.[10] 이러한 측면은 이 영화가 가해자측 관점에서 사건을 그리고 있다는 데시 비롯된다고 볼 수 있다.

〈청야〉에서는 중간에 삽입된 애니메이션, 다큐멘터리 등을 통해 거창 양민학살사건의 전모를 통해 드러낸다. 영화의 제목이 중국 삼국시대 위나라 조조의 일화인 견벽청야(堅壁淸野)라는 말에서 유래한 1951년 당시의 작전명에서 비롯됐다는 것도 애니메이션 기법을 통해 밝힌다. 이외에도 학살을 직접 재현하는 장면에서는 애니메이션을 사용해 당시 사건이 직접 보여주기보다는 정서적으로 다가오게끔 재현한다.

2) 간접체험적 서사에서의 자기 성찰 – 단편소설「도묘」

「도묘」는 국군묘지에 안치된 국군장교 아버지가 청도양민학살의 주범이었다는 것이 상처였던 아들 윤기섭이 회사에서 구조조정을 맡은 상황에서 어쩔 수 없이 노동쟁의를 하는 직원의 목을 잘라야 하는 자신의 상황과 비교하면서 아버지와 화해하는 과정을 그린다. 즉「도묘」는 청도양민학살사건의 가해자 아버지를 둔 아들의 자기 성찰적 서사인 것이다. 이 소설 역시 청도 사건의 현재화를 위해 아들의 입장에서 사건을 환기시키고 있다.

「도묘」에서는 아버지가 묻힌 국립묘지에 온 윤기섭의 현재 상황과 그의 머릿속을 지배하고 있는 회사일인 노동쟁의 주동자들에 대한 압박 과

---

10 폭력에 대한 화해 과정이 낙관론적이라는 지적은 구모룡이 임철우의 「달빛밟기」에 대한 해설과 맞닿아 있다(구모룡, 「화해를 위한 서사적 질문」, 『외국문학』 15호, 열음사, 1988, 298쪽).

정이 자주 병치되는 구성으로 돼 있다. 윤 사장을 비롯한 남 상무 측의 노동쟁의 주동자를 제거하라는 요구는 점점 강하게 기섭을 조여오지만, 기섭은 함께 일했던 사람들이라는 것을 생각하면 그들의 목을 그리 쉽게 자를 수는 없었다. 그것이 기섭의 양심이었다. 그러나 회사를 목숨보다 소중히 여겼던 기섭은 회사에 누를 끼치는 노동쟁의 주동자들을 희생시켜야 한다고 하는 남 상무의 생각에 동의하고 있음도 부인할 수 없었다.

> 큰 회사를 움직이는 데 소소한 일들은 당연히 희생되는 거 아니야? 작년까지만 해도, 정확히 말해서 그가 이 국립묘지에 찾아왔던 작년 9월 이전까지만 해도 기섭이 공장 노무자들에게 자주 지껄여댔던 말투가 바로 남 상무의 그것이었음을 그는 요사이 문득문득 깨닫곤 했다. (239쪽)

위의 인용문에서 볼 때, 그동안 회사를 위해 과잉 충성을 하던 기섭은 남 상무와 양 사장의 입장에 확고하게 서 있었다. 하지만 어머니의 유품을 정리하던 중 아버지의 사건을 조금씩 알게 되고 국립묘지를 찾게 되면서 기섭은 자기반성의 입장으로 바뀐다. 회사에 충성하던 자신은 국가에 충성하여 청도사건을 지휘하던 아버지의 분신이었다는 깨달음으로 이 서사는 자기 성찰적 서사가 된다.

간간이 어머니의 삶을 통해 등장하는 아버지의 모습은 기섭에게는 그리움과 증오의 대상이기도 했다. 국립묘지에 묻힌 아버지였지만 어머니는 청도사건의 가해자였다는 사실을 기섭에게도 숨겨왔고, 연금 신청마저 하지 않았다. 빨치산 토벌과 관련돼 국군이 마을 사람들을 학살한 청도사건 내용은 사장과 지인인 공무원 정의 말을 통해 조금씩 드러나고 국립묘지에 와서 아버지의 무덤을 확인하는 기섭의 현재와 병치돼 서술된다.

하기야 어떻게 해서든 숨기려고만 하면 아내나 아이에게 자연스레 꾸밀 수도 있으리라. 그의 어머니가 그에게 30여 년을 그랬듯이. 느그 아부지야, 우예 됐는 동. 기다러보는 수뿐이지. 어떻게 알아보기라도 해야지요 하고 운을 뗄 때는 어머니는 남 얘기하듯 무덤덤해지곤 했다. 말으래이. 느그 아부지 벌써 세상 버렸다.(227쪽)

위의 인용문에서처럼 「도묘」에서는 주인공의 아버지가 청도양민학살의 주범이었다가 국립묘지에 안치됐다는 것마저 부끄러워했던 기섭이 결말 부분에 가서야 아버지의 묘소에 참배를 가고 고향인 청도마을에 기섭의 아들과 함께 가기로 하는 것으로 마무리된다. 이는 가해자의 가족으로 진심으로 속죄하는 마음으로의 고향 방문을 의미한다.

기섭의 주체성 역시 레비나스가 말하는 "'타자를 위한 존재', '대리', 또는 타자를 위한 '볼모'로 표현되고, 주체는 존재를 규정하고 의미를 부여하는 주인이 아니라 오히려 타자를 위해 짐을 지는 주체, 즉 책임적 주체라는 것이 강조"[11]되는 방식인 것이다.

3) 가해자 입장의 자기 성찰적 서사 재현 방식

자기 성찰적 서사는 가해자가 과거의 치명적 과오를 '반성'하고 '성찰'하는 데서 출발한다. 한국전쟁기 양민학살에 관한 많은 서사들은 대부분 피해자나 관찰자 입장에서 그려져 있다. 이를 테면 미군 양민학살의 피해자 서사인 〈작은 연못〉에서는 영화의 초반부에서부터 평화롭던 마을에 한국전쟁이 터지고 미군이 들어와서 마을 사람들을 피난 가라고 윽박

---

11 강영안, 「레비나스의 철학에서 주체성과 타자─후설의 자아론적 철학에 대한 레비나스의 대응」, 『철학과 현상학 연구』 4호, 한국현상학회, 1990, 249쪽.

지르며 피난을 강요하며, 피난을 떠난 마을 사람들에게 무차별 폭격을 하는 장면이 진행된다. 그러나 자기 성찰적 서사는 사건 발생 당시에서부터 출발할 수 없다. '반성'은 사건이 끝난 이후 현재 시점에서 이루어져야 하기 때문에 현재 서사에서 출발한다. 게다가 사건의 전모가 앞에서부터 밝혀지지 않는다. 가해자의 성찰적 서사인 〈청야〉에서는 이 노인의 사연이 마지막 부분에 가서야 밝혀지고 있다. 소설 「도묘」 역시 앞서 밝힌 것처럼 마지막 부분에 기섭의 아버지가 청도사건의 지휘관이었음이 밝혀진다.

가해자의 자기 성찰적 서사인 〈청야〉와 「도묘」는 앞 부분에 양민학살 사건의 주범이라는 것을 밝히는 것을 극도로 꺼려하는 방식을 취하고 있다. 이는 두 서사가 지닌 두 가지 창작 관념이 내재된 것에 기인하는 것을 보인다. 첫 번째로는 양민학살사건 자체를 환기시키며 알리고자 하는 목적, 또 다른 관념은 사건의 가해자가 된 것은 국가의 명령에 어쩔 수 없이 복종했을 뿐, 의도적인 것은 아니며, 가해자 자신도 평생 짊어질 멍에를 안고 산다는 것을 강조하고자 하는 목적이 있기 때문이다. 또한 자기 성찰적 서사는 외면화해야 할 사건 자체와 감추어야 할 주인공의 상처가 상충하는 텍스트이기 때문이기도 하다.

주인공의 기억의 편린처럼 조금씩 드러나던 사건은, 서사를 마무리할 때 가서야 극적 사건의 객관적 면모를 전달한다. 마치 스릴러에서 범인을 나중에 보여주는 것 같은 퍼즐풀기 방식을 택한 감독이나 작가의 의도는 무엇일까?

사건 내막을 처음부터 제시하게 되면, 국군의 양민학살이라는 사건 자체만 너무 크게 부각된다. 그러나 감독과 작가는, 한 마을 사람들의 삶을 말살시킨 사건이 사건을 저지른 한 인간의 정체성에 어떻게 영향을 끼치는가의 심리적 추이를 따라가는 데 목적이 있었다. 이 과정에서, 관객들이나 독자들에게 사건만을 보게 하는 것이 아니라 자신의 문제로 사건을 환원시키는 놀라운 부메랑식 전이 효과가 극대화된다.

〈청야〉의 김재수 감독과 「도묘」의 윤영수 작가는 사선의 희생자에 대한 동정심 유발보다는 이기적일 수밖에 없는 우리의 현실적 입장에도 불구하고 학살 사건이나 중간계급으로서 야비한 사건에 동참했던 주인공의 입장을 통해, 독자나 관객 자신들에 대해 반성의 화살을 쏜다. 그리하여 안타까운 우리들의 마음은 마지막에 가서야 가슴을 치게 만든다.

물론 한국전쟁의 비극성과 반전의 주제를 드러내는 것이 이 두 서사의 목적이다. 그러나 이와 유사한 양민학살사건을 다룬 서사가 대부분 피해자 입장에서 사건의 끔찍함을 환기시키는 데 목적이 있는 것과는 달리, 가해자의 서사는 자기 성찰적 성격이 두드러지는 특성을 지닌다. 레비나스의 타자의 철학은 "'자아' 이외의 모든 이질적인 것(他者)들을 억압하고 배제하는 방식으로 자신의 체계를 구축해 나간 주체 중심주의적 사유가 버티고 있다는 것"[12]을 비판하는 관점에 있다. 즉 피해자의 서사뿐만 아니라 가해자의 자기 성찰적 서사 역시 주체 중심주의적 사유에 대한 비판에 서 있다는 점은 주지해야 할 바이다.

3. 자기 성찰적 글쓰기 교육방안

1) 서사를 활용한 자기 성찰적 글쓰기 교육의 특성

최근 대학 교양 글쓰기 교육은 "성찰과 탐색의 측면과 자기 창조의 측

---

12   최진석, 앞의 글, 174쪽.

면에서 교육적 필요성이 인식되면서 자기 성찰적 글쓰기의 형태로 비중
이 높아지고 있다."[13] 경희대 외 여러 학교에서는 체험과 인성교육을 강
조하면서 '성찰적 글쓰기'를 강화하고 있다. 그럼에도 불구하고 성찰과
치유의 효과가 있는 자기 성찰적 글쓰기 교육 모델은 여전히 부족한 실
정이다. 정연희는 합평을 통한 '일화 글쓰기'를 강조하면서 그에 대한 교
육방안으로 '자기 눈으로 보기'와 '거리 두고 보기' 등의 관점에 관한 교
육모델을 제시하고 있다. 또한 김성철은 "경희대 후마니타스 글쓰기 교
육의 방향과 목표는 '체험과 치유'에 집중된다."[14]고 주장하면서 "치유를
목적으로 하는 글쓰기는 글을 쓰는 사람에게 내재된 과거의 상처가 전제
되어야만 하는 경우가 대부분이다. 치유되어야만 하는 그 무엇이 전제되
어야만, 치유를 달성할 수 있는 것"[15]이라고 주장하고 있다. 그러므로 과
거의 상처를 극복하고자 하는 성찰의 서사를 통해 문제가 무엇인가를 인
식하고 이를 바탕으로 자신을 성찰하는 데에 이르는 것이 보다 효과적이
라고 할 수 있을 것이다. 학생들마다 조금씩 차이는 있겠지만, 요즘 상당
수의 학생들이 자신과 사회의 과거 상처에 대한 인식 능력이 부족하다고
볼 수 있다. 이러한 학생들에게 곧바로 자신의 내면을 들여다보고 과거
의 상처를 꺼내어 성찰해 글을 써보라고 주문한다면 어디서부터 무엇을
문제 삼아야 될지 모르는 학생들도 많다. 글쓰기 이전에 문제의식을 먼
저 확립하는 것이 선행돼야 함은 물론이다.

이에 이 글에서는 보다 효과적인 교육 방법으로 서사 속 이야기가 마

---

13 정연희, 「교양교육으로서의 대학 글쓰기 교육에서 자기 성찰적 글쓰기의 의미」,
    『우리어문연구』 43, 우리어문학회, 2012, 61쪽.
14 김성철, 앞의 글, 104쪽.
15 위의 글, 105쪽.

치 학생들 자신의 이야기처럼 동일시 효과가 큰 서사를 활용하는 방안을 제시한다. 서사 중에서도 현대 대중문화의 중심이 되는 영화와 이와 유사한 주제를 지닌 소설을 함께 활용하는 방안이 보다 중층적으로 서사 속 사건을 이해하고 내재화하는 데 도움을 줄 것이라고 보는 데서 출발한다. 이는 첫째로 영화나 소설 속에 나타나는 문제 상황에 대해 창작자가 제시하는 해석 방식을 접할 수 있기 때문이다. 이는 문제 상황에 대한 보다 다양한 해결점을 모색하는 데 도움을 줄 수 있다. 영화나 소설 속에는 제시된 문제 상황이나 현상에 대한 창작자의 해석과 해결점이 직간접적으로 담겨 있다. 그러므로 영화를 보고 소설을 읽음으로써 폭넓은 해석점을 심층적으로 느낄 수 있게 되는 것이다.

둘째로는 영화나 소설 텍스트에서 메시지가 어떻게 표현될 수 있는가를 체감하는 과정에서 문화적 감식력이 길러질 수 있다는 점이다. 영화나 소설 텍스트는 사건 자체를 다룬 신문이나 역사적 서술보다 감각을 통해 보다 직관적으로 전달된다. 이를 통해 삶을 성찰하고 인간을 이해하며 시대가 새롭게 요구하는 덕목을 갖추게 될 것이라고 생각된다. 영화나 서사를 활용하여 자기 성찰적 글쓰기를 함으로써 텍스트 분석력, 논증력, 비판력, 표현력, 사고력, 문제해결력 등을 향상시킬 수 있을 것이다.

셋째로 영화나 소설을 통해 문제를 인식하고 그 해결책을 생각해보고 자신의 체험과 결부시켜 자기 성찰적 글로 표현하는 것은 학생들에게 성찰적 글쓰기에 대한 흥미 유발을 일으킬 수 있는 방법이다. 영화나 소설에서 제시하는 문제 상황과 이에 대한 창작자의 메시지를 생각하면서 글을 쓰는 것을 통해 비판적인 사고력과 창의적인 글쓰기 능력을 키울 수 있다. 글쓰기 이전에 축적된 콘텐츠가 있어야 함은 당연한 이치이다. 영화나 소설을 읽고 보며 생각한 것을 글쓰기에 활용하는 것은 또다른 콘텐츠를 축적해놓고 활용하는 이점이 있다.

〈청야〉나 「도묘」는 가해자 입장에서의 '반성'이라는 자기 성찰적 요소가 강한 서사이다. 그러므로 이 글에서는 자기 성찰 글쓰기라는 체험적 글쓰기의 바탕이 되는 체험적 사건이나 상황에 대한 문제의식을 영화나 소설을 통해 먼저 접하여 깊이 내면화하는 교육방안이 효과적이라는 것을 강조하며, 다음 절에서 자세한 교육 모형을 제시하도록 하겠다.

2) 서사를 활용한 자기 성찰적 글쓰기의 교육 모형

이 글은 자기 성찰적 글쓰기를 하기 이전에 영화와 소설이라는 서사를 통해 문제의식을 확산하며 주제에 대해 고찰한 후, 학생들은 텍스트를 분석하고 토론하며, 교수자는 이에 대해 강의를 하고 이 주제에 대해 글쓰기 과제를 학생들에게 주는 방식을 제안하고자 한다. 학생들이 글을 쓴 이후 글쓰기에 대한 첨삭이 이루어진다. 이러한 교수·학습 모델은 텍스트 자체보다는 텍스트에서 쟁점이나 문제점을 읽어내는 데 중점을 두고, 이를 바탕으로 자신의 체험을 글로 표현해내는 능력의 증진을 꾀한다. 이 과정은 첫째로 해당 주제에 대한 문제 제기 과정, 둘째로 영화나 소설 읽기를 통한 쟁점 토론 과정, 셋째로 쓰기, 넷째로 쓴 글로 협력학습을 통한 교차 첨삭과 교수의 개인별 첨삭이라는 과정을 통해 이루어진다. 이는 학습자 자신의 개인 체험을 공적인 영역에서 공개한다는 측면에서 일반적인 글쓰기 교육모델과 조금 다른 점이 있다. 왜냐하면 부끄러운 과오에 대한 반성을 이끌어낼 때 영화나 소설을 통해 누구에게나 과오는 있을 수 있다는 동일시 효과를 강조하여 자연스럽게 과오를 드러낼 수 있도록 유도하는 과정인 아래 ⑥이 강조되기 때문이다. 이를 표로 제시하면 아래와 같다.

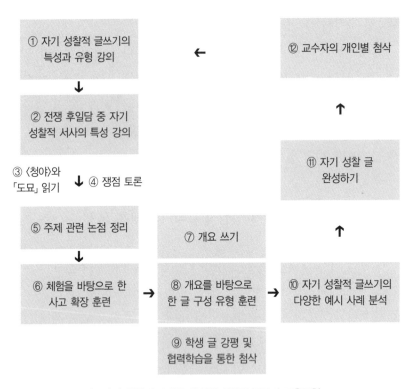

〈그림 1〉 영화와 소설을 활용한 성찰적 글쓰기 교육모형

위의 〈그림 1〉에서 제시한 ①부터 ⑫까지의 과정은 체험에 대한 사고력 확장 훈련이 한편의 자기 성찰적 글쓰기로 이어지는 것을 교육의 목적으로 삼으며, 쓴 글을 첨삭하는 데서 끝나는 것이 아니라 이를 통해 성찰적 글쓰기의 특성을 알게 되는 전체 과정이 순환되는 구조다. 이에 대한 자세한 방식을 제시하면 아래와 같다.

① 자기 성찰적 글쓰기의 특성과 유형 강의

자기 성찰적 글쓰기는 자신의 체험을 바탕으로 하지만, 체험 중 특히 반성이나 후회가 되는 체험을 소재로 한다. 그러므로 글쓰기를 할 때 몇 가지 고려해야 할 문제가 있다. 자기 고백적 글쓰기인 자기 성찰적 글쓰기는 솔직한 자기 고백을 바탕으로 해야 되기에 개인주의적인 요즘 대학생들에게 부담스러울 수 있다는 점이다. 그럼에도 불구하고 자기 성찰적 글쓰기가 지닌 치유의 효과를 강조해야 한다. 글쓰기 과정 자체가 치유의 과정과 맞물릴 수 있다는 점이 강조되어야 함은 물론이다.

② 전쟁 후일담 중 자기 성찰적 서사의 특성 강의

마치 스릴러에서 결말 부분에 모든 것이 밝혀지듯, 자기 성찰적 서사의 특성 역시 마지막에서야 주인공이 가해자이거나 가해자의 가족이라는 것이 밝혀지는 구조로 구성돼 있다. 이는 외면화해야 할 사건 자체와 감추어야 할 주인공의 상처가 상충하는 구조를 지니기 때문이라는 점을 강조한다. 또한 상처를 주었던 지난 과거 사건을 현재화시키는 계기가 작동한다는 점도 강조해야 한다.

③ 〈청야〉와 「도묘」 읽기

영화 〈청야〉와 소설 「도묘」가 지니고 있는 가해자와 피해자 간의 다층적인 관계 구조를 분석해야 한다. 즉 가해자가 지닌 상처에도 주목할 수 있도록 강의해야 한다. 자기 성찰이 치유에 맞닿을 수 있는 지점은 자기 화해이기 때문이다. 해당 영화와 소설의 화해 과정이 지나치게 낙관론적인 측면은 없는지에 대해 비평적 시각을 학습자에게 키워준다.

④ 쟁점 토론

자신이 가해자 입장에 서 있을 때, 국가나 조직의 부당성에 대해 어떤 태도를 취할 수 있는지를 쟁점으로 잡아 토론해본다. 또한 가해자의 현실적인 입장에 동의할 수 있는지에 대해 쟁점화한다. 학습자들은 대부분 가해자의 입장에 군인의 입장으로 국가의 명령에 불복할 수 없다는 점은 동의한다. 하지만 그렇게 무자비한 학살만은 피하고 피해를 최소화할 수는 없었겠는가에 대해 찬반으로 나누어 토론한다.

⑤ 주제 관련 논점 정리

〈청야〉와 「도묘」에서 가해자가 어쩔 수 없이 저지른 행동과 사건에 대한 후회와 상처를 어떻게 극복할 수 있는지 논점화한다. 사건이나 상황이 벌어진 당시로 다시 되돌아갈 수 있다면 후회스러운 선택을 안 할 수 있는지, 아니면 그때에도 어쩔 수 없이 같은 선택을 할 수밖에 없는지에 대해 논점을 정리하도록 독려한다. 레비나스의 타자 윤리학과 관련하여 타자에 대한 무한 책임에 대해 강조한다.

⑥ 체험을 바탕으로 사고 확장훈련

〈청야〉와 「도묘」의 자기 성찰적 서사를 바탕으로 자신의 체험을 적용해보도록 지도한다. 이 과정에서 학습자 대부분은 자신의 경험을 공적 영역에 제시하기를 꺼려한다. 그럴 때, 교수자의 개인 체험을 제시하면서 학습자의 체험과의 동일시 효과를 유도한다. 또한 우선 옆자리의 동료와 개인적으로 고백을 하는 시간을 가진 다음, 조원과 경험을 나눈 후에 글로 써보도록 하는 방법을 취한다. 옆자리의 동료와의 고백 과정에서 좀더 솔직해질 수 있도록 서로 독려하도록 지도한다. 옆자리 동료와의 고백 과정 이후 조원 전체에 제시하는 것이 조금 더 쉽기 때문이다. 지난 학기의 학생 사례를 알려주는 것은 상당히 효과적이다. 첫 수업이라면 이런 체험도 소재로 삼을 수 있다는 예시를 알려주어야 학생들이 쉽게 접근할 수 있다.

⑦ 개요 쓰기

확정한 주제에 대해 어떤 사건을 취하고 배제할 것인가를 선택하여, 현재의 입장에서 과거에 일어났던 사건에 대한 해석과 성찰 과정을 중시하도록 지도한다. 각 에피소드의 경중도 고려하고 핵심 사건을 일반화시킬 수 있는 관점이나 핵심 사건과 관련되거나 유사한 다른 에피소드를 찾아 전체적인 맥락이 통일성 있도록 구성해야 한다는 점을 강조한다.

⑧ 개요를 바탕으로 한 글 구성 유형 훈련

자기 성찰적 글쓰기의 도입부와 결말부를 정하고, 어떤 과정을 통해 도입부가 자연스럽게 결말부와 맞닿을 수 있는지 고려하여 개요를 구성하게 지도한다. 개요를 바탕으로 보다 효과적인 구성에 대해 고민하고 실행하도록 지도한다.

⑨ 학생 글 강평 및 협력학습을 통한 첨삭

개요를 발표하고 협력학습을 통해 서로 첨삭을 해보고, 의견을 나눠보게 한다. 동료의 글이나 사건에 대해 비난하는 듯한 표정을 짓거나 불만족스러운 태도를 내보이는 것을 극도로 자제시키고 가능하면 이해를 바탕으로 글을 쓴 사람의 입장에서 글을 읽고 강평할 수 있도록 지도한다.

⑩ 자기 성찰적 글쓰기의 다양한 예시 사례 분석

다른 사례를 통해 학생이 쓴 글을 다양하게 발전시키는 것을 도모한다. 자기 성찰적 요소가 드러나는 짧은 칼럼이나 소설의 한 부분 등을 활용할 수도 있다. 그러나 무엇보다 지난 학기에 수강했던 학생들이 썼던 예시글을 제시할 때 가장 효과적이다.

⑪ 자기 성찰 글 완성하기

완성된 하나의 글로 쓸 수 있도록 지도하고, 주제가 통일된 글로 완성할 수 있도록 한다.

⑫ 교수자의 개인별 첨삭

주제에서부터 문장까지 꼼꼼하게 첨삭한다. 자기 성찰적 글쓰기가 결국 자기 치유에 이르렀는지를 확인한다.

이러한 과정을 통해 자기 성찰적 글쓰기의 완성이 글쓰기 기술의 습득을 넘어서 결국 자기 치유에 이르게 된다는 것을 강조한다.

4. 맺음말

이 글은 한국전쟁기 거창양민학살사건 등을 소재를 가해자 입장에서 그린 김재수 감독의 영화 〈청야〉와 윤영수 작가의 단편소설 「도묘」 등의 자기 성찰적 서사를 활용하여 자기 성찰적 글쓰기를 교육하는 방안을 제시하였다. 먼저 자기 성찰적 서사의 내용과 특성을 살펴본 후, 이를 바탕으로 학생들이 자신의 체험을 자기 성찰적 서사로 풀어내는 과정을 제시하였다. 이 글은 자신의 체험을 성찰하는 능력이 부족한 요즘 학생들에게는 영화나 소설을 통해 성찰을 내면화시키는 교육이 다른 여타의 방식보다 효과적이라고 보는 데서 출발하였다.

영화와 소설의 활용을 통한 사고와 표현 교육은 학문적인 영역 이외에도 학생들의 교양 능력을 배양함으로써 현대사회가 요구하는 종합적 사고와 표현력을 갖춘 교양인을 양성할 수 있을 것이다. 자기 성찰이라는 주제에 따른 영화와 소설을 통한 글쓰기 교수·학습 모델은 학생들의 텍스트 분석 능력 증진과 사고 능력의 향상, 나아가 능동적인 학문 탐구에도 커다란 도움을 주게 될 것이다. 이 글은 영화 〈청야〉와 단편소설「도묘」에 대한 첫 논문이며, 지성인으로서 자기 성찰적 글쓰기 능력을 향상시키는 교수·학습 모델을 제공함으로써 텍스트 읽기와 토론, 글쓰기 교육을 통합하는 교육모델을 제시한 것이다. 이 글은 자기 성찰적 글쓰기 교육에 있어서 영화와 소설이라는 서사 기반 학습 모형의 연구로 교육방법의 토대를 구축하고 지성인으로서 필수적인 의사소통 능력의 향상에 기여할 것이다.

영화를 통한 이과생 대학 글쓰기 교육방법 연구

1. 머리말

이 글의 목적은 대학 글쓰기 교육에서 영화를 활용한 새로운 교육 방법론을 모색하는 것이다. 글쓰기 강좌는 오늘날 국내의 거의 모든 대학에서 개설, 운영하고 있다. 하지만 그 역사는 불과 10여 년 안팎이다. '대학국어'라는 명칭 아래 폭넓은 활동이 이루어지던 것이 글쓰기에 집중하는 형태로 바뀌게 된 것이다. 10여 년 동안 많은 연구가 이루어졌고, 최근 관심은 전공별 맞춤 글쓰기 교육, 특히 이공계 글쓰기 교육방법에 관한 것이다.

특히 이과생들은 문과생보다 글쓰기에 대한 거리감이 많으며, 이과생에게 보다 효과적인 글쓰기 교육을 해야 한다. 그런데 '공학인증제도' 등에 필요한 공학도에 대한 글쓰기 교육 방법론은 상당히 많이 진행된 데 비해 이과생 글쓰기 교육에 대해서는 상대적으로 부족한 편이다.

또한 기존 연구에서는 이공계 글쓰기를 '기초 글쓰기'와 '이공계 실용 글쓰기'로 구분하고는 있으나, 인문 글쓰기와의 교수법의 차이에 대해서는 연구되지 않았다는 점이 공통된 지적이다. 이공계 글쓰기 교육은 더 이상 '인문학적 소양 교육'의 연장선에만 머물 수 없는 필연적 상황에 처한 것[1]이라는 논의도 많다. 즉 " '글쓰기'의 이상은 실천인문학에 두고 그 학제적 방법으로 이공계 특성에 맞는 교육을 하는 것이 고민에 대한 해결 방안일 것"[2]이라고 보는 것이다.

한편으로 과연 인문 글쓰기와 교수법 차이가 있어야 하는지에 대한 논의도 많다. 이 글은 이과생의 특성을 바탕으로 문과생과는 다른 교육 방법이 필요하다는 입장이지만 "글쓰기가 기본적으로 여러 학문의 도구적인 성격을 지닌다고 할지라도 커뮤니케이션이란 독립적인 영역으로 접근하도록 하는 것이 학생들에게 올바른 교육을 제공할 수 있다"[3]는 황성근의 논의와 같은 관점에서 출발한다.

이에 "실제 교육현장에서 진행되는 이공계 글쓰기 교육의 방법론 제시와 이공계 글쓰기 체계에 대한 학문적 연구가 마련"[4]되어야 함은 물론이다. 이 글은 글쓰기 교육 방법론 모색의 큰 줄기를 영화 활용에서 잡고 있다. 왜 영화인가? 그 답은 학습자의 특성, 그리고 '능동성'이라는 교육 철학에 있다.

글쓰기 학습자인 대학생들에게 영화는 가장 친밀하고 접근성이 높으며 흥미와 관심을 쉽게 유발하는 매체이다. 특히 영상 세대인 학생들의

---

1   박상민, 「이공계 글쓰기 교육의 특징과 과제」, 『배달말』 제45호, 배달말학회, 2009, 304쪽.
2   박선양, 「이공계 글쓰기 교육의 효과적 교수방안 연구 : 전북대학교 사례를 중심으로」, 『국어문학』 제49집, 국어문학회, 2010, 194쪽.
3   황성근, 「이공계 글의 특징과 글쓰기 교육 방향 모색」, 『사고와 표현』 제3집, 한국사고와표현학회, 2010, 124쪽.
4   김인경, 「이공계 대학생 글쓰기 상담 연구 : 제안서를 중심으로」, 『돈암어문학』 제23호, 돈암어문학회, 2010, 298~299쪽.

의사소통에 있어서 영화는 능동적인 교육의 가능성을 열어준다. 강의나 교재 중심 교육은 자칫 지식이나 정보 습득에 치우치기 쉽다. 영화 활용 교육을 통해서 학생들이 새로운 담론 생산에 직접 참여할 수 있는 글쓰기 교육이 가능해진다.

그리하여 이 글은 이과생의 글쓰기 특성을 설문조사[5]를 통해 먼저 살피고, 이에 따른 글쓰기 교육방법을 모색할 것이다. 사고와 표현 분야 모두에서, 또한 글쓰기 필요성 인식을 증진시키기 위한 교육방법을 적용하여 영화평을 쓰게 하고 이과생과 문과생의 영화평 과제를 비교하여 그 차이점을 통해 보다 효율적이며 구체적인 이과생 글쓰기 교육방법을 도출하고자 한다.

2. 이과생의 특성과 글쓰기 교육

1) 이과생과 문과생의 글쓰기에 관한 인식도 차이 설문조사

이과생 글쓰기 교육은 그 특성에 따라 수행될 필요가 있다. 변지선은 그의 저서에서 공대생을 대상으로 글쓰기가 어려운 이유를 설문조사하였다. 그 결과 학생들의 글쓰기 어려움은 글쓰기에 대한 경험부족과 기본적인 어휘의 부족, 글을 쓰는 과정에서 일관성의 부족[6] 등이 있음을

5   이 설문조사는 필자가 강의하는 글쓰기 강좌 학기당 4개 반을 대상(문과와 이과 학생 포함)으로 총 2학기에 걸쳐 실시하였으며, 이를 분석한 자료이다.

6   변지선, 『이공계열 학생을 위한 글쓰기 교육방법』, 한국학술정보, 2010, 13~14 쪽.

밝혔다. 그러나 그 저서에 예시되어 있는 학생들의 답변을 재분석하면 어휘 선택의 어려움, 글의 형식·개요 짜기의 어려움, 글쓰기 경험의 부족, 글의 일관성 등 '표현' 측면의 문제와 배경지식의 부족, 간접경험의 부족 등의 '사고' 측면의 문제와 공대생이므로 글을 잘 쓸 필요가 없다는 '필요성' 부분의 부족으로 대별할 수 있다.

이과생들은 글쓰기에 대한 두려움이 문과생들보다 많다. 이에 필자는 아래 설문조사를 통해 이과생이 문과생과 다른 어떤 특성이 있는지를 분석해보았다. 이러한 설문조사 외에도 인간 특성의 다양한 면모를 서사체로 구현한 영화에서도 이과생들이나 이과 교수들의 특성이 드러나는 작품이 많이 있다. 그중 〈용의자 X의 헌신〉이라는 일본 영화에서 물리학자는 모든 현상에서 이유를 찾고자 하며 답이 존재한다고 믿는 캐릭터이며, 논리적 사고와 분석력은 관련성이 있다고 생각한다. 한편 영화 속 수학자는 수학적 답이 아름다워야 한다고 생각한다. 수학자가 보는 아름답다는 것은 균형이 잡히고, 놀랍고 새로우며 조화롭다는 것을 의미한다.

〈박사가 사랑한 수식〉이라는 영화에서 수학자는 가정부의 신발 사이즈가 24라는 것을 듣고 1부터 4까지 자연수를 곱하면 24가 된다고 말하는 등 모든 사물을 숫자로 인식하고 분석하는 것을 즐거움으로 삼는다. 또한 그는 소수는 아름다운 숫자라고 말한다. 하나의 기호에 불과한 숫자를 아름다움이라는 미적 정서적 차원으로 승격시킨다.

영화에서도 구현된 바 있는 이과생의 특성을 설문조사를 통해 글쓰기와의 관련성을 아래와 같이 살펴보았다. 글쓰기란 사고와 표현 과정이 맞물려서 진행되는 것이다. 아래 문항은 이과생과 문과생의 글쓰기에 대한 인식과 사고 과정 및 그와 연결된 표현 과정에서 발생하는 내용으로 구성되어 있다.

(1) 글쓰기에 대한 고민은 무엇이 있나? (표현 측면)

문과

■ 적절한 단어가 잘 떠오르지 않는다(22%)

□ 구성을 잘 못하겠다(29%)

■ 무엇을 써야 할지 잘 모르겠다(31%)

■ 복잡하게 생각하고 표현해야 하는 글보다는 간단한 숫자가 더 익숙
하고 좋다(5%)

■ 기타(13%) : 전달하고자 하는 바가 많아 문장이 길어지거나 글이 추상
적으로 변하는 경우가 많다. 문장에 문학적 표현을 사용하는 데 고민
이 많다.

이과

■ 적절한 단어가 잘 떠오르지 않는다(29%)

□ 구성을 잘 못하겠다(18%)

■ 무엇을 써야 할지 잘 모르겠다(29%)

■ 복잡하게 생각하고 표현해야 하는 글보다는 간단한 숫자가 더 익숙
하고 좋다(22%)

■ 기타(2%) : 맞춤법과 띄어쓰기에서부터 걱정이 된다. 글쓰기 자체가
부담스럽고 어렵다.

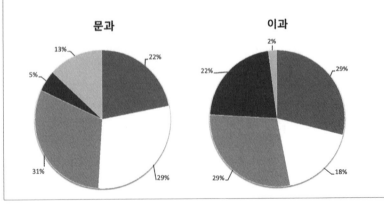

이 문항은 사고와 표현 과정인 글쓰기 과정 중 주로 표현 측면과 밀접한 문항이다. 글쓰기에 대한 고민에서 이과생은 적절한 단어가 떠오르지 않는다는 게 문과보다 많다. 또한 복잡하게 생각하는 글보다 간단한 숫자가 좋다고 답했다.

문과생들이 말하는 적절한 단어, 구성, 무엇을 써야 할지에 대한 고민은 이과생들과는 달리 '더 잘 쓰기' 위한 고민이라고 기타 의견에서 밝혔다. 그러므로 기타에서 각자 자신에 해당하는 다양한 고민들이 대두되었다. 그러나 이과생들은 글쓰기에 부담을 느끼기 때문에 '더 잘 쓰기' 위한 고민보다는 '쓰기' 자체에 대한 고민이 앞섰다. 그러므로 개인적으로 차이나는 다양한 고민보다는 공통적인 고민으로 이는 교육을 통해 개선하기 용이하며 교육적 효과도 높일 수 있을 것으로 기대할 수 있다.

(2) 논리적인 사고를 위해서는 냉정한 분석이 필요한 것이라고 생각하나?

문과

- 예(89%) : 논리적 사고를 위해서는 주관적이기보다는 객관적으로 사고할 필요가 있기 때문에
- 아니오(11%) : 사고와 분석은 별개라고 생각한다.

이과

- 예(97%) : 객관적인 분석 후에 논리적인 사고가 가능하다.
- 아니오(3%) : 논리를 벗어난 우연의 경우도 있기 때문에 냉정한 분석이 가능하지 않을 경우도 있다고 생각한다.

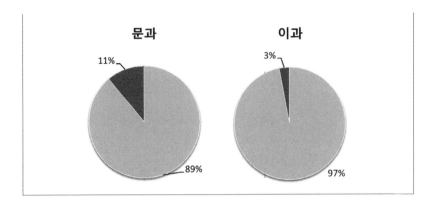

다음으로 논리적 사고를 위해서는 냉정한 분석이 필요하다고 생각하느냐는 2번 질문에 대한 답변으로 이과생들은 냉정한 분석이 필요하다고 답했다. 문과생들에 비해 이과생들이 논리적 사고를 위해서는 냉정한 분석이 필요하다고 생각하는 경향이 강한 것을 확인할 수 있다.

(3) 모든 현상에는 이유가 있다고 생각하나? 왜 그렇다고 생각하나?

문과

- ■ 예(87%) : 원인이 없는 결과는 없다.
- ■ 아니오(13%) : 이유 없이 일어나는 일도 있을 수 있다고 생각한다.

이과

- ■ 예(76%) : 원인이 없는 결과는 없다.
- ■ 아니오(24%) : 모든 현상에는 이유가 있다고 100% 확신할 수는 없다.

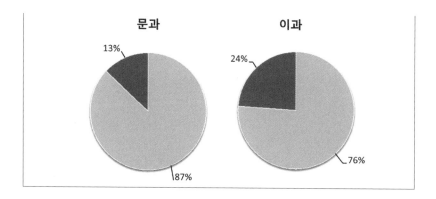

3번 문항에 대한 답변에서 이과생들은 문과 학생에 비해 모든 현상에 이유가 있는 것보다 우연에 지배되는 것에 대한 고려가 더 많았다. 그러므로 글쓰기에서도 인과관계를 발견하게 해 줄 때 글쓰기를 더 잘 할 수 있는 근거가 된다.

(4) 논리적이라는 것은 말과 글을 어떻게 하는 것이라고 생각하나?

문과

- 이해하기 쉽게 말하는 것
- 주장과 근거가 타당하여 설득력 있게 말하는 것.

이과

- 인과관계가 분명하게 말하는 것
- 불필요한 수식어 없이 명확하게 말하는 것.

논리적이라는 것은 말을 어떻게 하는 것이라고 생각하느냐는 질문에 이과 학생들은 '인과관계'라는 표현을 많이 사용했다. 이는 수학의 증명

에서 자주 사용되는 말로, 언어 표현에 있어서도 이과적인 표현을 사용
힌디는 것을 알 수 있다. 또한 이과 학생들은 수식어를 불필요하게 생각
하며, 정돈되고 깔끔하게 핵심만을 말하는 것을 논리적이라고 생각한
다. 명확하다는 것이 문맥의 흐름을 간결하게 전달한다고 생각하며, 이
것이 의미를 풍부하게 해 주는 것보다 더 중요하다고 생각한다. 즉 사고
와 표현의 다양함보다 명석판명한 것을 선호한다. 이과생들의 이러한 점
은 사고를 경직시키며 논리를 우선시하여 감성적 소통을 중요시하지 않
게 됨으로써 긴 호흡의 글을 쓰는 데 심각하게 방해를 받는다. 그러므로
이러한 단점을 극복하기 위해서는 다양한 사고훈련이 필요하고 이를 글
로 표현하는 훈련이 필요하다.

(5) 자신의 전공과 글쓰기와는 어떤 관계가 있다고 생각하나?

문과

- 자신의 의견을 표현하는 데에 글쓰기가 가장 큰 역할을 한다.
- 글쓰기 능력의 유무가 전공 성적에 큰 영향을 끼친다.

이과

- 직접적 상관은 없지만 글쓰기 능력이 뛰어나면 도움이 된다고 생각
  한다.
- 수식을 설명하는 데에 보조적인 역할을 한다.
- 관련이 없다고 생각한다.

문과생은 글쓰기 능력이 전공 성적에 큰 영향을 끼친다고 여겨 중요하
며 필요하다고 생각하는 데 비해 이과생들은 직접적인 상관이 없다고 생

각하는 경향이 있다. 글쓰기 능력이 뛰어나면 도움은 되지만 반드시 필요한 사항은 아니라고 생각한다. 보조적인 역할을 하거나 관련이 없다고 생각하기 때문에 이과든 문과든 삶을 성찰하고 자신의 생각을 표현하는데 있어서 글쓰기 능력이 얼마나 필요한지를 인식시켜줄 필요가 있다.

(6) 자신의 전공과 관련해서 타과보다 글을 잘 쓸 수 있다면 어떤 점 때문인가? 글을 못 쓴다면 어떤 점 때문인가?

문과

- 글을 쓸 기회가 많고, 글쓰기에 대한 관심도 높기 때문에 타과보다는 글을 잘 쓸 수 있다.

이과

- 글을 쓸 기회가 많이 없고, 글쓰기에 대한 관심이나 흥미도 낮으며, 글쓰기 관련 교육도 문과에 비해 부족하다고 생각한다.

이과생이 문과생보다 취약한 글쓰기를 잘하기 위해서는 기본적으로 어휘나 문장력 등의 표현력뿐만 아니라 다양한 측면에서 답을 찾는 사유의 폭을 넓히는 것이 필요하다는 것을 알 수 있다.

2) 설문조사를 통해 드러난 문제점의 해석

전술한 1번 문항의 문제점을 해결하기 위해서는 적절한 개념어 훈련에서부터 구성 훈련, 글의 제재, 복잡하게 생각하고 표현해야 하는 글보다는 간단한 숫자가 더 좋다는 것을 위해서는 사고 영역에서의 보완이 필요하다.

2번과 3번 문항의 문제점을 개선하기 위해서는 글의 논리적 인과성을 유기적으로 훈련하는 것이 필요하다. 즉 글의 구성과 논리적 사고력 증진 교육이 필요하다.

4번 문항의 문제점을 개선하기 위해서는 다양한 사고훈련과 감성과 정서적인 측면에 대한 개발이 필요하고 이를 글로 표현하는 훈련이 필요하다.

5번과 6번 문항의 문제점을 개선하기 위해서는 글쓰기에 대한 필요성과 중요성을 인식시켜주는 훈련과정과 성찰을 통한 사고력을 증진시킬 수 있는 글쓰기 교육방법이 필요하다고 할 수 있다.

그러므로 위의 문제점을 개선하기 위해서는 사고력 교육, 표현 교육, 글쓰기에 대한 성찰 교육, 감성 및 정서 교육이 필요하다. 다음 절에서는 이러한 교육을 효과적으로 할 수 있는 영화로 글쓰기 교육하는 과정에 대해 접근하고자 한다.

3. 영화를 활용한 글쓰기의 방법

1) 영화를 활용한 글쓰기의 필요성과 효과

문자 텍스트보다 숫자 텍스트를 선호하는 이과생들에게 보다 넓고 깊은 사고력과 표현력을 함께 증진시킬 수 있는 방법으로는 문자 텍스트보다는 영상 텍스트로 교육하는 것이 효과적이라고 할 수 있다. 영화는 다양한 사물과 현상을 담아낸 예술로 영화 속에서는 다양한 내용이 담겨 있다. 또한 영화는 현실의 문제나 갈등 상황을 그리기도 하지만, 현실에서는 없는 상상 속에서만 발생하는 문제도 다룰 수 있기 때문에 창의적 사고력의 확장에도 도움이 된다. 영화는 다양한 감독의 시각과 메시지를 통해 사유의 폭을 넓혀준다. 특히 사유의 폭을 넓히는 것은 글쓰기의 기반이 되며, 이과생은 정답이 없는 삶의 다양한 측면을 찾는 데 취약하며, 명석하게 판명되는 것을 좋아하는 이과생은 글쓰기에 부담을 가진다.

영화로 지도하는 글쓰기 교육의 효과는 다음과 같다. 첫째, 영화라는 텍스트를 통해 문제를 인식하고 그 해결책을 생각해보고 글로 표현하는 것은 책읽기를 좋아하지 않는 학생들에게도 글쓰기에 대한 재미를 줄 수 있는 방법이다. 둘째, 영화에서 제시하는 사회의 문제 상황과 이에 대한 감독의 메시지를 생각하면서 영화에 대한 글쓰기를 하는 것은 영화를 통해 비판적이고 논리적인 사고력을 키우고 창의적으로 글 쓰는 능력을 키우는 것이다.[7] 이외에도 셋째로 영화는 사유의 폭을 넓히면서도 막연하지 않고 영화의 구체적인 사건과 메시지를 통해 글쓰기의 구체성이 강화되어 글쓰기에 대한 두려움이 없어진다는 장점이 있다. 또한 '영화는 가장 이성적인 작업을 통해 가장 감성적으로 표출되어야 한다'는 말이 있듯이 영화를 통해 교육하는 것은 이성과 감성 교육이 함께 가능한 매체인 것이다.

특히 이과생은 무엇을 써야 될지를 모른다는 것이 설문조사 결과 나타났다. 평소에 사물이나 현상에 대해 깊이 있게 관찰을 하고 생각해보지 않은 학생이 글쓰기를 잘 할 수는 없다. 그러므로 글을 쓰기 이전에 축적된 콘텐츠가 있어야 함은 당연한 이치이다. 영화를 보고 생각한 것을 글쓰기에 활용하는 것은 또 다른 콘텐츠를 축적해놓고 활용하는 이점이 있다. 영화에서 제시된 문제 상황을 대입하거나 예시한다면 다양한 콘텐츠

---

7   황영미, 『영화와 글쓰기』, 예림기획, 2009, 26쪽.

를 활용한 글쓰기가 될 수 있다. 아래는 학생들에게 영화 활용 수업과 영화평쓰기 과제에 대한 설문조사[8]를 한 것이다.

(1) 영화 활용 수업은 어떤 점에서 효과적이라고 생각하나? 효과가 없다면 어떤 점에서 그러한가?

문과

- 글로만 읽는 것보다, 이해가 더 잘 된다.
- 흥미를 불러일으킬 수 있다.
- 비판적으로 보는 시각과 다양한 시각을 키울 수 있다.

이과

- 재미있어서 이해가 더 잘 된다.
- 영화를 분석하고 비평하는 안목을 기르게 되었다.

(2) 영화평 쓰기 과제는 글쓰기에 어떤 도움을 주었는가? 어떤 도움을 줄 수 있다고 생각되는가? 만일 도움이 안 된다면 어떤 점에서 그러한가?

문과

- 영화를 볼 때 더욱 집중해서 볼 수 있게 되었다.
- 글쓰기를 위한 일정한 틀이 주어졌기 때문에 글을 구성하는 데에 도움이 많이 되었다.
- 다른 글쓰기 과제들에 비해 글을 쓰는 데에 부담이 적었다.

---

8 이 설문조사는 앞 절의 설문조사에 포함되어 시행되었다. 논문 서술의 구성상 이 절에서 설명하게 되었다.

> 이과
>
> - 영화를 통해서도 논리적 사고가 가능하다는 것을 알게 되었다.
> - 비판적 글쓰기 능력을 증진시킬 수 있었다.

위의 답변에 의하면 문과생과 이과생 모두 영화 활용 수업이 효과적이라는 점에서는 공통적이다. 문과생이 글쓰기 자체가 부담이 적었고 영화를 보다 분석적으로 볼 수 있다는 장점을 꼽은 반면 이과생은 영화를 통해서 논리적 사고가 가능하다는 것에 주목했다. 그러므로 문과생보다 이과생들이 논리적 사고를 중시하고 인식하고 있다는 것을 알 수 있다.

2) 영화를 활용한 글쓰기 교육 방법

(1) 표현 측면의 글쓰기 증진 방법

의사소통 능력은 특별한 재능이 요구되는 것은 아니지만 효과적인 의사소통을 위해서는 체계적인 훈련이 필요하다.[9] 특히 '적절한 단어가 잘 떠오르지 않는다'고 답한 이과생의 글쓰기 능력을 증진하기 위해서는 어휘나 구성력 훈련이 필요하다.

① 어휘 측면 – 다양한 개념어 습득 훈련

대학생으로서 같은 내용도 문장의 표현에 따라 수준이 다름을 인식하게 하고, 개념어를 습득하여 잘 활용할 수 있는 능력을 키울 필요가 있다. 대학 글쓰기는 개념어 활용이 없이는 불가능하다. 언어를 알고 이해

영화를 통한 이과생 대학 글쓰기 교육방법 연구

---

9   배원병 외, 『이공계가 한다!! 글쓰기와 발표하기』, 북스힐, 2010, 8쪽.

한다는 것은 표현 측면뿐 아니라 사고나 사유의 폭과 깊이와도 밀접한 관련이 있다. 이과생은 특히 다양한 개념어를 자주 접하여 사고와 표현 능력을 증진시킬 필요가 있다.

② 구성 측면－문단 간의 유기성을 고려한 개요 짜기

'글의 형식과 개요짜기의 어려움'을 호소하는 이과생에게는 어떻게 구성하여 개요를 짜는지에 따라 설득력이 달라지는가를 강조하여 글쓰기 구성력을 지도한다. 글의 구성에 있어, 글쓰기를 하는 과정에서 수렴적 사고와 확산적 사고를 하면서 이들의 관계성을 발견하는 연습이 필요하다. 수렴적 사고의 훈련은 영화의 핵사건과 공통분모를 가지는 하위 범주의 구체적인 사례를 적게 하는 것이다. 이러한 훈련은 수렴적 사고의 개념을 이해하게 할 뿐만 아니라 사물과 현상을 다양한 시각으로 보는 힘을 길러줄 수 있다.

영화평을 쓸 때는 아래와 같은 구성방식을 통해 논리적으로 쓸 수 있는 바탕이 마련된다.

도입	영화 속 메시지에 대한 깊이 있는 이해를 바탕으로 문제 제기 및 관점 세우기
본문 1	독해 포인트를 찾아 자신의 주장의 타당함을 인증하는 단계(설득력 있는 근거를 영화 속 장면이나 캐릭터, 사건 등에서 찾아 제시)
본문 2	영화와 사회적 논점과의 연관성 찾기
본문 3	예상되는 다른 입장을 비판하여 자신의 견해나 주장을 강화
마무리	논의 정리, 논지를 다시 한 번 강조

(2) 논리적 · 비판적 사고 측면의 글쓰기 능력 증진 방법

대학생에게 지식인으로서의 기초 능력인 논리적 · 비판적 사고는 반드시 필요하다. 박만엽에 따르면 "비판적 사고는 어떤 주제나 쟁점이 되는 주장을 적극적으로 분석하고 종합하며 평가하는 능동적 사고이다. 비판적 사고를 통해 우리는 어떤 주제나 쟁점들에 대해 폭넓게 이해하고 그로 인해 파생될 수 있는 여러 가지 문제들을 새로운 관점에서 파악할 수 있다. 이러한 비판적 사고는 우리의 이성적 능력을 바탕으로 하는 추리하는 사고이며, 추리하는 사고는 어떤 이유나 근거에 의존하고 있다."[10] 즉 비판적 사고는 창의적인 문제 해결을 위한 필수 요소로 정보 지식을 비판적으로 구성하고 판단하는 고등 사고 능력이다. 이러한 고등 사고 능력의 요구는 새로운 변화에 신속히 적응하고 패러다임의 급속한 전이에 유동적 참여를 확대하기 위한 불가피한 선택이다. 비판적 사고력은 사려 깊고 상황에 적절한 지식을 활용하도록 하며 학생들의 잠재된 능력을 발휘하는 데 필요한 발판이다.[11] 비판적 사고는 한마디로 "정보를 분석하고 평가하는 정신적 과정이다. 특히 참이라고 주장되는 진술이나 명제가 주 대상이다. 진술의 의미를 파악하고, 제공된 증거와 추론을 검사하고, 사실들에 대해 판정을 내리는 과정이다."[12] 그런데 사고와 표현은 긴밀하게 연관되어 있다. 그러므로 글쓰기라는 표현을 통해 논리적 · 비판적 사고를 증진시킬 수 있는데, 이는 영화 속에서 인과관계를 모색함

10 박만엽, 「비판적 사고와 논증 분석」, 『사고와 표현』 4호, 한국사고와표현학회, 2011, 64~65쪽.

11 김혜경, 「공학적 글쓰기의 교수방법 연구」, 충남대학교 박사학위 논문, 2010, 135쪽.

12 김희정, 박은진, 『비판적 사고』, 아카넷, 2008 참조.

으로써 이루어질 수 있다. 영화평 쓰기는 유기체인 영화를 분석적으로 쪼개고 통합적으로 귀납함으로써 이룬 결과를 확산적으로 사고하여 글로 표현하는 과정이다. 그러므로 영화의 내용에서 질문 다섯 개를 스스로 찾음으로써 결과와 이유와의 관계성을 찾아 비판적이면서도 논리적인 사고를 증진시킬 수 있는 것이다.

영화평을 쓰기 전 스스로 영화텍스트에 대한 다섯 가지 이상의 질문을 던지고 이에 대한 답을 스스로 고민하고 써보는 과정을 통해 인과관계를 통한 논리적 사고력을 키울 수 있다.

(3) 글쓰기 필요성 인식을 위한 교육 방법

글쓰기는 능동적인 행위이다. 학습자 스스로 글의 중요성과 필요성을 자각하지 못한다면 자칫 글쓰기가 괴로운 과제물로만 인식되고 만다. 그래서 '무엇을 어떻게 쓸 것인가'에 앞서 학생들이 답해보아야 할 질문이 '왜 쓰는가'이다. 대학의 글쓰기 교육을 받기 전까지 과제나 입시를 위해 의무적으로 글을 써온 학생들의 상황을 고려하면 더욱 그렇다. 스스로에게 이 질문을 던지고 나름의 답을 구하지 못한다면 능동적인 글쓰기는 어려워진다. 전통적인 글쓰기 교육 방식에서는 교수자가 글쓰기의 필요성과 중요성을 아무리 역설해도 학습자들이 이를 자각하지 못하는 경우가 많았다. 일방적인 주입식 설명이 갖는 한계였다.

그런데 글쓰기 활동 자체를 소재로 삼은 영화는 학습자가 글쓰기의 의미와 가치를 간접 체험하도록 함으로써 이 상황을 완전히 바꿔놓을 수 있다. 설문조사에서 나타난 바 있는 '글자보다 숫자가 더 익숙하다'는 내용과 연결된다. 이와 같은 이과생들에게 〈일 포스티노〉와 〈시〉 같은 글쓰기를 소재로 한 영화를 관람하는 것은 학생들 스스로 글쓰기가 무엇인가를 함께 체험적으로 느끼게 만든다. 그리하여 글쓰기가 삶에서 얼마나 중요한지를 스스로 인식하고 주체적인 삶을 위한 글쓰기의 필요성을 깨달으며 실제로 글을 쓰게 하는 데 도움이 될 수 있다.

"글쓰기는 일상의 삶 속에서 이전까지와는 다른 무언가를 다시 보게 만들고, 사소한 것들에게서도 의미를 발견하게 해주며, 주변의 것들로부터도 신선한 감동이나 삶에 대한 새로운 시각을 얻게 만들어주기도 한다. 결국 글쓰기란 기술적이거나 형식적인 문제가 아니라 세상을 마주하는 자세와 태도, 삶을 살아가는 문제인 것이다."[13] 그러므로 글쓰기 소재 영화를 활용하여 글쓰기에 대한 필요성을 학생들에게 인식시킬 수 있다. 특히 글쓰기에 대한 필요성을 문과생보다 상대적으로 덜 인식하고 있는 이과생의 경우 필요성 인식은 글쓰기 능력을 키우는 것뿐만 아니라 글쓰기를 통해 성찰을 하게 하는 전인교육에 이바지할 수 있게 된다.

4. 영화를 통한 이과생 글쓰기 강좌 사례

이 절에서는 영화를 통해 설문조사에서 드러난 이과생의 글쓰기에서의 취약점을 개선하기 위한 방법을 모색하고자 한다. 먼저 교육에 활용할 영화 텍스트의 수량과 관련에서 접근할 수 있고, 강의 과정을 어떻게 진행할 것인가로 구분하여 접근하고자 한다.

---

13 김중철, 「영화에 나타난 '글쓰기'의 의미」, 『한국사고와표현학회 학술대회 논문집』, 한국사고와표현학회, 2011, 24쪽.

1) 대상 텍스트의 수량

영화를 통한 효과적인 교육 방향은 활용하는 영화 텍스트의 수량에 따라 크게 두 가지로 대별될 수 있다. 첫째로는 하나의 영화를 함께 보고 글쓰기 교육적 효과를 증진시키는 방법이 있을 수 있고, 또 다른 방법은 각 문제점을 보완하기 위한 대표적 영화를 통해 수행하는 방법이 있을 수 있다. 먼저 설문조사를 통해 나타난 이과생 글쓰기에 대한 문제점을 다양한 영화를 통해 개선 및 증진하는 방식을 아래 표를 통해 제시하고 자 한다.

문제점의 개선	영화 사례	교육적 효과
단일한 사고형	〈라쇼몽〉	산속 숲에서 사무라이가 죽게 된 사건에서 사건과 관련된 사람들이 각자 다른 주장을 하는 장면을 통해 사건은 보기에 따라 전혀 다른 면모가 있으며, 인간과 사물과 현상에는 다양한 측면이 있다는 것을 사고하게 함
논리를 감각보다 우선시함	〈향수〉	주인공 그루누이가 데카르트적 이성중심주의의 근대가 시작되던 당시 이성보다 후각의 천재적 능력으로 제조한 향수로 세상을 지배할 수 있는 힘을 가진 내용을 통해 논리나 이성보다 감각이나 감성이 더 중요하며 더 큰 힘을 가진다는 것을 알게 함.
글쓰기의 필요성 인식	〈시〉 〈일 포스티노〉 〈어톤먼트〉	〈시〉, 〈일 포스티노〉는 주인공의 글쓰기 과정이 자기 성장의 계기가 되며, 〈어톤먼트〉에서는 소설을 씀으로써 자신의 어릴 적 잘못을 속죄하는 과정이 되는 주인공 브릴리오니를 통해 글쓰기가 자기 성찰이나 반성의 과정이 된다는 것을 알게 되어 글쓰기의 필요성을 인식하게 만듦.

언어적 표현 능력의 부족	〈시〉 〈일 포스티노〉	〈시〉에서 주인공 양미자가 연로한 나이에도 불구하고 사물에 대한 자기 표현을 찾기 위해 사과를 앞에 두고 생각하는 것과 시를 쓰기 위해 여러 가지 고민과 느낌을 가지려고 노력하여 결국 시 한 편을 완성하는 과정, 〈일 포스티노〉에서 주인공 마리오가 네루다 시인과의 대화를 통해 '은유'가 무엇인가를 알게 되고 사물에 대해 자신만의 표현을 찾아가는 재미를 알게 되어 결국 사회 인식이 담긴 시를 쓰게 되고, 섬에 대한 추억을 소리를 녹음함으로써 자신의 개성적인 느낌을 표현하는 장면은 언어적 표현 능력의 부족은 관심을 통해 개발될 수 있다는 것을 알게 하고, 하나의 표현을 발견하기 위해서는 다양한 과정이 필요하다는 것을 알게 함.

다음으로 〈빌리 엘리어트〉라는 하나의 영화로 글쓰기 교육을 한 강의 유형을 소개하고자 한다. 이 수업은 이과생들이 하나의 영화를 놓고 첫 번째로 사고를 단일화하는 습관에서 벗어날 수 있도록 하기 위해 다층적으로 생각하는 훈련, 두 번째로 논리를 감각보다 우선시하는 것에서 벗어날 수 있도록 감성과 감각을 촉발시키는 훈련, 세 번째로는 글쓰기 과정이 바로 자신에 대한 성찰의 과정이므로 필요하다는 인식을 전환시키는 훈련, 네 번째로 이 과정을 통해 생각한 것을 다양하게 표현할 수 있도록 하는 훈련을 목표로 한다. 교수자는 먼저 주요 몇 장면을 보여주며 이 영화가 무엇과 무엇의 대립을 보여주고자 하는 영화인지 영화의 시대적 배경과 관련하여 질문한다. 그 과정을 표로 제시하면 다음과 같다.

문제점의 개선	장면과 내용을 통한 방법	교육적 효과
단일한 사고형	인간의 성향은 다양해서 빌리가 남자지만 권투보다는 무용에 관심과 재능이 있을 수 있다는 내용	인간과 사물과 현상에는 한 가지 측면만 있는 것이 아니라, 다양한 측면이 있다는 것을 사고하게 함.
논리를 감각보다 우선시함	빌리가 무용을 통해 자신의 재능을 발견하는 것과 영국왕립 발레단 오디션에서 왜 무용을 하느냐는 질문에 잘 모르겠지만, 무용을 하면 자신을 잊어버릴 정도로 몰입을 하게 된다는 말을 할 때.	논리로는 설명하기 어렵지만, 느낌과 감각으로 알게 되는 세계도 있다는 것을 알게 됨
글쓰기의 필요성 인식	빌리가 춤을 통해 자기 표현을 하면서 자신의 목표를 알게 되고, 진정한 자아를 발견하게 되는 과정	자기표현 과정을 통해 자신의 목표를 인식하게 되고 자아를 찾게 됨으로써 글쓰기라는 자기 표현의 중요성을 인식하게 함.
언어적 표현 능력의 부족	빌리가 다양한 춤을 추어보면서 자신의 내면의 감정과 느낌을 표현하고자 노력하는 과정	자기표현을 다양하게 찾아봄으로써 언어적 표현 능력을 증진시킬 수 있다는 것을 알게 함.

2) 수업 진행 과정 사례

영화를 활용한 수업의 과정은 먼저 텍스트가 하나든 여러 편이든 먼저 영화의 주제와 간단한 내용에 대해 교수자가 설명하고, 영화 속 주요 장면을 편집하여 학습자와 함께 보는 것이 필요하다. 영화를 본 후에 반드시 모둠을 나누어 모둠별로 주요 쟁점에 대해 토의를 하는 것이 필요하다. 토의를 통해 영화의 다양한 측면을 교류하는 것은 반드시 필요하다.

한 편의 영화 텍스트로 교육할 경우 영화 전체를 1차시 수업에서 관람하고 2차시 수업에서 모둠별 토의를 통해 주제에 관해 접근을 한 후 영화평을 쓰는 과정을 거침으로써 진행할 수도 있다. 또한 영화 전체를 보여주지 않고, 먼저 도입부만 보여주고 후반부에 어떻게 진행될 것인가를 토의하는 과정을 거칠 수도 있다. 답을 함께 나눔으로써 이과생에게 부족한 다양한 사고를 확인할 수 있기 때문에 사고의 확산에 도움을 줄 수 있다.

조별 토의 후에는 영화평을 제출하게 하는데, 영화평을 제출한 후에는 먼저 동료 평가를 통해 같은 영화를 보고 쓴 자신과는 다른 생각과 영화평을 접하게 하는 것이 중요하다. 동료 평가를 하는 학습자도 자신과는 다른 글과 접근 방식, 사유 방식을 통해 사고의 다양성을 알게 되고, 서로 자극을 받게 되며, 동료 평가를 함으로써 자신의 글에 대한 객관적 평가 기준에 대해 보다 엄밀하게 다시 생각하게 되는 계기가 된다. 이후 교수자의 총평을 통해 학생들의 단점을 보완하는 데 도움을 주도록 한다.

영화평 과제를 제출하게 할 때 질문을 다섯 개 정도 제시하고 이에 대한 답을 쓴 후에 이를 바탕으로 영화평을 쓰게 함으로써 논리적 사고와 비판력 및 표현력을 키울 수 있다. 아래의 표는 이과생과 문과생의 〈빌리 엘리어트〉에 대한 질문 다섯 개와 이를 바탕으로 제출한 영화평을 비교한 것이다.

	이과생	문과생
질문	1. 왜 그리고 어떻게 권투와 발레를 대비적으로 표현했을까? 2. 왜 빌리는 자신의 분노를 춤을 통해 표현했을까? 3. 왜 빌리의 아버지는 피아노를 부시는 모습을 표현했을까? 4. 왜 빌리의 친구, 마이클을 게이로 표현했을까? 5. 왜 마지막 장면에서 빌리는 백조의 호수를 췄을까?	1. 왜 빌리가 발레를 할 때는 거울이 있을까? 2. 빌리의 남자 친구인 알렉스는 왜 여성성을 선호할까? 그리고 왜 그런 친구를 빌리는 거부하거나 비난하지 않을까? 3. 왜 데모하는 장면을 자주, 오랫동안 보여주었을까? 4. 왜 빌리가 로열발레스쿨에 합격한 것을 알게 되는 날 아빠의 파업이 끝나게 하였을까? 5. 왜 할머니는 계속 "전문 무용수가 되었을 텐데."라고 말씀하시는 것일까?

영화평	백조에서 사랑을 이룬 발레리노로 – 영화 〈빌리 엘리어트〉 영화평 발레를 하고 싶어 하는 11살 소년, 빌리 엘리어트가 여성의 운동이라고 인식되는 발레에 대한 편견을 이겨내고 빌리는 마지막 장면 〈백조의 호수〉 공연에서 사랑을 이루지 못한 〈백조의 호수〉 속의 백조와 달리 빌리는 자신의 꿈을 이룬 발레리노가 되었다. 이러한 빌리의 모습을 통해 이 영화는 시청자들에게 편견에 맞서 이를 극복하고 꿈을 이루어 나가는 빌리의 모습을 통해 무언가 때문에 꿈을 향한 도약을 망설이는 이들에게 희망의 메시지를 전달하고 있다.	나를 찾기 위한 날갯짓 – 영화 〈빌리 엘리어트〉 영화평 레슬링 수업을 받으러 갔다가 우연히 발레 수업을 보고 책을 훔쳐 혼자 연습 해 볼 정도로 발레에 빠진 빌리를 형과 아버지는 이해하지 못하며 비난한다. 빌리도 처음에는 발레에 빠진 자신을 부끄러워하며 포기하려고 한다. 하지만 발레 연습을 하는 빌리는 항상 거울 앞에 있고 카메라는 빌리와 거울에 비친 빌리 모두를 담는다. 거울은 열심히 노력하는 빌리와 발레를 연습하면서 행복해 하는 빌리의 표정을 보여주면서 빌 리가 진짜로 하고 싶은 것은 발레이고 발레를 할 때 빌리가 솔직해지고 빌리다워지는 것임을 보여준다. 또한 빌리가 발레를 하는 장면과 데모하는 장면이 겹쳐서 많이 나오는데, 이는 빌리가 발레를 하는 것이 고정된 가치관에 대한 저항인 것이라고 말하는 것이다. 따라서 빌리가 발레 학교에 합격하게 되는 그 날 아버지와 형의 파업도 끝이 난다. 빌리를 포함해 빌리의 가족, 빌리의 발레선생님, 그리고 빌리의 친구 알렉스 모두는 빌리의 말을 빌리면 '낙오자' 이다. 발레에 끌리고 좋아하게 된 빌리와 여성성을 선호하는 알렉스를 바라보는 사회의 시선을 영화는 빌리와 알렉스가 체육시간에 달리기를 하다가 다른 친구들과 다른 길을 가는 것으로 보여준다. 하지만 빌리가 빌리의 아버지와 형, 발레 선생님, 알렉스와 화해해 가고 어울리는 모습은 사회적 소수자들에 대한 이해와 공존 가능성을 보여준다.
동료평	1. 영화의 핵심주제를 잘 찾아내고 분석한 것 같다. 2. 제목이 인상 깊다. 3. 질문에 대한 답이 분석력 있는 것 같다. 빌리가 꿈을 이루는 과정을 순서대로 쓴 것이 인상적이다.	1. 할머니가 빌리에게 "내가 전문교육을 받았다면…….전문 무용수가 되었을 텐데……."라고 하시던 말씀이 빌리에게 후회가 없으려면 꿈을 포기하지 말라는 의미의 장면이라고 생각하니 왜 할머니께서 계속 빌리에게 그런 말씀을 하셨는지 이해가 간다. 좋은 분석이다. 2. 5번 질문에 가장 공감이 간다. 할머니께서 눈에 띄게는 아니었지만 따뜻한 느낌으로 빌리를 끝까지 응원해주시던 모습이 기억에 남는다.

| 교수자 총평 | 전체적으로 한 문장의 호흡이 깁니다. 문장을 짧게 나누어 말하고자 하는 바를 분명히 표현하는 것이 더 좋겠습니다. 주어의 수식어가 너무 깁니다. 주술관계가 호응되지 않는 문장 있는데 이에 유의하여야 합니다. (왜 빌리의 아버지는 피아노를 부시는 모습을 표현했을까? → 빌리의 아버지가 피아노를 부수는 모습은 무슨 의미가 있을까?로 수정요망) 영화의 핵심 주제와 내용은 잘 파악하고 있습니다. 문장이 다듬어지면 분석력이 더욱 돋보일 것입니다. | 열심히 고민하고 분석한 흔적들이 보입니다. 다만, 띄어쓰기 오류가 많습니다. 이러한 실수는 글 전체를 무성의하게 만들 수 있습니다. 반드시 확인하세요. |

이 표를 통해 이과생은 영화에서 겉으로 드러난 사건이나 행동의 인과관계, 메시지 등에만 천착하여 분석한 반면, 문과생은 사건 너머에 있는 인물들의 관계와 의미뿐만 아니라 사회에 대한 비판적 사고까지 표현하고 있다는 것을 알 수 있다. 모든 문과생과 이과생이 동일한 차이를 보인다고 말하기는 어렵지만, 대체로 이과생의 사고는 표면에 머물러 표현도 이에 한정되며, 문과생은 표면적 현상 이면까지 통찰하는 분석력을 지니고 있는 것으로 분석되었다. 이를 통해 이과생들의 사고와 표현을 증진시키는 데 영화평 쓰기가 상당히 도움을 줄 수 있다는 것이 밝혀졌다.

5. 맺음말

글쓰기의 목적은 궁극적으로 의사소통에 있다. 글쓰기는 생각이나 사상, 의견을 담아내며 그 내용을 효과적으로 전달해야 한다. 그렇다면 글쓰기 교육은 국어에 관한 교육에만 머물기보다 국어에 관한 교육에서 한 걸음 더 나아가 의사소통 교육의 하나로 바라봐야 하며 의사소통 교육 가운데 말하기가 아니라 쓰기 교육이란 사실을 염두에 둬야 한다.[14]

이 글의 목적은 대학 글쓰기 교육에서 영화를 활용한 새로운 교육방법론을 모색하는 것이다. 이과생들은 문과생보다 글쓰기에 대한 거리감이 많으므로 이과생에게 보다 효과적인 글쓰기 교육을 해야 한다. 이 글은 글쓰기 교육 방법을 영화 활용으로 접근하고 있다.

이과생의 글쓰기 특성을 설문조사를 통해 먼저 살핀 결과 이과생은 표현과 사고, 그리고 글쓰기의 필요성 인식 측면, 감성 측면에서 문과생과 차이가 나는 것으로 밝혀졌다. 이에 따라 영화평 쓰기 과제에 대한 설문조사를 통해 영화평 쓰기가 글쓰기라는 표현 측면과 분석력, 비판적 사고력 측면에 도움을 준다는 것을 확인할 수 있었다.

표현 측면에서는 개념어 습득과 활용 방법을 통해 어휘력을 증진시킬 수 있고, 구성 측면에서는 영화의 내용과 사회문제를 적용함으로써 5단락 구성 방식으로 구성력을 증진시킬 수 있다는 것을 논증하였다. 사고 측면에는 영화평 쓰기 이전 단계에서 질문 다섯 개와 답변 다섯 개를 하는 것을 통해 분석력과 논리력을 증진시킬 수 있다는 것을 논증하였다. 글쓰기 필요성에 대한 인식 증진은 글쓰기 관련 영화를 통해 글쓰기가 자기 성찰의 과정임을 인식하게 할 수 있다는 것을 논증했다.

그리하여 사고와 표현 분야 모두에서, 또한 글쓰기 필요성 인식을 증진시키기 위한 교육방법을 적용하여 영화평을 쓰게 하고 이과생과 문과생의 영화평 과제를 비교하여 그 차이점을 통해 보다 효율적이며 구체적인 이과생 글쓰기 교육방법을 도출하였다.

---

14   황성근, 앞의 글, 124~125쪽.

또한 이를 실제로 활용할 수 있는 사례를 제시함으로써 교수자들에게 도움을 주고자 하였다.

그러나 결국 이 글 역시 다른 논문들과 마찬가지로 이과생과 문과생이 특별하게 차이나는 교육 방법을 모색하기는 어렵다는 데 한계에 봉착했다. 그러나 설문조사를 통해 드러난 이과생이 특히 부족한 점을 보완할 수 있는 교육방식을 모색했다는 데에 의의가 있다.

제2부

영화와 문학

영화와 문학은 서사라는 공통점을 지니고 있다. 서사론을 바탕으로 시점을 중심으로 한 방법론으로 읽어낸 논문들이다. 영화와 소설의 시점의 차이가 빚어내는 매체변환의 요소를 살펴 보았다.

literacy

박범신 소설『은교』의 영화화 연구

1. 머리말

서사체 분석은 표층적 차원과 심층적 차원 모두에서 접근하여 내용과 형식, 즉 의미와 표현이 어떻게 관계되어 있는가를 살피는 것이 중요하다. 이 글은 "환멸의 세계와 탐미적 서사"[1]를 구현하는 박범신 작가의 소설『은교』[2]와 정지우 감독[3]의 영화 〈은교〉[4] 각각을 표층적 차원과 심층적 차원에서 분석하고, 영화화되었을 때 무엇이 달라졌으며 이는 무엇을 의미하는지를 밝히고자 한다. 이 글에서는 소설은『은교』로 영화는 〈은교〉

1   김병덕, 「환멸의 세계와 탐미적 서사-박범신론」, 『한국문예창작』 제8권, 한국문예창작학회, 2009, 65~86쪽.
2   박범신, 『은교』, 문학동네, 2010.
3   단편 〈생강〉으로 제3회 서울단편영화제 최우수작품상과 예술공헌상, 젊은 비평가상을 수상했으며, 1999년 장편 〈해피 엔드〉로 장편 데뷔했다. 〈해피 엔드〉는 제53회 칸영화제 비평가 주간에 공식 초청되었으며 흥행에서도 성공을 거뒀다. 2005년 〈사랑니〉, 2008년 〈모던보이〉, 2012년 〈은교〉를 연출했다.
4   정지우, 〈은교〉, kd media, 2012.

로 표기한다.

그동안 영화 〈은교〉에 대한 논의로는 「(대중) 소설과 (대중) 영화가 당대의 사회 규범과 소통하는 방식」[5]이라는 논문이 있다. 이채원의 논문에서는 소설에서 상대적으로 묘사되던 은교가 영화에서 전경화됨으로써 삼각구도가 형상화되며 노년의 성욕망이 사회적 규범과 어떻게 상치되는지에 접근하고 있다. 또한 유영희는 「영화 〈은교〉를 보는 한 가지 시선」[6]을 통해 노년의 욕망에 천착하고 있다. 그러나 이 글에서는 서사론에 입각하여 접근함으로써 소설의 서술이 영화화되는 과정에서의 변용의 의미와 영화의 미장센과 디테일을 통해 영화 〈은교〉가 어떤 성취를 하였으며 그 의미는 무엇인가를 밝히고자 한다. "소설에서의 서술의 특성이 영화화될 때 어떻게 변화되어 표현되며 그 의미와 효과가 무엇인가"[7]를 살피는 논의는 형식과 내용을 아우른다는 점에서 원작 소설의 영화화 논의에서 중요하기 때문이다.

수잔 랜서는 저서『시점의 시학』[8]에서 기존 여러 서사학자의 시점 논의를 정리하고 포괄하면서 시점과 이데올로기 간의 문제에 천착하고 있다. 즉 "존 구드가 주장하는 것처럼 시점은 이데올로기 그 자체에 대한 텍스트의 관계를 조정하는 것"[9]이라는 점을 강조하고 있다. 그러므로 작가가 설정한 "관찰되거나 고찰되는 위치와 사물을 바라보는 방식인 태

---

5 이채원, 「(대중) 소설과 (대중) 영화가 당대의 사회 규범과 소통하는 방식」,『문학과영상』13권 4호, 문학과영상학회, 2012.

6 유영희, 「영화 〈은교〉를 보는 한 가지 시선」,『사고와표현』5권 1호, 한국사고와표현학회, 2012.

7 황영미, 「『완득이』의 서술전략과 영화화연구」,『돈암어문학』24집, 돈암어문학회, 2011, 294쪽.

8 수잔 스나이더 랜서,『시점의 시학』, 김형민 역, 좋은날, 1998, 20~21쪽.

9 위의 책, 20~21쪽.

도"[10]인 시점을 통해 작가의 이데올로기가 해석 가능하게 된다. 이 글에서는『은교』가 세 가지 1인칭 시점으로 구성되어 있다는 점에 일차적으로 주목한다.『은교』에는 첫째로 제자 서지우가 죽고 그를 죽이고자 했던 스승 이적요도 죽은 뒤, 그의 유언대로 1년 후인 일주기가 되는 날에 개봉된 변호사가 갖고 있던 '이적요가 화자인 글'이 있다. 둘째로 은교가 지니고 있던 '서지우가 화자인 글'이 있다. 또한 셋째로 현재와 동일 시간에서 '변호사가 화자로 된 글'이 있다.『은교』에서는 각 1인칭 시점으로 된 세 가지 시점의 글이 교차되고 있다. 이적요가 화자인 프롤로그와 변호사가 화자인 에필로그를 빼고 총 26장으로 구성되어 있는『은교』에서 변호사가 화자인 글이 6장, 서지우가 화자인 글이 5장, 이적요가 화자인 글이 15장이므로 이적요가 화자인 부분이 압도적으로 많다. 이 글에서는 작가 박범신이 가장 핵심적인 '이적요가 화자인 글'만으로도 충분히 소설을 쓸 수 있었음에도 다른 화자의 글과 함께 구성한 점에 주목하여 시점과 이데올로기의 관계를 밝히고자 한다. 또한『은교』는 스토리 시간과 담론 시간이 같지 않다. 스토리 시간으로 다시 정리하여 서사구조의 특성과 의미를 밝히고자 한다.

　장편소설이 두 시간 내외의 영화로 각색되면서 여러 인물과 에피소드가 빠지게 되기 마련이다. 빠진 사건과 인물 및 대사, 변용되고 추가된 사건과 인물 및 대사를 추적하여 〈은교〉에서 정지우 감독이 말하고자 하는 바와 이를 통한 감독의 이데올로기를 밝히고자 한다. 또한 소설이 영화화될 때 영화는 카메라가 관찰하는 시점으로 바뀌지만 많은 부분 시점 쇼트 등을 통해 카메라의 주관적 시점도 함께 전달한다는 점에 주목하고자 한다. 그리하여 소설의 1인칭 다중시점이 영화에서 어떻게 변화하며

10　위의 책, 21쪽.

이는 무엇을 의미하는가를 살피고자 한다.

2. 노인의 늙음에 대한 성찰과 욕망이 강조된 서술 –『은교』

1) 세 가지 시점을 통해 획득되는 간주관성

『은교』는 1인칭으로 된 세 화자가 교차로 구성된 소설이다. 첫째로 이적요라는 1인칭 화자가 남긴 글은 인물 이적요가 서지우를 죽게 한 후 자신이 죽을 준비를 마칠 때까지 쓴 것이다. 즉 도입부의 글은 변호사에 의해 읽혀지는 현재 시점보다 적어도 1년 이상 이전에 쓰인 글이며, '시인의 노트'라는 장제목으로 쓰인 글들 내에서는 대체로 사건 순서대로 기록되어 있다. 그러나 사건이 진행되는 시간과 동일한 것이 아니라 서지우가 죽은 후에 쓴 것으로 보인다. 은교가 이적요의 집에서 잤던 다음 날 아침 서지우가 와서 "얘, 고작해야 고등학생이에요."라고 말하면서 이적요의 감정을 북받치게 했을 때 아래와 같은 서술이 이어진다.

> 그때까지는 물론, 나는 서지우와 그 애가 섹스까지 나누는 사이라고는 상상조차 하지 못했다. 어두운 차 안에서 그 애의 교복을 밀어 올리던 서지우의 모습만 떠올려도 주먹 쥔 손이 부르르 떨렸다. (314쪽)

위의 서술로 보아 이적요 1인칭 화자의 특성은 인물로서의 경험자아보다 서술자로서의 서술자아의 특성이 두드러진다. 경험하는 순간의 느낌도 서술하지만 경험하는 시간과 서술하는 시간의 차이로 인한 반성적 평가적 서술이 두드러지기 때문이다.

또한 세상이 젊은이 중심으로 돌아가는 것에 대한 비판도 상당 부분 서술되어 있다.

> 너희가 지금 누리는 달콤한 인생을 누가 주었느냐고, 어디로부터 온 것이냐고, 마음대로 너희들만 누릴 권리는 ……없다고. 그러나 미친 상상에 불과했다. 저들의 누가 늙은 애비, 늙은 시인의 과거를 알겠는 가.(135쪽)

그리하여 늙음에 대한 성찰과 세상에 관한 비판을 통해 독자들의 인식 재고를 하게 만든다.

두 번째로 변호사 1인칭 화자의 서술은 현재 시점으로 진행되어 이적 요의 심경을 객관화해주고 있다. 또한 변호사 자체도 이적요가 서지우를 죽인 사건에 대한 앎의 정도가 독자와 같은 수준이다. 그러므로 독자들 은 변호사의 서술과 가장 감정이입이 잘 된다. 그럼으로써 변호사의 생 각이나 느낌처럼, 이적요의 친구의 입장에서 이적요라는 1인칭 화자의 서술을 읽게 된다. 자신이 시인이지만 천재적으로 시를 쓰지 못했던 변 호사의 회한에 공감하게 됨으로써, 이적요가 '멍청'하다고 무시하는 서 지우의 입장에도 독자가 공감하게 만든다.

또한 은교의 모습도 사랑에 눈먼 사람의 주관적인 시선이 아닌 객관적 시선을 제공한다. 또한 이적요 시인과 그녀와의 나이상의 거리를 객관화 시킨다.

> 죽은 이적요 시인은 죽은 '시인의 사회'에 속해 있고, 젊은 그녀는 세상의 더 높은 앞날을 바라보고 있었다. 그녀에게 시인은 이미 잊혀 진 존재에 불과했다. (15~16쪽)

그리하여 이적요의 죽음을 건 은교에 대한 사랑이 한낱 부질없는 것임을 말해준다. 또한 이적요 시인이 어떤 인물인가를 객관적으로 설명해주기 편리한 도구로서 작용한다.

> 고요하고 쓸쓸하다는 뜻을 가진 적요라는 이름은 물론 필명이다. 그는 이십대 때 사회주의운동에 투신, 폭풍 같은 혁명의 전사가 되길 꿈꾸었고, 삼십대 십년은 감옥에 있었으며, 사십대에서 일흔 살로 죽을 때까지는 시인의 이름으로 살았다.(16쪽)

위의 서술처럼 대사나 다른 인물이 이적요에 대해 말하는 내용 없이도 자연스럽게 압축적으로 요약 서술할 수 있는 이점이 있다. 또한 이적요의 죽음 이후에 벌어진 사건에 대해 자연스럽게 묘사할 수 있다. 이적요가 적요굴이라는 것을 집 안에 팠고, 병원에 있었던 그가 아무도 모르게 그 굴 안에서 은교가 준 우단토끼를 쥔 채 죽어 있었다는 것을 서술함으로써 죽을 때까지 이적요의 마음속에 은교에 대한 사랑이 차지하고 있었다는 것을 보여줄 수 있었다.

셋째로 서지우의 1인칭 시점에서는 이적요의 입장에서 '죽어 마땅한 놈'인 서지우도 사실 반드시 '죽어 마땅한 놈'은 아니라는 점을 독자에게 드러내고 있다. 그리하여 이적요와 서지우의 너무 밀착된 관계가 패착을 낳게 되었다는 것을 독자에게 느끼게 한다. 또한 이적요가 자신을 아무도 모르게 죽일 수도 있다는 불안을 느낀 서지우가 자신의 일기를 은교에게 맡겨야겠다는 결심을 함으로써 이적요의 글을 보지 않은 은교가 서지우의 죽음이 이적요와 관련된 것이라는 것을 짐작하게 만든다.

결국 박범신 작가는 이적요 1인칭 단일시점으로 모든 서술을 하거나, 3인칭 단일시점으로 서술하는 한계를 넘어설 수 있도록 주관인 1인칭이면서도 3인칭의 객관성을 모두 지닐 수 있는 세 가지의 1인칭 시점으로 소설을 서술했다. 즉 이적요의 1인칭 시점으로 은교에 대한 사랑의 느낌과 늙음에 대한 성찰을 강조해 주제를 확연히 드러낼 수도 있고, 이와 대비되는 서지우의 시점을 통해 한쪽으로 치우치지 않는 타당성을 확보했고, 변호사의 시점을 통해 이적요의 죽음과 사랑을 객관적으로 평가하는 시선까지 확보한 것이다. 그러므로 70세 노인이 17세 소녀를 사랑하게 되는 다소 파격적인 이야기가 노인의 감정과 입장을 이해하면서도 객관적으로 인식하게 하는 이중성을 획득하게 된다. 박범신 작가는 늙었다고 해서 소녀를 사랑하는 것이 불가능하거나 비윤리적인 것은 아니지만, 그러나 객관적으로 볼 때는 그렇지 않게 볼 수도 있다는 점 또한 강조하고 있다.

2) 평가적 시각이 강조되는 서사구조의 복합성

서사는 시간 순서대로의 이야기가 작가의 의도에 의해 재구성된 것이다. 즉 "줄거리란 행위자의 행동들이 모여서 된 사건, 나아가 다시 여러 사건들이 자연적인 순서와 인과관계에 따라 엮인 것이다. 그것을 작가가 어떤 주제적 · 미적 효과를 거두기 위해 변용시키는 원리, 아울러 그에 따라 작품에 구체적인 형상을 띠고 나타난 사건들을 지배하는 배열의 질서가 플롯이다."[11]

말하자면『은교』는 이적요가 은교를 만나게 되고, 서지우와 연적이 되고, 늙음을 우롱하고 이적요의 소설을 훔쳐 발표하는 등으로 인해 배신감이 폭발하여 서지우를 죽이게 되기까지가 사건의 순서이다. 그러나 세

11 최시한, 「〈기묘한 직업〉의 기호론적 분석」, 『어문논집』 5집, 숙명여자대학교 한국어문학연구소, 1995, 362쪽.

가지 시점을 통해 이적요의 죽음이 먼저 나오면서 서지우를 죽였다는 서술이 이어지며, 이 모든 사건의 근원을 이루게 되는 은교와의 관계와 사건이 진행되는 시간 역순 구조이다.

즉 담론 시간은 이적요의 죽음 1년 뒤지만, 핵 사건의 스토리는 그 보다 훨씬 전인 은교를 만나면서부터 진행된다.『은교』의 서사구조를 시간상으로 도표화하면 아래와 같다.

변호사가 죽은 이적요의 글과 서지우의 글을 통해
그들의 관계를 짐작하게 되다(현재)

프롤로그－이적요 시인의 글(과거)

주요 사건인 대과거
1. 이적요가 은교와 만나 사랑하게 되다.
2. 은교를 사랑하게 되면서 늙음에 대한 성찰과 고민이 커지다.
3. 이적요가 은교를 서지우가 육체적으로 탐하게 되는 것과 자신의 작품을 훔쳐 발표한 데에 분노하다.
4. 이적요의 계획으로 서지우가 죽게 되자, 자신도 죽음으로 내몬다.

에필로그－은교가 이적요의 글을 태워버리다(현재)

위의 줄거리 중 주요 사건을 중심으로 보면 '만나서 사랑함－사랑으로 늙음에 대해 성찰함－분노와 질투－살인 및 자살'로 요약된다. 즉 사랑으로 늙음에 대한 성찰을 하게 되지만 결국 살인과 자살이라는 비극적 결말로 마감되는 이야기가 된다.

이 이야기는 늙은 시인과 소녀의 파격적인 사랑이 어떻게 비극으로 끝나게 되는가를 그리고 있는 이야기로 요약될 수 있다. 물론 서지우가 이적요의 작품을 훔쳤다는 것은 나쁜 짓이나 서지우의 일기에도 언급되었듯이 자신이 이전에 발표한『심장』을 비롯한 세 장편소설 모두 이적요의 것이며 거기에 하나 더 이적요의 작품을 자신의 것으로 한다고 해서 '죽을죄'는 아닌 것이다. 그러므로 이는 사랑에 눈먼 이적요의 질투심과 배신감이 그를 죽이게 했다는 것으로 사건적으로는 볼 수 있다.

그러나 이 소설은 사건만이 중요한 소설은 아니다. 사건 사이에 이적요가 인용한 시와 늙음에 대한 성찰과 젊은이들만 데이트하게 만들어져 있는 세상에 대해 비판적 지문이 이 소설이 심리소설이라는 것을 분명히 해준다. 즉 이적요가 사랑을 느끼고 생각하며 인식한 내용들이 핵사건보다 더 핵심이 되는 것이다. 그러므로 주요 사건에 대한 평가적 시각이 주요하기 때문에 그 외곽에 또 다른 사건들을 액자형태로 배치한 것이다.

3) 대립항으로 본 인물의 관계

"의미단위는 스스로 의미를 갖는다기보다 다른 의미 단위와의 차이, 혹은 변별성에 의해 의미를 띠게 된다. 소쉬르는 '개념'이란 순전히 차이, 또는 변별성에 의한 것이며, 그것들이 체계 내에서 다른 모든 말들과 맺는 '관계'에 의해 교정됨을 밝히고 있다. 따라서 기호는 체계 내의 다른 기호들과 맺는 상호 연관성을 통해 기능하게 된다."[12] 그러므로 이 절에서는 각각의 인물들의 기능이 어떤 대립적 요소들로 이루어져 있는지를

---

12 소쉬르,『일반언어학 강의』, 스티븐 코헨 · 린다 샤이어스,『이야기하기의 이론』, 임병권 · 이호 역, 한나래, 1997, 29쪽 재인용.

살펴보고자 한다.

(1) 대립 1(소통)

은교와 이적요는 각 사물들이 같은 사물로 존재하는 것이 아니라, 이미지와 의미를 지닌다고 생각하는 인물이지만, 서지우는 그렇지 않은 인물이다. 별이 바라보는 사람에 따라 다른 별이 될 수 있다는 것을 모르는 것이다. 또한 은교가 산 절벽에서 떨어뜨린 거울을 은교는 엄마가 사준 거울이라고 속상해 울지만, 서지우는 공장에서 수없이 찍어내는 같은 거울이라고 한다.

정신적 소통	같은 물건이면 같다고 생각함 서지우	물건과 이미지는 다르다 이적요, 은교
육체적 소통	성적으로 소통함 서지우, 은교	성적으로 소통하지 않음 이적요

위의 대립에서 보면 이적요와 은교는 서로 정신적으로 소통되고 있으나, 서지우와는 그렇지 않다. 은교는 서지우와는 육체적으로 소통하며 이적요와는 정신적으로 소통한다. 이 소설의 많은 부분이 이적요의 1인칭 시점으로 되어 있고, 이적요가 핵심 인물이기 때문에 이 소설은 정신적 소통이 육체적으로 하는 성적 접촉보다 우위를 점하고 있다는 것을 드러낸다. 또한 은교와 자유롭게 육체적으로도 소통하고 싶은 이적요의 욕망은 '호텔 캘리포니아' 장에서처럼 꿈속에서만 충족될 수밖에 없는 것이다.

(나) 대립 2 (늙음)

은교는 서지우는 올드하고 이적요가 육체적으로는 늙었지만, 생각은 서지우보다 훨씬 젊다고 말한다.

육체적 젊음	육체적 늙음
서지우, 은교	이적요
정신적 젊음	정신적 늙음
은교, 이적요	서지우

위의 대립에서 이 이야기는 다음과 같이 정리될 수 있음을 알 수 있다. 이 소설이 강조하는 점은 육체적으로 늙었다는 것이 정신적으로 늙었다는 것과는 다르다는 것이다. 즉 은교와 이적요는 육체적으로는 차이가 나지만 정신적으로는 잘 소통하고 있으며, 서지우와 은교는 육체적으로만 소통하고 있는 것을 말하고 있다는 것을 알 수 있다. 이로서 이 소설은 육체와 정신의 소통과 늙음에 대한 성찰이 핵심 주제임을 알 수 있다. 즉 육체나 물리적 나이보다 정신적 소통이 강조되는 작품이다.

소설의 세 시점은 세 명의 캐릭터의 대립을 더욱 잘 드러내는 장치인 것이다.

3. 정신적 사랑과 육체적 사랑의 차이에 대한 감각적 형상화 ─ ⟨은교⟩

영화 ⟨은교⟩는 정지우 감독이 각본, 제작, 감독한 영화다. 그동안 정지우 감독은 인물의 심리와 감정을 표현하는 데 뛰어나다고 인정받아왔다. 원작 소설이 영화화되면서 어떤 변용 과정을 거치며 그것이 무엇을 의미하는지 이 절에서 살피고자 한다.

1) 인물과 사건의 현재화

(1) 인물과 사건의 생략

장편소설이 두 시간 내외의 영화로 각색될 때는 일단 많은 부분이 생략된다. "영화는 시간과 공간이 결합되는 장르이지만, 삶의 과정에서 전체를 조망하는 것보다 현재의 순간이 지니는 의미에 더 초점을 맞추어 주체를 파악하려"[13] 하기 때문이다. 우선 인물 측면을 보면 이적요, 서지우, 한은교의 관계에 집중한 영화는 그 외의 인물인 이적요의 변호사, 이적요의 아들인 얼, 이적요의 어릴 적 첫사랑인 D와 한때 육체적 관계를 맺었던 M, 서지우가 자주 가는 카페의 종업원 F 등이 빠져 있다. 이 모든 생략된 인물과 사건은 영화에서 현재성을 강조하기 때문이다.

첫째로 시인이며 이적요의 유산을 처리하는 벗인 변호사는 1인칭 화자로 소설에서 상당히 중요한 인물이다. 소설은 프롤로그의 1인칭 화자 이적요가 "서지우를 내가 죽였다는 놀라운 사실도 미리 밝혀두고 싶다"고 하는 한 문장으로 인해 왜, 어떻게 죽이게 되었는지를 궁금하게 하고 그 과정이 끝에 밝혀지는 다소 추리적인 기법을 사용하고 있다. 그러나 영화에서는 변호사를 생략하고 주인공 세 인물의 관계에 집중한다. 그

---

13 조정래, 「소설과 영화의 서사론적 비교 연구─이미지와 서술」, 『현대문학의 연구』 22호, 한국문학연구학회, 2004, 533쪽.

러므로 영화의 관객은 이적요가 서지우를 죽이게 되는지 모른 채 영화를 보게 되며, 소설의 독자는 이 사실을 알고 읽게 된다. 살인 사건의 발생에서 범인이 누구인지를 알고 보는 것과 모르고 보는 것 중 범인을 알고 보는 것이 대체로 더 긴장시킨다는 면이 더 많다. "서스펜스는 관객이 관심을 갖게 된 주인공에게 발생하는 갈등적 사건의 결말에 대하여 불확실성을 인식하는 것으로부터 비롯된다는 주장에 대부분의 학자들이 동의하고 있다. 주인공에게 발생하려는 어떤 부정적인 사건이나 상황에 대하여 관객이 그 결과를 확신할 수 없는 상태에서 나오는 걱정스럽고 긴장된 감성반응이라는 것이다."[14] 감성반응이란 영화를 보는 그 시간의 현재적 경험을 말한다. 즉 살인사건을 모르고 보는 영화적 구성은 서스펜스가 강화되는 데 기여한다.

또한 변호사가 화자로 된 부분은 서술 시간과 스토리 시간이 거의 동일한 현재 진행된 부분으로 사건 당사자인 이적요나 서지우가 화자인 부분의 주관적인 서술의 톤을 가라앉히는 객관적이고 중립적인 서술의 톤을 유지하면서 대학생이 된 한은교를 묘사하는 객관적인 시선을 견지한다. 영화에서 이 부분을 과감히 삭제함으로써 현재에서 과거에 일어난 사건을 평가하는 것이 아니라 지금 현재 느끼는 것을 관객과 공유하고자 하는 것이다. 이로서 영화는 원작보다 심리적이고 정서적인 부분이 강화되고 있다.

둘째로 이적요의 아들인 얼, 이적요와 한때 육체적 관계를 맺었던 M은 칠십 평생을 미혼으로 살아온 인물 이적요의 리얼리티를 더해준다. 이들은 중심 사건에 큰 영향을 끼치지 않는 인물로 생략해도 큰 무리는

14 안의진, 「감각과정을 통한 갈등경험과 서스펜스 : 서스펜스패러독스의 해결」, 『인문연구』 65호, 영남대학교 인문과학연구소, 2012, 424쪽.

없다. 그러나 어릴 적 첫사랑인 D는 이적요가 은교를 보면서 사랑에 빠지게 되는 과거 기억의 부분 절취[15]된 대상이다. 은교에게 사랑을 느끼는 이적요의 잠재적 무의식의 세계를 잘 설명해주는 인물로 기능하고 있기 때문이다. 그렇지만 「동백꽃」이란 시에 나오는 누이로 언급되고 있어 부분적으로는 살려놓고 있다고 볼 수 있다.

셋째로 생략된 서지우가 자주 가는 카페의 종업원 F는 소설에서 은교의 남자친구를 가장해 학교 앞에서 은교를 기다리는 이적요에게 욕을 퍼붓는 캐릭터다. 이 사건으로 이적요는 심한 모욕감을 느끼게 되며 자신은 은교에 대한 사랑이 자연스럽다고 생각하지만 다른 사람들에게는 그렇게 비칠 수도 있다고 생각하고 늙음에 대한 성찰을 하게 만들어 은교를 만나지 말아야겠다는 결심을 하게 되는 계기가 되기도 한다. 또한 서지우가 이 사건을 배후에서 만들었다는 것을 알게 됨으로써 서지우에 대한 배신감을 고조시키게 만드는 인물이다. 이 에피소드로 인해 서지우에 대한 독자의 신뢰를 잃게 만들어 이적요가 서지우를 죽이게 될 때 이적요의 편을 들게 만드는 요소가 된다. 그러나 영화에서 F와 관련된 에피소드가 생략됨으로써 소설에서 많은 부분을 차지하는 이적요의 늙음

---

15 들뢰즈, 『차이와 반복』, 김상환 역, 민음사, 2004, 229쪽 참조.('절취'에 대해서 들뢰즈가 언급한 부분은 이와 관련해 주요점을 상징한다. "성적 충동들은 잠재적 초점들의 구성, 혹은 이 초점들에 상응하는 수동적 종합과 수동적 자아의 심화 등과 더더욱 분리되지 않는다. …(중략)… 잠재적 대상들은 현실적 대상들의 계열 안에 편입(합체)되어 있다는 사실이 동시에 확증되고 있다. 이런 절취는 우선 어떤 고립이나 불안정을 함축한다. 이 고립을 통해 현실적 대상은 고착화되고 이로부터 어떤 하나의 자세, 국면, 부분이 추출된다." 이 부분은 잠재적 대상으로 기능하면서 새로운 본성을 획득한다. 잠재적 대상은 어떤 부분 대상이다. 이를 통해 볼 때, 이적요에게는 은교를 통해 어릴 적 첫사랑이 절취되어 잠재적으로 작용한다고 볼 수 있다.)

에 대한 성찰보다는 은교를 사랑하는 인물 이적요라는 점이 강조되고 있다.[16] 이처럼 영화에서의 현재성의 강화는 영화의 전개와 밀접하게 관계 맺으며 진행된다.

이적요의 죽음 부분이 영화에서는 없다. 소설에서는 이적요가 병원에 있다가 아무도 모르게 집의 암굴에서 은교가 준 우단토끼를 쥐고 죽는다. 그러나 영화에서는 서재 침대에 누워 거의 죽음에 임박해 있는 이적요를 대학생이 된 은교가 만나러 와서 「은교〉가 할아버지가 쓴 글이라는 것을 말하고 이적요가 "잘 가라, 은교야."라고 말하는 부분에서 끝맺는다. 이 역시 현재성을 강조하기 위해서이다.

영화에서는 이적요가 은교를 만나고 순수하게 사랑하게 되고 서지우에 대한 배신감으로 그를 죽이게 되는 부분, 즉 세 인물의 현재적 관계에 주안점을 두고 있기에 이적요의 죽음은 굳이 보여줄 필요가 없는 것이다.

그러나 아쉬운 부분은, 소설에서는 서지우가 죽는 날 아침에 차가 사고가 나 폭발하게 조작해놓은 이적요가 나가는 서지우에게 "여보게"라고 부르는 부분이 있다. 표정의 심각성으로 보아 무슨 일이 생길 수 있다는 '우주적 신호'라고 이적요는 생각했고, 서지우가 멍청해서 이를 알아채지 못했다고 생각했다. 그러나 서지우는 이 신호를 알아차렸고, 카센터에 가서 "사랑하는 사람이 이 차를 몰았는데 불안해서 왔다."고 카센터

16 필자는 '영화와 글쓰기'라는 세미나 모임에서 2012년 10월 '정지우 감독과의 만남'의 시간을 가지고 영화적 변용에 관해 자세히 들은 바 있다. 이에 대해 정지우 감독은 F의 에피소드는 이적요가 은교와 서지우의 정사를 보게 되는 장면보다 앞에 설정되어 있었다고 한다. 이 에피소드는 이적요가 직접 모욕을 당하는 부분이어서 은교와 서지우의 정사를 보는 것보다 훨씬 강도가 강하기 때문에 클라이맥스를 약화시키게 되었기 때문에 편집되었다는 것이다.

직원에게 말한다. 변호사가 봤을 때 서지우는 이적요가 조작해놓은 장치로 인해 죽은 것이 아니라 장치는 모두 바로잡았지만, 이적요가 자신을 죽이려고 했다는 사실이 너무나 슬퍼 울던 나머지 눈물이 앞을 가려 중앙선을 넘어온 트럭에 부딪혔다는 것이다. 그런데 영화에서는 서지우가 이적요에게 서운한 마음에 울분을 터뜨리는 것으로 되어 있다. "아들보다 더 잘했는데." 등의 대사는 진심으로 이적요를 존경했던 서지우에게는 적절하지 않은 아쉬움을 남긴다. 이는 영화가 소설에서 나타난 각 캐릭터의 심리적 정황을 적확하게 표현하지 못했다고 볼 수 있는 근거가된다.

(2) 영화 속 단편소설 「은교」의 추가

소설에서 서지우가 훔친 이적요의 반닫이 속 단편소설은 「은교」가 아니라 예전에 이적요가 쓴 다른 단편소설이다. 현재성이 강조되기 위해 예전에 쓴 소설이 아니라 소설을 쓰는 과정이 직접 화면에 현재의 시점으로 나타나기 위해서는 소설 「은교」가 필요하다. 이와 관련된 장치들도 추가 변용되어야 한다. 소설에서는 별 이름도 없는 신생 문예지에 발표되었으나 영화에서는 『문학동네』라는 유명한 문예지에 발표했으며, 이는 『은교』의 출판사에서 발간하는 계간지이기도 하다. 영화에서는 이적요가 쓴 단편 「은교」를 은교가 읽고 자신을 예쁘게 묘사한 서지우에게 호감과 사랑을 느끼게 만드는 계기가 된다.

또한 소설에서는 연필에 관한 에피소드는 아래와 같다.

어떤 낱말에서 각자 떠올리는 이미지의 간격은 때로 저승과 이승만큼 멀거든. 가령 네게 연필은 연필이지만 마음 놓고 공부할 환경을 살지 못했던 내게 연필은 눈물이다. "할아부지, 제 연필 좀 깎아주세요"
라고 네가 말하면 나에겐 그 말이 이렇게 들린다. "할아부지, 제 눈물
좀 닦아주세요."

　단언컨대, 너와 나 사이에서 이보다 큰 슬픔은 없다. 마찬가지로 너
에게 처녀는 그냥 처녀일 뿐이겠지만, 나에게 그것은 처음이고 빛이고
정결이고 제단이다. (94쪽)

　영화에서는 이적요와 은교의 연필에 관한 시적 대화와 은교가 학교에
서 글씨를 쓰면서 필통을 달그락거리는 에피소드는 변용 추가된 부분이
다. 영화는 은교와 이적요가 마치 영화 〈일 포스티노〉에서 시인 네루다
와 우편배달부가 시적 대화를 하는 것처럼 시와 문학에 끌리며 이적요를
존경하는 은교의 현재 심리 상태를 잘 담고 있다.

　또한 에피소드의 순서도 조금씩 바뀌어 있다. 영화에서 앞부분에 배치
되어 충격적인 장면으로 보이는 이적요(박해일)가 거울 앞에서 벌거벗은
채 자신의 성기를 바라보는 장면은 소설에서는 뒷부분에 서술된다. 이
장면이 앞부분에 배치됨으로써 처음부터 늙음과 성욕에 대한 인식을 하
는 이적요의 모습을 보여주는 것으로 이적요의 고민의 현재성을 드러내
고 있다.

2) 미장센과 음악을 통한 1인칭 서술의 주관성의 구현

　각색 영화는 글로 씌어진 원작에 감독의 의도에 따라 장면화하는 작업
을 거치는데 이를 미장센(Mise-en-Scène)이라고 지칭한다. 〈은교〉의 미
장센은 뛰어난 편이다. 영화의 모든 미장센은 감독의 진두지휘 아래 진
행된다. 그러나 종합예술인 영화는 감독 혼자서 맡아 하는 것이 아니다.
영화 〈은교〉는 촬영(김태경), 조명(홍승철), 미술(김시용), 동시녹음(정진

욱), 의상(최의영), 특수분장(송종희) 외에 편집(김상범) 외에 음악(연리복) 등 많은 사람들이 함께 시청각화에 총력을 기울였다.

또한 "영화는 일상 세계에서 주체의 위치 정하기를 공간과 시간에 걸친 역동적인 운동으로 보여주는 공간적인 매체이다. 영화에서 모든 인간 주체들, 즉 영화 작가, 배우, 관객은 똑같이 주관적이면서 객관적이고, 보이면서 보고, 관찰되면서 관찰한다."[17] 그러므로 공간의 활용은 영화의 주관성을 구현하는 주요한 장치가 된다.

〈은교〉의 뛰어난 점은 우선 지식인이며 시인의 서재와 집을 이처럼 잘 구현한 한국 영화가 없었을 정도로 차분하고 딱 맞는 로케이션과 공간이 선정되었다는 점이다. 부암동에 있는 900평 규모의 대지 속 비어 있는 집을 개조한 주택이라고 하는데, 오래된 소나무와 많은 나무들이 있는 공간은 이적요 캐릭터를 더할 나위 없이 잘 구현해주고 있다. 즉 이러한 이적요의 집이라는 공간은 외부와 단절되어 자신만의 세계에 갇혀 있는 이적요의 고독과 지성을 표상한다.

특히 사다리라는 소도구는 계절의 시간적 변화와 함께 집이라는 공간에 응축되어 있는 이적요가 외부세계와 소통하는 공간이 된다. 은교는 이 사다리를 타고 이적요의 세계로 침입한다. 사다리로 인해 깨진 이적요의 고독은 은교와 소통의 시공간을 열어준다. 여름의 시간에서의 이적요는 젊은 시절 상상 속의 은교와 함께 사다리를 넘을 수 있다. 그러나 모두가 떠난 고독한 겨울 이적요가 창문을 닦을 때, 여름옷 입고 있는 은교가 웃으면서 사다리를 넘어오라고 하지만, 늙은 자신은 사다리를 넘어갈 수 없다. 상상 혹의 은교가 아무리 함께 가자고 유혹해도 은교를 따라갈 수 없는 늙은 이적요가 다시 단절의 상태에 있음을 상징한다.

17　존 오르, 『영화와 모더니티』, 김경욱 역, 민음사, 1999, 28쪽.

특히 촬영에 있어서는 클로즈업을 통해 인물들의 관계를 잘 드러내고 있으며, 각 인물의 시점쇼트를 통해 1인칭 다중시점의 주관적 서술을 비주얼로 전환했다. 영화에서는 손과 눈, 검버섯, 은교의 다리, 발목, 어깨선 등 은교의 육체를 부분적으로 강조함으로써 순수와 젊음을 상징하는 은교와 늙음을 상징하는 이적요의 모습을 강조한다.

영화에서는 움직임이 없어 보이는 정적인 장면에도 인물의 조그만 감정 변화를 담아내는 장면들을 효과적으로 촬영됐다. 특히 소설에서 강조되었던 은교를 처음 만났을 때, 은교가 잠들어 있던 모습도 잘 장면화했고, 은교가 돌아가고 나서 은교가 앉았던 의자에 이적요가 앉았을 때를 롱쇼트로 잡으면서도 은교의 체온을 느끼는 이적요의 손을 관객이 포착할 수 있도록 찍었다. 또한 마당에서 서서 시선을 멀리 던지던 이적요가 담벼락에 설치된 사다리로 은교가 오는지를 기다리고 있다는 것을 이적요의 미세한 움직임을 통해 관객에게 보여준다.

또한 은교가 비 오는 날 밤 이적요를 찾아와서 이적요의 반바지를 입고 침대에 누웠을 때, 은교의 교복을 말리던 이적요의 시점쇼트로 은교의 바짓가랑이 사이를 포착하는 것도 이적요의 욕망을 적절하게 대리해 주는 장면이라고 할 수 있다.

1인칭 심리 서술이 주된 서술인 원작을 영화화할 때 시점쇼트를 통한 카메라의 주관적 시점을 활용하는 것은 적절하다고 할 수 있다. 서지우의 차 안에서 은교와 서지우가 키스를 하는 장면을 이적요가 보는 장면이나 이적요의 서재에서 서지우와 은교가 정사를 하는 장면을 이적요가 사다리를 타고 올라가 방 바깥에서 보는 장면 등은 소설에서는 이적요의 관찰로 서술되기에 대사가 나오지 않는다. 그러나 영화에서는 차 안에서 키스하려는 서지우에게 은교가 자신을 좋아해서 그런가를 물어보는데 서지우는 "외로워서 그런다. 외로워서."라고 말한다. 또 은교가 이적요의 서재에서 서지우와 정사할 때 "여고생이 왜 남자하고 자는지 알아요?" "외로워서 그래요."라고 말한다. 이런 대사의 추가 역시 각 인물의 주관성을 강조하기 위해 들어간 것이다. 또한 이 장면에서의 이적요의 시점 쇼트는 이적요의 심리적 충격을 주관적으로 강조하고 있다.

조명도 이 영화의 분위기를 살리고 인물의 주관적인 감정이 화면에 잘 안착될 수 있도록 많은 역할을 했다. 햇살이 창으로 들어오는 이적요의 서재는 미세먼지까지 표현해낼 수 있도록 역광으로 촬영되었으며, 마치 르네상스 이후 인상파 화가의 화폭처럼 빛을 강조한 실내 장면을 만들어냈다. 이는 사건보다는 심리가 중심이 되는 드라마적 영화에서 상당히 중요한 요소이다.

또한 조명은 밝음과 어두움을 구분하여 인물의 상태를 강조한다. 은교는 빛이고 밝음이며, 서지우는 어둠을 뜻하므로 서지우의 집은 어둡고 모든 창은 커튼이 쳐져 있다. 은교가 나타나기 전의 이적요의 공간은 어둡다. 그러나 은교가 집 안을 청소해주면서부터는 이적요의 서재의 조도는 밝다. 예를 들면 이적요가 서지우와 같이 밥 먹을 때는 조명이 어두웠으나, 은교가 와서 밥을 할 때 집 안 전체가 밝게 바뀜으로써 은교의 영향력을 강조한다. 그러나 은교가 서지우와 성관계를 맺은 후에 다시 고독에 빠지게 된 이적요의 서재는 다시 어두운 조명으로 변하게 되고 이적요의 심리적 변화를 강조하게 된다.

이러한 밝음과 어두움의 대비는 의상으로도 표현된다. 은교의 흰 옷과 젊은 이적요의 흰 러닝셔츠는 그들의 플라토닉 러브를 상징하며 젊음을 상징한다. 즉 이적요의 등나무의자에 기대 있는 모습을 담은 은교의 첫 등장에서도 그녀는 흰 티셔츠와 흰 반바지와 흰색 운동화를 신고 있다. 더하여 비 온 날 교복이 젖어 이적요의 반바지와 티셔츠를 빌려 입었을 때 역시 모두 흰색이다. 은교는 늘 이적요의 집에 흰 교복을 입고 청소를 하거나 심지어 등산을 가기도 한다.

그러나 서지우의 집에 은교가 방문하면서부터 은교는 변화된 모습을 보인다. 서지우와의 육체적 다툼으로 인해 이름표의 침에 찔리게 되어 흰 교복의 가슴 언저리가 붉게 물들게 됨으로써 은교의 순수한 이미지는 훼손된다.

한편 이적요의 서재에서 서지우와 정사를 하던 겨울날 은교는 빨간색 스웨터 차림이다. 이 색깔의 대비가 캐릭터의 변화를 강조한다. 그러나 대학생이 되어 이적요가 소설 「은교」를 쓴 진정한 작가라는 것을 깨닫게 된 은교는 어깨가 넓게 파인 흰 블라우스를 입고 있다.

이러한 미장센을 통해 감독의 주관적 시점이 강조된다. 영화 〈은교〉는 우리나라 영화사에서 감각적 미장센을 그 어느 영화보다 탁월하고 섬세하게 살린 영화다. 이 점에서 영화 〈은교〉의 가치가 있다. 사랑이란 육체적 접촉에 있는 것이 아니라 영혼과 감성의 소통이라는 주제는 미장센을 통해 강조된다.

이 외에도 '눈뜨고코베인' 멤버 연리목 음악감독도 이 영화를 주관적으로 시점화하는 데에 한몫을 단단히 했다.[18] "더블베이스와 클라리넷의 대비되는 톤은 불안과 긴장을 반영하지만 피아노와 첼로, 바이올린의 얇은 음색은 간절한 서정을 빚으며 그 욕망의 불편함을 걸러내고 가면을 덧씌

---

18 "연리목 음악감독과 일하는 게 정말 행복했던 건 '문장'으로 소통하며 작업했기 때문이다. 예를 들어 연리목 음악감독이 보내준 음악을 듣고 내가 '음악이 왜 미안해하는지 모르겠다. 미안해해서는 안 될 것 같다'고 얘기하면 그는 그 문장을 그대로 음악으로 번역했다. 연리목과의 작업은 정말 이상적이고 행복했다."(「정지우 감독과의 인터뷰」, 『무비위크』527, JES중앙엔터테인먼트앤드스포츠, 2012.(http://www.movieweek.co.kr/article/article.html?aid=28896))

운다."[19]는 평은 음악의 힘이 이 영화를 살리는 데 기여했다는 것을 강조하고 있다.

비 오는 밤 은교가 비를 맞고 이적요의 집에 들어와서 잠을 잔 다음 날 이적요의 침대에서 자고 일어난 아침에 이적요는 은교의 몸과 가슴의 헤나를 보게 되고 은교를 살짝 만질 때 클라리넷과 첼로가 조화되는 음악도 그들 사랑의 순수함과 플라토닉한 사랑을 강조한다. 음악이 없이 그 장면이 진행된다면 단순히 이적요의 성적 욕망을 표상할 수 있지만, 가벼운 템포의 관악과 현악의 조화가 단순한 성욕이 아니라 젊음에 대한 순수한 그리움을 표현해준다. 같은 음악은 여러 번 반복되는데, 등산을 갔을 때 은교가 거울 떨어뜨렸을 때 이적요가 절벽 아래로 내려가는 장면에서 같은 음악이 나옴으로써 이적요의 은교에 대한 사랑의 순수함이 강조되고 있다.

3) 인물의 주관성과 현실성을 강조한 구현

자신의 작품 대부분의 각본을 직접 쓰고 〈이끼〉를 각색한 바 있는 정지우 감독은 이번 작품도 직접 각색했다. 소설『은교』는 전술한 바대로 세 가지 시점이 교차되는 1인칭 소설이다. 각 시점에서 서술된 내용을 다시 카메라의 시점으로 시청각화 하는 것이 각색의 첫 번째 임무다. 공간에서 움직이는 인물의 동선을 잡고 지문으로 된 서술 중 많은 부분을 구체적인 대사로 전환해야 한다. 그런데 영화에서 직접 나타날 수 없는 단편 〈은교〉의 서술은 보이스 오버 내레이션으로 처리된다. 처음에는 이

---

19 차우진, 「영화를 지배하는 음악」, 『씨네21』 No.853, 2012.5.(http://www.cine21.
com/news/view/mag_id/69877).

적요(박해일)의 목소리로 은교가 이 작품을 읽을 때는 서지우(김무열)의 목소리로 재현된다. 이적요가 은교에게 느끼는 것을 표현한 많은 지문들을 단편「은교」를 통해 녹여내고자 했을 것이다.

인물 은교는 주체적으로 표현되기보다는 타인의 시각에 비친 주관성이 강조된다. 서지우와 이적요가 은교를 보는 두 가지 시선은 은교를 객체로 머물게 한다. 즉 서지우가 보는 은교는 성적 코드의 대상이지만, 이적요가 보는 은교는 정신적 교감과 순수함을 표상한다. 두 가지 모습의 은교는 남성의 시선에 투영된 여성의 객체화된 모습이며, 영화에서 은교가 주체로서 작동되지 않으므로, 이 영화는 여성을 남성의 시선의 대상인 객체로서만 보고 있다는 것을 알 수 있다.

은교는 이적요를 알게 되면서 시도 알게 되고, 사물의 실체와는 이승과 저승만큼 먼 정신의 세계도 알게 된다. 은교는 소설「은교」가 서지우가 쓴 것으로 알고 서지우에게 몸을 허락한다. 그러나 대학생이 된 은교는 책을 다시 읽어보고 소설「은교」가 이적요 작품이라는 것을 알게 되고 다시 고독 속에 묻혀 있는 이적요를 찾아간다. 이때서야 비로소 은교는 판단하고 행동하는 성숙한 주체로 변화한다.

소설이 나이 든 시인의 늙음에 대한 성찰과 은교에 대한 사랑을 함께 강조하고 있다면, 〈은교〉는 소녀를 사이에 둔 노인과 청년의 갈등을 통해 정신적 사랑과 육체적 사랑의 차이를 강조하고 있다. 그들의 갈등을 감각적으로 형상화하기 위해 원작의 많은 내용을 삭제하고 새로운 내용으로 변용 추가했다.

박범신 작가는 영화가 원작을 뛰어넘는 장면을 서지우의 사고 장면, 서지우와 은교의 정사신 외에 "활자로 보이던 유머들이 배우들의 생생한 연기로 스크린에 생동감 있게 펼쳐져 자칫 무거워 보일 수 있는 영화에 생기를 불어넣으며 오히려 관객들이 세 인물의 감정을 더욱 집중해 따라

갈 수 있도록 유도한다."[20]고 언급했다.

소설이 영화화되면서 구체화된 디테일은 많은 부분 새로이 추가되기도 했다. 특히 단편소설「은교」의 이상문학상 수상은 영화에서 새로 추가된 부분이다. 이 장면이 들어가게 됨으로써 서지우의 문학적 입지가 대중소설 분야뿐 아니라 순수문학 분야에서도 확고히 인정받게 된다는 것을 말해준다. "너희의 젊음이 너희의 노력에 의하여 얻어진 것이 아닌 것처럼 노인의 주름도 노인의 과오에 의해 얻은 것이 아니다"(250~251쪽)라는 지문 속에 묻혀 있던 에피그램이 이상문학상 시상식 축사에서 이적요의 대사로 언급됨으로써 이적요의 늙음에 대한 성찰이 외부적으로 드러나게 되며, 가장 인상적인 대사로 관객의 뇌리에 박히게 되었다. 또한 조연으로 등장하는 문예지 편집장을 영화에서 적절히 활용하는 부분도 돋보인다.

책에서는 서지우가 자신의 단편소설을 몰래 훔쳐서 발표했다는 것을 우연히 배송된 책에 눈길이 가서 알게 된다고 나온다. 그러나 서지우가 소설 속 단편소설「은교」를『문학동네』에 발표했다는 것을 문예지 편집장이 이적요에게 알려준다든가 이상문학상 수상을 서지우가 예견하지 못했다는 것을 자연스럽게 관객에게 알려주는 에피소드에서 활용된 부분 등이다. 이처럼 영화에서 변용된 부분은 대부분 작가로서의 구체성을 강화하는 부분에 기여하고 있다.

소설에는 없는「동백꽃」이라는 이적요의 시가 추가되었다. 이 시는 각색을 직접 한 정지우 감독의 자작시다. 소설에는 여러 시인의 시가 내용

---

20 홍정원,「박범신 작가 "영화 '은교', 원작 뛰어넘었다.. 원작자 밝힌 3가지 나은 점은?"」, 뉴스엔, 2012.5.2.(http://movie.daum.net/movieinfo/news/movieInfoArticleRead.do?articleId=1638107)

에 적절하게 인용되기도 하고, 박범신 작가의 처녀시집인『산이 움직이고, 물은 머문다』에서 시가 인용되기도 하지만,「동백꽃」은 영화에서 추가된 시다. 소설에서는 이적요가 시인임에도 소설만 쓰고 서지우를 통해 발표할 뿐 이적요의 시가 단 한 편도 나오지 않는다. 이는 시인 이적요의 구체성을 강화하기 위해 감독이 시를 직접 썼다고 한다.「동백꽃」이라는 시는 영화에서 상당히 중요한 모티프로 작용하여 이적요문학관이 동백꽃기념관으로 건립되게 만드는 동기가 된다. 교과서에도 실리고 시험 문제에 나오기도 하는「동백꽃」이라는 시는 은교가 이적요 시인을 존경하게 되는 계기로 작용한다.

> 동백꽃 무덤에 날아온 작은 새
> 부리가 붉어서 슬픈 새
> 붉은 눈물 뚝뚝 묻히고 간 작은 새

또한 소설에서 인민군으로부터 어린 이적요를 지켜주는 이적요의 첫사랑 D가 시 속에 등장하기도 하는 것으로 보인다. 문학관 건립에 관련된 사람들과의 만남에서 이적요는 시「동백꽃」에서 나오는 누이가 몇 살인 줄 아냐고 사람들에게 물어본다. 시인 이적요를 가장 유명하게 만든 시가 바로「동백꽃」이며 이적요는「동백꽃」의 시인으로 지칭되기도 한다. 유명한 시인의 대표작이 언급되는 것은 영화에서 적절하게 추가된 것으로 보인다.

특히 '거울'이나 '연필'을 통해 상징하는 바가 디테일로 잘 살아 있다. "깎여진 연필은 슬픈 것"이라는 이적요의 말을 생각하며 필통을 달각거리는 은교의 모습은 은교와 이적요가 정신적으로 소통하는 계기가 된다. '거울' 역시 공장에서 찍어내는 다 같은 거울로 생각하는 공대생 서지우는 결코 알 수 없는 세계에서 은교와 이적요가 소통하고 있다는 것을 구체화한 것이다.

또한 결말 부분의 서지우의 사고 장면은 순수한 은교의 정절을 오염시킨 서지우에게 이적요가 내린 벌이라는 주제를 드러내는 장면이기 때문에 카메라의 노출을 많이 하고 아주 천천히 다소 심할 정도로 자세하고 오래도록 보여준다. 이는 질투와 연민으로 인한 이적요의 고통을 함께 드러내는 장면이기도 하다. 즉 서지우에게 벌을 내림으로써 스스로에게 고통을 주는 이적요의 심경을 더 없이 잘 드러내고 있는 것이다.

이처럼 구체적인 디테일의 추가를 통해 영화는 소설보다 훨씬 현실성이 강화되어 구현되고 있다.

4. 맺음말

이 글은 '환멸의 세계와 탐미적 서사'로 불리는 박범신 작가의 소설『은교』를 영화화한 정지우 감독의 〈은교〉를 통해 원작의 의미가 영화에서 어떻게 변용되는가를 살폈다. 소설을 표층적 차원과 심층적 차원에서 분석하고, 영화화되었을 때 무엇이 달라졌으며 이는 무엇을 의미하는지를 밝혔다. 먼저 이 글은 세 가지 시점을 지닌 소설의 특성에 주목하였다. 『은교』에는 첫째로 제자 서지우가 죽고 그를 죽이고자 했던 스승 이적요도 죽은 뒤, 변호사가 갖고 있던 '이적요가 화자인 글'이 있다. 둘째로 은교가 지니고 있던 '서지우가 화자인 글'이 있다. 셋째로 현재와 동일 시간에서 '변호사가 화자로 된 글'이 있다. 『은교』는 각 1인칭 시점으로 된 세 가지 시점의 글이 교차되고 있다.

이 글은 인물의 관계를 대립항으로 분석하여 이 소설의 주제가 사랑이란 젊거나 늙거나 한 육체적이면서 물리적인 것이 중요한 것이 아니라, 정신적 소통이 더 중요하다는 것을 말한다는 것을 밝혔다.

또한 이러한 1인칭 다중시점의 소설을 감각적으로 영화화하면서 인물과 사건이 현재화되고 미장센을 통해 주관적 시점이 강조되었다는 것을 밝혔다. 또한 카메라의 주관적 시점화로 인물은 주관적으로 표현되고, 지문으로 씌어 있는 소설의 많은 부분이 구체화되었다는 것을 밝혔다.

그리하여 소설『은교』에서 노인의 늙음에 대한 성찰과 욕망이 강조된 서술이 강조되었다면, 영화 〈은교〉에서는 노년과 청년과 소녀와의 관계와 갈등을 통한 육체적 사랑과 정신적 사랑의 차이가 감각적으로 형상화되었다는 점을 밝혔다. 결국 영화 〈은교〉는 우리나라 영화사에서 감각적 미장센을 그 어느 영화보다 탁월하고 섬세하게 살린 영화라는 것을 알 수 있었다. 사랑이란 육체적 접촉에 있는 것이 아니라 영혼과 감성의 소통이라는 주제는 미장센을 통해 강조된다. 이 글이 1인칭 다중시점 서술의 영화화 연구에 기여할 것으로 판단된다.

소설의 영화화에 있어서의 시점 연구
▣ 소설 「저기 소리 없이 한 점 꽃잎이 지고」와 영화 〈꽃잎〉을 중심으로

1. 머리말

하나의 텍스트가 생산되고 수용되는 과정은 일종의 의사소통 과정이다. 그러므로 작가가 작품을 생산할 때 가장 심혈을 기울이는 부분은 작가와 독자 간의 의사소통이다. 이에 관한 연구는 '화자 이론'으로 접근할수 있는데, 이 글은 '시점'이라는 용어를 사용하여 설명하고자 한다. 연구자마다 '시점'이라는 용어에 대한 정의와 구분이 다를 뿐만 아니라, 심지어 "'시점'이라는 용어의 다의미성은 그 말을 정확하게 사용하고자 원하는 모든 사람들을 머뭇거리게 한다."[1]고 언급될 정도로 함축적인 맥락에서 논의된다.

G.주네트는 『서사담론』[2]에서 '보는 주체 또는 경험하는 주체'로서의 '초점화자'와 '이야기하는 주체'로서의 '목소리'를 분리시킬 것을 제안하

---

1 시모어 채트먼, 『영화와 소설의 서사구조』, 김경수 역, 민음사, 1990, 184쪽.
2 제라르 주네트, 『서사담론』, 권택영 역, 교보문고, 1992.

였고, 슈탄젤은『소설의 이론』[3]에서 양식, 인칭, 시점 등으로 나누어 서술 상황을 설명할 때 인물을 경험자라는 용어로, 화자를 서술자라는 용어로 사용하고 있다. 또한 '시점'은 어떤 외부 현실에 대한 주체의 관계인 입각점이나 그 현실에 대한 '주관적' 반응이나 평가인 태도[4]를 말하기 때문에 이 글에서는 '시점'을 소설과 영화에 모두 적용하여 해석하는 용어로 삼고자 한다. 그 이유는 인물과 독자와의 '거리'문제가 인칭과 화법을 결정한다고 보며, 이를 설명하는 데 관점('누가 보는가')과 서술('누가 말하는가')을 포괄하여 논의할 수 있는 '시점'이라는 용어가 가장 적절하다고 생각되기 때문이다. W. 부우드도 "화자와 3인칭 반영자는 작자, 독자 및 다른 작중인물들로부터 그들을 떼어놓는 거리의 정도와 종류에 따라서 현저한 차이를 보인다."[5] 또한 "이 네 사람 각자는 도덕적, 지적, 미적 가치, 심지어는 육체적 가치의 모든 축에 있어서 동일성으로부터 정반대에 이르는 서로서로에 대한 다양한 관계를 보인다."[6]고 하며 시점과 거리 연구에 관한 시발점이 된다고 볼 수 있다.

시점에 관한 논의가 중요한 것은 사건의 연쇄인 이야기 자체보다 이야기를 실어 나르는 관점이나 시점이 주제를 드러내는 핵심적 요소가 되는 소설이 등장하기 때문이다. 시점이 주제를 전경화시키는 오정희의『별

3　슈탄젤,『소설의 이론』, 김정신 역, 탑출판사, 1994.
4　수잔 스나이더 랜서,『시점의 시학』, 좋은날, 김형민 역, 1998, 21쪽.
5　웨인 C. 부우드,『소설의 수사학』, 이능우 · 최재석 역, 한신문화사, 1987, 178쪽.
6　위의 책, 같은 곳(이 네 사람이라는 지칭은 화자, 작가, 독자, 작중인물을 말하는데, 웨인 부우드는 1. 화자와 독자를 끌고 나가는 내포작가와의 거리, 2. 화자와 인물과의 거리, 3. 화자와 독자의 거리, 4. 내포작가와 독자와의 거리, 5. 내포작가와 작중 인물과의 거리 등에 따라 소설의 주제와 의미가 달라짐을 기술하고 있다).

사』에 관한 김경수의 분석은 "인물지각과 그것을 전하는 서술태도 사이의 거리 및 그 거리의 점증적 소멸과정을 통해, 말 그대로 남편의 실종을 현실적인 죽음으로 받아들이는 '별사'를 건네는 의식이라는 주제를 전경화하고 있는 작품"[7]이라는 것을 밝혔다.

최윤의 데뷔작인 「저기 소리 없이 한 점 꽃잎이 지고」[8](1988) 역시 시점, 즉 '인물지각과 그것을 전하는 서술태도 사이의 거리'가 주제를 드러내는 핵심적 요소가 되는 문제적 소설이다. 이 소설은 세 가지 시점이 교차되어 장이 나뉘며 서술된다. 세 가지 시점의 서술은 첫째로 소설 속 '그날'로 묘사되는 '5·18 광주민주항쟁' 이후 사라져버린 친구 동생을 찾아가는 '우리들'의 '복수 1인칭 화자 서술', 둘째로 '5·18 광주민주항쟁'의 참사 후 엄마를 잃고 미쳐버린 '그녀'의 '1인칭 내적 독백', 셋째로 '남자'가 바라보는 그녀의 모습을 서술한 '인물적 서술'이 그것이다.

작가 최윤은 왜 세 가지 시점을 교차하며 서술한 것일까? 작가는 화자와 인물과의 거리가 독자에게 미치는 영향을 염두에 두었음이 분명하다. 즉 세 가지 시점은 전체적으로 볼 때, 화자인 서술자아보다 인물인 경험자아가 전경화되는 '내적 독백'을 통해서는 '5·18 광주민주항쟁'의 아픔이 독자에게 보다 가까이 다가가게 하려는 의도가 있으며, 경험자아보다 서술자아가 전경화되는 '복수 1인칭 화자' 서술에서는 소녀에 대한 부채감이 강조되는 반성적 의식을, 3인칭이면서도 경험자아가 전경화되는 '남자'의 '인물적 서술'을 통해서는 '5·18 광주민주항쟁'과는 체험적

7   김경수, 「소설의 인물지각과 서술태도 — 오정희의 〈별사〉」, 한국소설학회 편, 『현대소설 시점의 시학』, 새문사, 1996, 509쪽.

8   최윤, 「저기 소리 없이 한 점 꽃잎이 지고」, 『문학과사회』 제1권 제2호(통권 제2호), 문학과지성사, 1988.5, 730~788쪽, 이 글에서는 작품집(『저기 소리 없이 한 점 꽃잎이 지고』, 문학과지성사, 2003)에서 인용한다.

으로 거리를 가질 수밖에 없다는 주제가 구현된다. 그러므로 이 소설은 시점으로 인한 독자와의 거리의 차이가 바로 주제인 것이다. 이 세 가지 시점을 두고 김병익은 "'남자'의 시점 : 주관적 서술문체, '그녀'의 1인칭 시점 : 독백체, '우리'의 시점 : 객관적 서술문체"[9]의 세 가지로 구분하고 있다. 김병익의 글에서는 '주관적'과 '객관적'이라는 용어에 대해서는 더 이상 상세히 설명하고 있지는 않고 있다. 짐작건대, 슈탄젤식으로 말하면 내부시점과 외부시점과 유사한 의미로 사용되었을 것이다. 이 글에서는 '장'이라는 '남자'와 '우리들'의 시점이 주관적 서술문체와 객관적 서술문체로만 일관되고 있지는 않다는 것을 분석하고, 주관적 객관적이라는 말로 단순화시킬 수 없는 부분이 이 소설에 존재하며, 이 점이 바로 주제와 직결되는 중요한 점이라는 것을 논증하고자 한다.

그러므로 이 소설을 논의하는 데 있어 시점과 거리의 문제는 상당히 중요하다. 그러나 이 소설의 연구에서 서사론적 관점에서 시점에 집중적으로 천착하여 논의를 전개하는 논문은 드물다.

「저기 소리 없이 한 점 꽃잎이 지고」는 장선우 감독에 의해 〈꽃잎〉(1996)이라는 제목으로 영화화되었다. 이에 「저기 소리 없이 한 점 꽃잎이 지고」의 영화화에 관한 논문이나 영화에 관련 논문[10]은 많은 편이

9   김병익, 「고통의 아름다움 혹은 아름다움의 고통」, 『저기 소리 없이 한 점 꽃잎이 지고』, 문학과지성사, 1992, 405쪽.

10   박성수, 「영화적 화자와 이데올로기의 문제 – 〈꽃잎〉에 대한 서사 이론적 접근」, 『오늘의 문예비평』, 책읽는사람, 1996.9, 226~246쪽.
     조미숙, 「소설의 영화화 연구」, 『통일인문학논총』 제43집, 건국대학교 인문학연구원, 2005.12, 161~177쪽.
     이덕화, 「〈저기 소리 없이 한 점 꽃잎이 지고〉와 영화 〈꽃잎〉의 비교연구」, 『현대문학의 연구』 제35호, 2008, 209~232쪽.
     이채원, 「소설과 영화의 표현양식 연구」, 『문학과영상』 제8권 2호, 문학과영상학

다. 그럼에도 불구하고 이에 대한 연구가 더 필요한 이유는 원작소설에서 중요한 요소인 시점을 영화가 어떻게 실어 나르며 어떻게 주제와 관련을 맺는지를 보다 집중적으로 천착할 필요성이 있기 때문이다.

이 글은 소설에서의 세 시점이 영화화될 때 어떻게 변화되어 표현되고 있으며, 그 의미와 효과는 무엇인가에 초점 맞추고자 한다. 소설이 시점 전환에 따라 10장으로 분절된 것과는 달리 장문일과 장선우가 각색한 시나리오[11]상에서는 138신으로 구조화되어 있다는 점이다. 이 글은 우선 소설의 세 가지 시점 간의 차이에 주목하며, 세 가지 시점과 영화에서의 미장센(Mise-en-Scène)과의 관계를 모색하여 그 의미를 찾아보고자 한다. 그리하여 시점 논의에 있어 소설이 '누가 말하는가'와 '누가 보는가'의 두 요소로 설명될 수 있는 데 비해, 영화에서는 소설에서의 시점에 따른 서술이 영화에서는 주로 카메라가 보는 객관적 시점이 중심이 되며, 장면에 따라 시점쇼트와 플래시백 등으로 초점화되는 방식으로 진행된다. 그 다음으로는 최윤의 작품을 해석하는 장선우의 세계관에서 빚어지는 소설과 영화의 차이를 논하고자 한다.

회, 2007.8, 223~245쪽.

이수현, 「〈꽃잎〉에 나타난 영상미학과 각색의 원리」, 『문학과영상』 제10권 1호, 문학과영상학회, 2009.4, 167~190쪽.

11 영화진흥공사 편, 〈꽃잎〉, 1996년도 『한국 시나리오 선집』 제14권, 집문당, 1999, 55~84쪽.

2. 소설 「저기 소리 없이 한 점 꽃잎이 지고」의 시점과 거리

1) 「저기 소리 없이 한 점 꽃잎이 지고」의 시점과 주제와의 관련성

이 글은 슈탄젤이 말한 인칭, 시점, 양식의 구분으로 시점에 접근하고자 한다. 슈탄젤은 인칭 대립항은 1인칭, 3인칭으로 시점 대립항은 내부시점, 외부시점으로, 양식 대립항은 화자와 반영자로 구분하고 있다. 이 소설은 전술한 세 가지의 시점, 즉 '그녀'의 내적 독백과, 남자의 관점에서 보는 인물적 서술, 우리들의 복수 1인칭 서술이 교차 서술되어 있다. 이를 슈탄젤식으로 다시 정리하면 그녀의 내적 독백은 1인칭·내부시점·반영자인물 시점이 된다. 그리고 남자의 인물적 서술은 3인칭·내부시점·반영자인물 시점이 된다. 또한 우리들의 복수 1인칭 서술은 1인칭·외부시점·화자인물로 목격자적 서술 상황이 된다. 그런데 이 소설은 하나의 장 내에서도 이러한 시점이 일관되지 않고 전환되는 부분이 있으며, 담론 시간과 스토리 시간상의 시간 착오가 내재해 있다. 이 절에서는 시점 전환과 시간 착오가 주제를 어떻게 전경화하는지를 구체적으로 논증하고자 한다.

소녀의 내적 독백은 담론상으로는 2, 4, 7, 9장이지만 이를 다시 스토리 시간순으로 정리하면 다음과 같다.

① 오빠가 죽었다는 소식을 양복 입은 아저씨들한테서 전해 들은 엄마가 광분했던 기억(2장)
② 오빠가 의문사에 대한 탄원서가 잘못되어 엄마가 괴로워하던 소녀

의 기억(9장)

③ '그날' 엄마를 따라 나섰다가 시위대에 휩쓸려 엄마가 총을 맞게 된 기억, 엄마의 손을 밀쳐낸 기억. 죽은 시체들과 함께 야산에 버려졌던 소녀의 기억(9장)

④ 야산을 내려와 헤매다가 벙어리 남자를 만났던 소녀의 기억(4장)

⑤ 벙어리 남자와 동거하고 강간을 당한 소녀의 기억(4장)

'우리들'의 복수 1인칭 화자 시점인 도입부와 3, 6, 10장에서 우리들이 옥포 등지에서 소녀를 찾으며 알게 되었던 사건을 중심으로 내용으로 재구성하면 다음과 같다.

⑥ 무덤에 잠들어 있는 소녀가 옥포댁 심부름꾼으로 맡겨짐(3장)

⑦ 옥포댁의 보살핌 속에서 소녀가 일주일간 머묾(6장)

⑧ 서천 옥포 간 용달차를 부리는 임씨를 만나 김상태와 함께 있었던 소녀 소식을 듣고 김상태를 만나 그가 소녀를 병원으로 데려가 치료해줌(6장)

⑨ 우리들이 소녀를 찾지 못하고 포기한 후 심인광고를 보고 장을 만나 알게 되는 그간의 소녀의 소식과 실종 사실(10장)

또한 남자의 관점에 의한 인물적 서술인 1장, 5장 8장은 다음과 같다.

⑩ 장을 따라온 소녀에게 폭력을 가하는 등 지옥 같은 동거를 시작하게 됨(1장)

⑪ 소녀에게 연민을 느끼게 됨(5장)

⑫ 그녀가 떠나자 남자가 심인광고를 냄(8장)

위의 ①부터 ⑫까지의 사건은 소설의 담론 순서가 아니라 스토리 순서다. 물론 ⑩, ⑪, ⑫는 스토리 시간으로는 ⑧과 ⑨사이에 벌어진 사건이다. 그러나 우리들이 장을 만나게 되면서 듣게 되는 이야기라는 측면에서 ⑨ 다음에 진행된 스토리로 볼 수도 있다.

한편 도입부를 제외한 소설의 담론 순서는 소녀가 장을 따라와 함께 동거하게 된 사건이 전개되는 1장을 시작으로 이름 모를 묘지 앞에서 '그날'에 총에 맞은 엄마를 밀쳐내고 도망갔던 소녀의 기억이 완성되는 9장으로 진행된다. 이후 마지막 10장에서는 남자가 신문에 냈던 소녀를 찾는 심인광고를 우리들이 한 달 반 후에 발견하게 되고, 장에게 연락하여 그를 만나 그녀와 함께 살았던 이야기를 듣게 되는 것으로 마무리된다. 즉 담론의 처음인 도입부와 끝이 스토리상 모든 사건 진행이 끝난 후 '우리'가 소녀를 생각하는 내용으로 구성되어 있다. 그러므로 담론의 구성이 스토리 시간 순서와 다르게 배치되기 때문에 독자는 소설을 읽으면서 점차 소녀가 겪었던 일들과 마음속 응어리에 대해 알게 되고, 9장에서 서술된 그녀의 묘지 앞에서의 발광에 가까운 행동에 안쓰러움을 느끼게 되는 것이다.

소녀의 고뇌의 원천은 '그날' 총을 맞아 배에 구멍이 난 엄마를 밀치고 도망을 나온 죄책감에서 비롯된다. 9장은 전체적으로는 내적 독백이지만, 아래 인용문에서는 소녀 자신을 너로 지칭하며 외부시점에서 목격자로서 그녀의 후회스러운 행동을 묘사하고 있는 부분이다. 이는 내부시점과 외부시점의 경계를 허물고 넘나드는 현상이다.

> 그래 그 순간 내가 뭣을 했는지 가르쳐주지. 자 잘 봐. 내가 세세하게 말해주지. 너는 눈을 똑바로 뜨고 엄마 복부의 구멍에서 흘러나오는 검은 액체를 바라보았어. 갑자기 주위의 아우성 소리가 선명하게

가락가락 귓속으로 쏟아져 들어왔지. 그리고 소리로 되어 나오지 않는 고통 때문에 너를 더욱 움켜쥐고 있는 엄마 손, 돌처럼 순식간에 굳어져버린 것만 같은 엄마 손, 뜨거운 손, 달아오른 돌, 내 손을 까맣게 태워버릴 것만 같은 엄마 손아귀에서 손을 빼려고 너는 미친 듯이 팔을 휘둘렀지. 엄마의 일그러진 얼굴을 보지 않으려고 눈을 감고 아니면 엄마의 뒤집혀진 흰자위를 괴물 보듯 바라보면서. 그런데 소용돌이 속에서 굳어져버린 엄마의 손이 너를 놔주지 않았어. 너는 이미 마른 장작처럼 쓰러지는 엄마의 무게에 끌려가면서 다른 손으로, 그래 잔인하게 엄마 손가락의 갈쿠리를 하나씩 떼어내려 했어.(282쪽)

위의 인용문처럼 외부시점과 내부시점의 경계를 허무는 이유는 그녀 자신을 타자화시켜 객관적으로 자신의 죄책감을 진단하고 해결의 방법을 모색하려 하는 것이다. 이렇게 함으로써 그녀는 엄마에 대한 죄책감으로부터 해방되며, "자 이제는 무섭지 않아. 검은 휘장을 뜯어내고 내 흉악한 얼굴을 달처럼 무덤 위에 떠올리는 거야."(283쪽)라고 말할 수 있게 된다. 즉 소녀의 시점은 김병익이 말한 '1인칭 시점 : 독백체'로 고정된 것이 아니라, 내부시점에서 외부시점으로의 변화를 통해 '엄마의 손을 밀친 죄책감'을 벗어나고자 하는 주제를 구현하고 있는 것이다. 이는 소녀의 내적 독백 부분에서 내부시점과 외부시점의 경계를 와해시킴으로써 시점이 주제를 전경화하는 방식이 된다.

또한 남자가 경험자아인 1, 5, 8장은 대체로 내부시점으로 3인칭 경험자아가 보고 느낀 내용이 서술되어 있다. 그래서 김병익은 3인칭 주관적 시점이라고 분석한 것이다.

언제부터인가 그녀에게 술을 먹이고 그녀의 몸을 거칠게 다루고 그 속에 침투하는 일이 불가능하게 되었다. 그와 반비례로 전혀 다른 욕구가 일어나기 시작했다. 대체 저애가 나를 다른 사람과 조금이라도 구별하고 있을까. 저애가 웃을 때 나를 보고 웃는 것인가. 아니면 망가진 뇌의 한구석에 매달려 있는 익명의 초상화를 보고 웃고 있는 것일까.(244~245쪽)

위의 서술에서 나타나는 '것인가', '것일까' 등의 자유간접화법은 인물적 서술임을 드러낸다. 그런데 문제는 아래의 인용문에서처럼 경험자아가 우리들로 짐작되는 대상에게 '말했다'고 서술하는 상황이다.

여자애는 나지막하게 코까지 골고 있었고 건수가 뒤틀려버린 하루 일과가 되살아나 다시 잠자리에 들었다. 그는 후에 이 여자애는 애초부터 재수가 없었다고 **말했다**. 쥐처럼 소리없이 움직여 다니고 내던지면 내던져지고 꺾으면 꺾이고 욕설과 구타를 스폰지가 물을 빨아들이는 것처럼 흔적없이 다 받아내고, 그의 변덕에 따라, 그의 지랄 같은 변덕이 명하는 대로 졸아들고 늘어나는 것처럼 보여도, 여자애의 존재는 그의 원인을 알 수 없는 무력감과 함께 누구에게인지 모를 분노의 감정을 유발시켰다고 **말했다**. 그녀와 동거한 몇 달이 바로 지옥이었고 그녀가 눈앞에서 사라진 이후에는 또 다른 방식으로 지옥은 계속되었다고 **말했다**.(211쪽. 강조 : 인용자)

위의 인용문은 1장의 중간 부분으로 장이라는 남자가 말한 것을 듣고, 말했다고 서술하고 있는 텍스트 외부에 있는 서술자아가 전경화되는 부분이다. 이 부분의 '말했다'는 내부시점이 아니라 3인칭 외부시점인 작가적 서술 상황이 되는 것이다. 그런데 1장 외에 5장, 8장의 서술에는 '말했다'는 술어가 전혀 나오지 않는다. 그러므로 주로 경험자아인 '남자'의 눈으로 보고 남자가 직접 말하는 인물적 서술인 1, 5, 8장의 서술은 '말했다'는 부분으로 인해 1, 5, 8장 모두가 '남자'가 '우리들'에게 말하는 상황으로 전환되게 된다. 이는 김병익이 말한 '주관적 시점'으로 고정된 것이 아니라 주관과 객관, 즉 내부시점과 외부시점이 넘나드는 상황이 된다. 그리므로 남자의 인물적 서술인 1, 5, 8장 전체가 사실상 10장에서 '우리' 가 장이라는 남자를 만나 그에게서 듣는 소녀에 관한 이야기로 되어 있다는 것을 알 수 있다. 이러한 시점의 전환이 작가가 노린 서술 전략이라고 볼 수 있다. 작가는 남자의 인물적 서술이 주된 서술 상황인데도 불구하고, 인물이 말하는 것을 듣는 서술자, 즉 우리들이라고 상정되는 서술자를 일부분에서 전경화시키고 있다. 그럼으로써 반영자인물인 남자는 직접 독자에게 말하는 반영자로서의 역할을 포기하고, '우리'를 서술자로 전경화하여 우리들을 통해 전달한다는 느낌을 준다. 그렇게 함으로써 1장의 내용이 10장 다음에 벌어진 이야기라는 것을 분석적 독자에게만 알려준다. 왜냐하면 세심한 독서를 통해서만 이 내용을 발견할 수 있기 때문이다.

담론 시간으로는 1장이 앞서 있지만, 스토리 시간으로는 10장 이후에 발생한 사건이 됨으로써 소녀와의 동거는 먼 과거의 일이 되어버리고 남자와 소녀의 간극은 더욱 멀어지게 되는 것이다. 그럼으로써 '장'이라는 남자 즉 가해자의 속죄 기회는 영영 사라질 뿐이라는 주제가 전경화되는 것이다. 또한 소녀에게 폭력을 행사하게 만드는 이 남자의 '알 수 없는 공포' 역시 우리 속에 내재해 있는 원형적 폭력성과 공포의 심리로 인한 것이라는 점에서 우리 민족 모두가 채무에서 벗어나기 어렵다는 것을 상징한다. 요약하면 인물적 서술 상황이 작가적 서술 상황으로 바뀌는 부분으로 인해, '5·18광주민주항쟁'의 가해자는 자기반성적 차원에서 피해자에게 도움을 주고 싶지만 할 수 없다는 주제가 강화되는 것이다.

한편 또 주목해야 될 점은 복수 1인칭 화자 서술로 볼 수 있는 도입부와 3, 6, 10장이다. 도입부에 대해서 김병익이 '전지적 시점 혹은 우리의 언설'이라고 언급한 것처럼 우리들이 등장하기 전이므로 복수 1인칭 화자 서술이라고 보기 어려운 점도 있다. 그러나 이 글에서는 도입부 역시 복수 1인칭 화자 서술로 본다. 슈탄젤에 의하면 1인칭 화자 서술은 "'나'가 인물의 입장보다는 서술자의 입장으로서 자신과 관련된 과거의 스토리를 이야기할 때 과거의 사건이나 상황 또는 그에 연루된 자신의 경험자아를 거리를 두고 숙고하려는 성숙한 반성적 의식의 소산"[12]이 된다. 그러므로 복수 1인칭 화자 서술 자체가 목격자적 서술이며 반성적 서술이라는 점에서 시점으로 주제가 전경화되는 것이다.

이 소설은 도입부와 마지막만을 구조화한 액자소설이 아니라, 소녀를 찾고자 하는 우리의 행보의 시작이 소녀가 장을 떠난 한 달 반이 넘은 이후임에도 불구하고, 소녀에 대한 정보를 주기 위해 3, 6장이라는 중간에 삽입된 것이다. 왜냐하면 '남자'와 '소녀'와는 대화가 없으므로 '남자'를 만나기 전까지 소녀의 행적은 '우리'가 들은 이야기 속 내용이 전부이기 때문이다.

이 글에서 담론 시간을 스토리 시간 순서로 다시 재배열한 이유는 이 소설이 우리들이 소녀가 장을 떠나고 장이 심인광고를 낸 한 달 반 후에나 '우리'가 장과 연락이 닿았다는 점 때문이다. '5·18광주민주항쟁'으로 '우리들'의 의문사한 친구의 엄마가 희생되고, 그 누이는 행방불명되었기에 그 누이를 찾고자 시작되었던 '우리들'의 행보는 소녀가 남자를 이미 떠난 이후에 시작된 것이다.

　　우리의 가버린 친구의 고향, 그러니까 그녀의 고향에서 시작된 **한 달 넘어의 시간이** 우리에게 남긴 용납할 수 없는 인상을 안고 대천에서 밤 기차를 타고, 차창 밖으로 시선조차 주지 않은 채, 맨 처음의 계

12　슈탄젤, 앞의 책, 307쪽.

획대로 역마다 내려 수소문할 엄두도 못 내고, 그것보다는 그녀가 우리가 탄 기차보다 훨씬 앞서 이미 이 길을 달려갔으리라는 직감 때문에 모든 허탈한 상상을 엄격히 검열하면서 귀를 모아 발 밑에서 들려오는 기차바퀴 소리에 집중했다. (286쪽. 강조 : 인용자)

위의 인용문에서는 우리들이 소녀를 찾았던 기간이 한 달을 넘었다는 것을 알 수 있다. 그러나 다음 인용문에서의 심인광고의 날짜에 유의할 필요가 있다.

'위의 사람의 가족이나 알고 계신 분은 연락 바람. 이름 미상, 나이 약 십오 세. 신장 140센터 미터 정도…' 우리는 신문의 발행일자를 확인했다. 이미 **한 달 반경이나** 지난 신문이었다. '우리'는 당장 자리를 털고 일어났다.(강조 : 인용자)

친구의 누이가 어떤 고생을 하며 떠돌아다녔는지 알고자 우리들이 수소문하기 시작한 때는 한 달 전이고, 심인광고는 한 달 반경이나 전이라는 점에서 우리들의 수소문 과정 자체가 이미 그녀가 남자를 떠난 지 보름이 넘어서부터 시작된다는 점이다. 그런데 3장과 6장이 중간에 삽입됨으로 인해 독자들에게 시간 착오를 일으키고 있다. 물론 이 소설의 담론에서는 소녀의 내적 독백 외에 남자가 그녀의 과거에 대해 대화를 하지 않기 때문에 남자를 만나기 전까지의 과거에 대해서는 '우리'가 사람들에게 전해 듣게 되는 내용으로 서술될 수밖에 없는 점도 있다. 그러나 이러한 시간 착오적 담론 구성이 바로 이 소설의 주제와 만나게 되는 것이다. 즉 이미 갖은 고생을 한 소녀의 행방을 더 추적할 수 없는 후에 소녀를 찾는 것이 시작된다는 것이다.

매번의 추적에서 **그녀는 우리를 멀리 멀리, 시간적으로, 공간적으로 앞지르는 수밖에 없었고,** 그 거리만큼 그녀의 흔적은 절망적으로 희미해졌다. 우리의 사랑하는 친구, 우리를 먼저 떠나버린 친구의 누이동생의 흔적은 이미 상실해버린 꿈처럼 우리의 빈곤한 일상의 갈피에서 매 순간 생생한 상처로 되살아났다. 그것이 우리의 여정을 결정짓는 단 하나의 확실한 지도였다. (227~228쪽. 강조 : 인용자)

위의 인용문처럼 그녀는 이미 시간적으로 공간적으로 앞질러 가 있는 것이다. 그러므로 '상처받은 광주의 희생자'를 상징하는 그녀를 찾을 수도 없을뿐더러, 늦은 뒤에 그녀에게 도움이나 위로를 주고자 하는 현재의 우리의 마음은 아무런 소용이 없는 것이라는 주제가 이러한 시간착오적 담론에서 전경화되는 것이다.

2) 인물 간의 거리와 주제와의 관련성

소설에서 '그녀'는 '남자'를 '오빠'라 부르며 따라다니고 결국 그와 함께 동거하게 된다. 남자는 1장에서는 그녀를 강간하고 학대했지만, 5장에서는 그녀에게 연민을 느끼게 되었고, 8장에서는 떠난 그녀를 그리워하면서 심인광고를 내게 된다. 남자의 행동 변화의 원인에 대해서 소설에서는 1장 마지막 부분에서 소녀가 깨진 시멘트 조각으로 온몸을 자해하는 것을 보고 충격을 받게 되고, 5장부터 그녀에 대한 태도를 달리하는 것으로 서술되어 있다. 반면 소녀는 오빠를 닮은 그를 따라가 그와 함께 기거를 하면서도 그녀의 머릿속 생각을 묘사하는 내적 독백에는 자신의 과거 사건만 존재하지, 현재 함께 살아가는 그에 대해서는 아무런 생각도 하지 않는다. 그녀가 입은 상처가 너무 크기에 그가 비집고 들어올 공간이 거의 실성하다시피 한 그녀에게는 없는 것이다. 그녀의 존재가

'5·18광주민주항쟁' 때 상처 입은 사람을 상징한다면, 남자는 무심코 혹은 인간의 원초적 두려움으로 인해 폭력의 가해자가 되었던 사람들을 상징한다고 볼 수 있다. 그런데 그런 가해자가 뒤늦은 후회로 피해자에게 연민을 느낀다고 해도 그 피해자에게는 어떤 의미도 없다는 것을 소녀와 남자와의 인물간의 거리에서 상징한다고도 볼 수 있다.

소녀는 '5·18광주민주항쟁' 안에 있었지만, 살아남은 사람을 상징한다. 죽은 엄마를 떼어내려는 그녀의 안간힘은 공포로 인한 것이지만, 한편으로는 희생자들에 대한 살아남은 자의 죄책감을 상징한다. 그녀와 엄마 사이에는 삶과 죽음이라는 거리가 존재한다. 그녀는 엄마에 대한 죄책감에서 벗어나고자 하지만, 좀처럼 벗어날 수가 없다. 그녀의 이름 모를 무덤 앞에서의 '1인칭 내적 독백'은 죽은 어머니에서부터 벗어나려는, 즉 그녀의 어머니를 진정으로 떠나보내기 위한 씻김굿으로 보아도 좋을 것이다.

> 그리고 이후 나는 다시 그날 그 자리로 돌아올 수 없었어. 내 끔찍한 범죄의 자리. 나 혼자 살아남으려고 나는 엄마의 손, 팔, 흰 눈자위를 내 발로 짓이겼어. 엄마가 눈자위도 없이 나를 보고 있었어. …(중략)… 나는 이제 갈 데가 없어. 오빠의 무덤 밖에는. 오빠를 두 번 죽이게 된다 해도 이 이야기는 꼭 해야 돼. 그러고 나면 나는 그 자리에서 가루로 변해 땅속으로 스며들 수 있겠지.(283쪽)

위의 인용문에서처럼 소녀에게는 엄마의 죽음을 인정하고, 엄마와의 거리를 삶과 죽음의 거리만큼 벌어지게 만들고 싶은 욕망이 존재한다. 그러나 엄마에 대한 죄책감이 엄마의 손처럼 자신을 꽉 잡고 놓아주지 않는다. 그러나 소녀는 오빠의 무덤을 찾아 오빠에게 모두 털어놓음으로써 엄마에 대한 죄책감을 벗어나고 싶어 한다. '엄마와 소녀와의 거리'는

'5·18광주민주항쟁'에서 살아남은 희생자와 죽은 자와의 거리를 말하는데, 이를 통해 죽은 자와의 거리를 둘 수밖에 없고, 죄책감이나 회한은 벗어던져 버려야 한다는 이 소설에서의 주제가 구현된다.

의문사를 당한 친구의 누이를 찾아 나선 '우리'는 '5·18광주민주항쟁'과는 시간적으로 공간적으로 거리가 있는 곳에 있는 사람들을 상징한다. '우리'는 '5·18광주민주항쟁'의 희생자들을 기리는 오늘날의 우리라고도 볼 수 있다. 소녀가 이미 찾을 수 없는 곳으로 떠난 후에나 찾기 시작하는 '우리'는 소녀의 그림자조차 밟지 못하며 한 달 남짓을 헤매고 다닌다.

이처럼 인물 간의 거리를 통해 작가는 주제를 구현하고 있다. '남자'가 '5·18광주민주항쟁'에 직간접적으로 폭력을 행사한 가해자나 인간 속에 내재한 폭력성 그 자체를 상징한다면, 이미 폭력을 행사해놓고 위로나 연민을 가지는 행위 따위는 피해자에게 아무런 도움을 주지 못한다는 주제를 함축하고 있다. 또한 '우리'가 '5·18광주민주항쟁'에 대해 진정한 관심과 애정도 아닌 다소의 의무감만으로 무성의하게 처신하는 우리들에 대한 질타를 함축하고 있다.

3. 소설의 영화화에서의 시점의 변용

언어적 기호가 표현 매체인 문학작품은 언어적 기호가 독서 과정을 통해 독자의 머리 속에 다이제시스(diegesis)되면서 독자와 소통한다. 그러나 언어 매체가 영화라는 영상 매체로 각색될 때는 직접적이고 구체적인 이미지로 전이되어 내용을 전달하게 된다. 이 글은 소설의 영화화에 있어 시점에 관한 연구이다. "문자서사에서 초점화와 서술의 문제를 규명하려고 시도되었던 기존의 연구들을 영화 텍스트에 적용하는 문제는 세계적으로 아직은 지극히 초보적인 단계에 있고, 우리나라의 경우는 전인미답이라고 할 수밖에 없는 상황"[13]이라고 말하는 서정남의 글에는 M. 발, C. 델레이토, 브래니건, F. 조스트 등의 학자들이 이 방면에서 앞서가는 연구를 하였다고 언급하면서, 영화 텍스트에서 서술이 선택한 인식적 초점으로서의 초점화는 그것이 '주관적인 것인가', '간주관적인 것인가', 아니면 '객관적인 것인가'라는 범주 영역 안에서 그 주관성과 객관성의 정도 문제로 귀착시키고 있다. 그리하여 초점화의 문제를 조스트의 논의를 중심으로 하여 '내적 초점화', '외적 초점화', '전현적 초점화'로 논의하고 있다. 영화 〈꽃잎〉의 화자와 관련된 연구로는 박성수의 「영화적 화자와 이데올로기의 문제 - 〈꽃잎〉에 대한 서사 이론적 접근」[14]이 있다. 박성수의 논의는 '누가 말하는가'의 측면에서 화자의 시점을 태도(slant)로, '누가 보는가'의 측면에서 '인물의 시점'을 여과(filter)로 구분한 S. 채트먼의 논의[15]를 기반으로 〈꽃잎〉을 분석하고 있다. 박성수의 논의에는 〈꽃잎〉의 시점쇼트에 관한 분석은 상세히 되어 있지만, 이 글에서 초점 맞추고 있는 세 시점의 차이가 빚어내는 의미에는 깊이 있게 천착하지 않고 있다. 시점쇼트(Pont of View Shot)는 "서사의 영상적 전달 방식에서 이야기 세계에 속한 인물의 눈에 의해 제시된 쇼트를 말한다. '어떤 대상을 보여주는 쇼트→그 대상을 바라보는 인물 쇼트→다시 보이는 대상

13 서정남, 「영화 - 음영서사에서 초점화와 서술의 문제」, 『내러티브』, 한국서사연구회 창간호, 2000, 100~101쪽.

14 박성수, 「영화적 화자와 이데올로기의 문제 - 〈꽃잎〉에 대한 서사 이론적 접근」, 『오늘의 문예비평』, 책읽는사람, 1996.9, 226~246쪽.

15 Seymour Chatman, *The Rhetoric of Narrative in Fiction and Film*, Cornell, Univ. Press, 1990, pp.143~146.

쇼트'일 때 다시 보이는 대상은 앞선 쇼트의 인물이 바라본 대상이다."[16]

「저기 소리 없이 한 점 꽃잎이 지고」는 세 가지 시점이 교차 서술되어 있는 소설이다. 각 소설의 시점을 영화화할 때 각각 다른 방식으로 구현된다. 소설을 영화화할 때의 문제점은 서술자가 중개하던 서술을 공간화시켜 재구성해야 한다는 점일 것이다. 또한 영화는 장면과 장면이 빠르게 연결되어 있으므로 소설처럼 각 장을 분리하여 표현하기가 용이하지 않다. 장의 구분이 필요할 때 각 장을 구분하는 글자나 숫자가 화면에 따로 추가될 수도 있다. 그러나 〈꽃잎〉은 장의 구분이 없이 편집에 의해서만 진행되는 영화이다. 이럴 경우 쇼트의 연결이나 편집이 시공간을 구분하는 역할을 한다. 3장에서는 〈꽃잎〉에서의 시점을 조스트의 구분을 기반으로 하여 '내적 초점화', '외적 초점화'[17]라는 용어를 사용하여 영화에서 쇼트와 쇼트를 어떻게 연결하여 시점을 제시해주고 있는지를 논의하고자 한다. 영화에서 "내적 초점화가 구현되는 예는 인물(외적 초점화에 의해 제시된)의 꿈이나 환상, 그의 기억을 표현한다고 생각되는 플래시 백 등을 통해서이다."[18] 또한 인물의 시선을 중개하는 것으로 간주되는 시점쇼트(POV shot)에 의한 내적 초점화 역시 마찬가지이다. 그러므로 내적 초점화와 외적 초점화는 연결되어 표현될 수밖에 없다. 이 글은 이러한 점에 비추어 소설에서 명확히 구분되어 있던 '작가적 서술'과 '1

---

16 김성진, 「영화《피바다》연구」, 『語文論集』제35집, 中央語文學會, 2006, 109쪽.

17 서정남, 앞의 글, 86~93쪽(이 부분은 조스트의 논의를 중심으로 전개하고 있지만, 서정남은 조스트가 내적 초점화되기 위해서는 외적 초점화와 연결된다는 점을 간과하고 있다고 지적하고 있다. 또한 '전현적 초점화'는 '외적 초점화'를 구분하는 데 층위가 겹치는 부분이 있다고 비판하고 있어, 이 글에서는 '외적 초점화'와 '내적 초점화'만 차용하여 분석한다. F.Jost, "Narration en deca et au-dela", *Communication* N.38(Paris: Seuil, 1983 참조).

18 위의 글, 89쪽.

인칭 내적 독백 서술' 부분이 연결될 수밖에 없다는 점을 견지하여 장을 구분하였다. '우리들'의 시공간 내에서 일어나는 부분'은 편집에 의해 연결될 뿐으로 장을 구분하여 논하고자 한다.

1) '1인칭 내적 독백'의 '내적 초점화'와의 연결성

영화의 시점에서 '내적 초점화'가 이루어지기 위해서는 그 인물의 얼굴을 비춰주는 '외적 초점화'가 함께 이루어져야 한다. 내적 초점화와 외적 초점화의 순서와는 관계없이 먼저 제시될 수도 있고, 나중에 제시될 수도 있다. 〈꽃잎〉에서는 '장'과 '소녀'를 중심으로 진행되는 장면에서는 카메라가 객관적으로 '외적 초점화'를 시도하며 소녀의 얼굴을 보여준 다음 소녀의 기억으로 진입하여 '5·18 광주'를 화편화(flaming)하는 장면으로 넘어가게 되거나, '5·18 광주'의 부분이 먼저 나오고 다시 소녀의 얼굴을 비추는 외적 초점화로 진행되는 두 방식을 모두 취하고 있다. 문제는 플래시백한 '5·18 광주'를 화편화하는 장면에서는 시점은 소녀의 기억 내부의 내용이지만, 외적 초점화와 내적 초점화가 함께 이루어지고 있다는 점이다. 그래서 서정남은 플래시백을 '간주관적'[19]이라는 말을 사용하고 있다. 〈꽃잎〉에서는 소녀의 환상이나 기억을 애니메이션으로 표현해 다양성을 추구하고 있다. 애니메이션은 실사 장면과는 상당한 거리감을 느끼게 한다. 장선우 감독은 관객이 소녀의 내면과 얼마나 거리를 가질 수밖에 없는지를 애니메이션을 통해 표현하고 있다. 외적 초점화와 내적 초점화가 자주 교차되고 소녀의 기억과 환상을 구현하는 애니메이션까지 화편화되는 것은 이 영화의 주 소재인 '5·18 광주'와의 거리를

---

19   위의 글, 88쪽.

줄히고 싶은 심정과 이제는 거리를 가질 수밖에 없다는 평가를 관객에게 함께 보여주기 위함이다.

2) '우리들'의 '복수 1인칭 화자 서술'의 '외적 초점화'

소설 「저기 소리 없이 한 점 꽃잎이 지고」에서의 '복수 1인칭 화자'는 주제적 차원에서의 발화가 많아 서술자의 주관성이 강한 부분이다. 이러한 서술이 영화화될 때는 카메라가 할 수 있는 역할을 보완할 수 있는 장치가 필요하다. '우리'라는 복수 1인칭 서술의 경우, 서술자가 허구 세계 내부에 있는데, 텍스트 안에 존재할 수 없는 카메라는 다양한 방식으로 내적 초점화를 시도해야 한다. 영화는 카메라가 지배적인 매개체가 되어 이야기를 진행시킨다. 카메라는 인물의 시각적 시점을 암시하는 쇼트를 구성하기도 하고 다양한 카메라 워크로 서술한다고 할 수 있다. 소설 「저기 소리 없이 한 점 꽃잎이 지고」에서 화자 서술로 제시되는 '복수 1인칭 서술'의 특징은 경험자아와 서술자아의 거리에 따라서 달라진다. '복수 1인칭 서술'의 시각화하기 어려운 '서술자아'의 부분은 '음성전이 또는 화면 밖 목소리'로 번역되는 보이스-오버-내레이션(voice-over-narration)[20]을 사용할 수 있다. 즉, "화자의 '목소리'를 '사운드'로 보존하

---

20   토마스 소벅 · 비비안 C. 소벅, 『영화란 무엇인가』, 조창규 외 역, 거름, 1998, 167~171쪽.
(영화의 등장인물에게는 들리지 않지만 사람의 목소리로 발화되어 관객에게 전달되는 말이 내레이션이다. 즉 영화 속에 들어 있기는 하지만 이야기나 영화의 허구 세계 외부에 자신을 위치시킨다. 실제로 내레이터는 그때 일어났던 일을 지금 우리에게 말하고 있기 때문에, 플래시백을 중심으로 구성된 많은 영화들은 내레이션을 사용한다.)

기 위해, 영화는 그 목소리를 복제하고, 또 그것을 들을 수 있도록 만든
나. 그래서 화면 밖 목소리의 서술에 해당하는 것을 화면 내부로[21] 가져
오도록 각색하는 것이다.

영화에는 '우리' 중의 한 사람(설경구)의 1인칭 보이스 오버 내레이션
이 사용되었다. 화면 밖 목소리인 보이스 오버 내레이션의 기능 중 영화
〈꽃잎〉에서는 상황을 전달하거나 주제적 차원에서의 설명, 인물의 주관
적인 느낌을 전달할 때 쓰였으며, 사건을 요약하거나 장면 전환 방식으
로 사용되었다. 연극의 방백의 효과 같은 부분은 소설의 도입부에 해당
하는 부분으로 영화에서는 결말의 내레이션 부분에 사용되고 있다.

이 부분에서는 '우리들'의 행동을 카메라는 외적 초점화로 담고 있다.
이는 '우리'는 '5·18 광주'와 그만큼의 거리가 있다는 것을 보여준다.

4. 맺음말

이 글은 소설에서의 시점이 영화에서 어떻게 표현되는가의 메커니즘
을 밝히고자 한 것이다. 최윤의 소설 「저기 소리 없이 한 점 꽃잎이 지고」
(1988)는 세 가지 시점이 교차되며 서술된다. 첫 번째로 소설 속 '그날'로
묘사되는 '5·18 광주민주항쟁' 이후 사라져버린 친구 동생을 찾아가는
'우리들'의 '복수 1인칭 화자 서술', 두 번째로 '5·18 광주'의 참사 후 미
쳐버린 '그녀'의 '1인칭 내적 독백', 세 번째로 '그녀'를 만나고 변화하게
되는 '남자'를 바라보는 '인물적 서술'이다. 이 글은 세 가지 시점으로 구

---

21 채트먼, 한용환 역, 「영화 각색의 새로운 유형」, 『내러티브』, 한국서사연구회,
    2000, 가을·겨울, 262쪽.

분된 서술이 각 장에서 시점이 변화됨으로써 주제를 구현하는 서술 전략을 분석하였다. 또한 이 세 가지 시점을 통해 '5·18 광주민주항쟁'의 문제를 독자에게 보다 가까이 다가가게 하려는 의도와 그럼에도불구하고 현재 독자들은 여전히 거리를 가질 수밖에 없다는 주제가 구현된다. 그러므로 이 소설은 시점의 차이가 바로 주제인 것이다. 그러므로 이 소설을 논의하는 데 있어 시점의 문제는 상당히 중요하다.

「저기 소리 없이 한 점 꽃잎이 지고」는 장선우 감독에 의해 〈꽃잎〉(1996)이라는 제목으로 영화화되었다. 이 글은 원작소설에서의 세 시점을 영화가 어떻게 실어 나르며 주제와 관련을 맺는지의 관계를 보다 집중적으로 탐구하고자 했다.

시점이 다른 10장으로 분절된 소설과는 달리 장문일과 장선우가 각색한 시나리오는 138공간으로 분절되어 있다. 이 글은 우선 소설의 세 가지 시점 간의 거리와 낙차에 주목하며, 세 가지 시점과 영화에서의 미장센과의 관계를 모색하여 그 의미를 찾아보고자 한다. 그리하여 시점 논의에 있어 소설이 '누가 말하는가'와 '누가 보는가'의 두 요소로 설명될 수 있는 데 비해, 영화에서는 소설에서의 서술이 시각적 요소와 청각적 요소로 나누어지는 차이점에서 빚어지는 양상을 논의하고자 한다. 그 다음으로는 최윤의 작품을 해석하는 장선우의 세계관에서 빚어지는 소설과 영화의 차이를 논하고자 한다.

이 글은 소설에서의 시점이 영화에서 어떻게 표현되는가의 기제를 밝히고자 한 것이다. 이를 위해 이 글은 서술자아와 인물인 경험자아 간의 거리, 수용자인 독자(관객)와 창조자인 작가 간의 거리를 추적하여 소설과 영화 텍스트를 수용자가 '5·18 광주민주항쟁'의 문제를 어떻게 받아들일 수 있는가에 접근해보았다. 결국 소설과 영화 텍스트는 '5·18 광주'의 문제를 바로 우리의 문제로 인식하게 만들지만 우리는 시간적으로 심정적으로 '5 · 18 광주민주항쟁'과는 거리가 있다는 것을 말하고 있다고 분석하였다. 이것을 소설은 각 장을 분절하여 표현하였고, 영화는 연결성 속에서 표현하고 있지만, 영화와 소설 모두 '5 · 18 광주'에 대해 수용자가 갖는 심리적 '거리'라는 주제를 구현하고 있다는 것을 시점 논의를 통해 밝혔다.

『완득이』의 서술 전략과 영화화 연구

1. 머리말

이 글은 텍스트에 대한 분석은 내용과 형식 모두에서 논의되어야만 한다는 입장에서 출발한다. 창비청소년문학상 수상작인 『완득이』[1]는 다문화를 주제로 한 텍스트라는 점도 의의가 있지만, 욕설과 은어가 난무하는 언어 사용 측면에서 특징적이다. 이 글은 불량한 어투로 말하는 고등학생의 입과 눈을 통해 서술하는 청소년 소설 『완득이』의 서술 상황이 시점 면에서 독특하다는 점에 주목하여 서사론적 관점에서 접근하고자 하며, 또한 서술 층위에서의 표현을 작가가 담아내고자 하는 다문화라는 주제와 관련하여 읽어냄으로써 내용과 형식의 관련성 속에서 텍스트에 접근하고자 한다. 그동안 소설 『완득이』에 관한 연구는 적다고 볼 수는 없지만, 대부분 성장소설, 다문화 교육적 측면에서만 접근되어왔다.

이 글은 우선 서사론적 관점에서 접근하고자 한다. 슈탄젤은 『소설의

---

1   김려령, 『완득이』, 창비, 2008.

이론』[2]에서 양식, 인칭, 시점으로 구분하여 서술 상황을 설명하면서 인물이라는 말 대신 경험자아, 화자라는 말 대신 서술자아라는 용어를 사용하고 있다.

작가 김려령이 불량한 청소년 완득이를 주인공이자 서술자로 정하여 욕설을 섞어가며 불량한 어투로 서술하는 이유는 단순이 읽는 재미만을 위해서는 아닐 것이다. 주인공이자 서술자인 완득이가 하는 말이 독자와의 소통에 있어서 특별한 기여를 할 수 있게 서술 전략을 설정한 탓일 것이다.

이에 이 글은 작가의 관념적 시점이 어법적 시점과 어떻게 관련 맺는지에 관한 이론적 바탕이 되는 우스펜스키의 이론을 일정 부분 적용하고자 한다. 우스펜스키는 시점을 하나의 관념적이고 평가적인 위치로 생각하는 관념적 수준의 시점, 언어적 의미에서의 어법적 수준의 시점, 사건들에 대한 묘사를 하는 서술자의 공간적이고 시간적인 위치로 본 시공간적 수준의 시점, 지각적 특성의 측면에서 본 심리학적 수준의 네 가지 수준[3]에서 살핀 바 있는데, 이 네 가지 수준의 시점은 작가의 서술 전략을 살피기에 용이한 틀을 제공한다고 볼 수 있다. 또한 우스펜스키의 방법론은 "시점 분석에 있어서 그 대상이 되는 작품의 '언어적 질료'에 대한 관심을 환기시켰다는 점에서 의미가 있다"[4]는 점에서 서술자와 인물의 언어에 욕설과 은어가 나타나는 점이 특징인『완득이』의 분석에 적절하다고 볼 수 있다.

2   슈탄젤,『소설의 이론』, 김정신 역, 탑출판사, 1994.
3   보리스 우스펜스키,『소설구성의 시학』, 김경수 역, 현대소설사, 1992, 28쪽.
4   김경수, 「소설의 인물지각과 서술태도─오정희의 〈별사〉」, 한국소설학회 편, 『현대소설 시점의 시학』, 새문사, 1996, 487쪽.

"허구화된 주인공 서술자의 경우는 비록 회상을 통한 자신의 내면적 · 외면적 삶에 대한 직접적인 접근이라는 이점을 갖고는 있지만, '서술하는 나'와 '경험하는 나' 사이의 시간적 · 정서적 · 도덕적 거리감"[5]이 있기 때문에 전적으로 신뢰할 수는 없다. 특히 『완득이』의 서술자는 웨인 부우드가 말하는 '믿을 수 없는 서술자'에 속한다. '믿을 수 없는 서술자'란 서술자 자신의 어떤 특별한 치우침이나 오류로 내포작가의 규범에 맞지 않을 뿐 아니라 독자의 공감도 상실하는 서술자[6]를 말한다. 이러한 서술자의 서술은 믿을 수 없기 때문에 독자는 내포작가와 담합을 하여 서술자의 서술을 반어적으로 읽게 된다. 김려령의 서술 전략은 바로 이런 점을 노린 것이다.

소설 『완득이』는 극단 김동수 컴퍼니에서 2009년부터 여러 차례[7] 공연된 바 있다. 그러나 "학원별곡 시리즈 1", "폭소특급", "유쾌, 상쾌, 통쾌"라는 홍보 멘트처럼 희극적 재미를 강조하다 보니, 다양한 해석과 감동적 메시지까지는 이끌어내지 못해 큰 반향을 일으키지는 못한 것으로 판단된다.

---

5   이수정, 「'믿을 수 없는' 일인칭 서술 – 1920~30년대 단편소설」, 위의 책, 173~174쪽.

6   웨인 C. 부우드, 『소설의 수사학』, 이능우 · 최재석 역, 한신문화사, 1987, 74쪽.

7   첫해 공연 : 김동수플레이하우스, 2009.7.17~2009.8.30, 2009.10.30~2009.12.13
두 번째 해 공연 : 김동수플레이하우스, 2010.4.15 ~ 2010.5.30, 2010.12.17~2011.02.27.
세 번째 해 공연 : 김동수플레이하우스, 2011.5.17~2011.7.24, 2011.9.8~2011.10.08 / 인천서구문화회관 대공연장, 2011.05.14 / 거창국제연극제 초청공연, 2010.8.2~2010.8.3 / 국립극장 다문화 페스티벌 초청공연(달오름극장), 2011.7.28~2011.7.30.

그러나 이한 감독에 의해 만들어져 2011년 10월 20일에 개봉한 영화 〈완득이〉는 캐릭터와 디테일이 잘 살아 있으면서도, 공감도 높은 감동적 메시지까지 이끌어내어 개봉 6주 만에 500만이 넘는 관객을 동원하였다. 이 글은 소설의 영화화에만 집중하여 다루고자 한다. 한국 문학에 '믿을 수 없는 1인칭 서술'이 등장한 작품은 김유정의 「봄봄」, 채만식의 「치숙」 등 다수 있지만, 이러한 서술로 된 원작이 영화화된 경우는 드물다. 이에 영화 〈완득이〉를 통해 '믿을 수 없는 1인칭 서술'이 객관적인 카메라의 시점에서 어떻게 구현되는지를 살펴보고자 한다.

또한 이 글은 주제 면에서 소설과 원작에 비교적 충실한 영화 모두 다문화 텍스트라는 점에 주목하고자 한다. 소설의 주인공 완득이의 어머니는 베트남 사람이며, 영화에서는 필리핀 사람으로 되어 있다. 그리고 담임교사 이동주는 외국인 노동자들의 처우 개선을 위해 노력하고 쉼터를 제공해주는 사람이다. 다문화가정 자녀인 완득이가 그동안 몰랐던 어머니를 받아들이는 과정은 가족이기에 자연스럽고 당연하다. 그러나 자신의 전 재산을 들여 외국인들의 쉼터를 만들고 심지어 외국인 노동자의 처우 개선을 위해 자신의 아버지를 고발하기까지 하는 교사 이동주의 모습은 '남을 섬김에서 주체의 탄생'을 보는 '절대적 환대'[8]의 전형을 보여준다. 이 글은 이 점에 대해 서술과 관련하여 접근하고자 한다. 그리하여 내용과 형식의 관련성을 밝히고자 한다.

이 글은 영화가 개봉 중일 때 작성하였으므로 영화 〈완득이〉와 관련된 첫 논문이라고 볼 수 있다.

---

8   레비나스, 『윤리와 무한』, 양명수 역, 다산글방, 2005, 14쪽.

2. 소설 『완득이』의 시점과 서술 전략

『완득이』의 서술적 특성은 서술자아가 물러나 있고, 경험자아가 점차 강조된다는 점이다. 그러므로 이 소설을 논의하는 데 있어 시점과 거리의 문제는 상당히 중요하다. 그러나 이 소설의 연구는 다소 있지만,[9] 서사론적 관점에서 시점에 집중적으로 천착하여 논의를 전개하는 논문은 드물다. 인물과 서술자가 같은 1인칭 서술인 경우 인물의 말과 서술자의 말이 결합하는 양상을 보이는 경우가 많다. 즉 슈탄젤식으로 말하면 경험자아와 서술자아가 같기 때문에 인격적 통합[10]이 있게 되는데,『완득이』의 경우는 '지금 그리고 여기'에 함께 하는 서술자로 경험하는 시간과 서술하는 시간과의 차이조차 없기 때문에 인물의 말이 바로 서술자의 어투로 스며드는 것이다. 일반적으로 소설에서 대사는 인물의 말이며, 지문은 서술자의 말이다. 그러나『완득이』의 경우는 지문도 인물의 말과 닮아 있다. 이는 상당히 많은 자유간접화법 탓이다.

> "새끼가 왜 이제 나와, 햇반 하나만 던져!"
> 기초수급자 학생에게 나온 햇반을 뺏어 먹는 담임은 똥주밖에 없을

---

9 김지형, 「순진함으로서의 "학생" 표상 고찰 –『완득이』,『열일곱 살의 털』을 중심으로」,『한국아동문학연구』, 한국아동문학학회, 2009, 206~226쪽.
   김화선, 「청소년 문학에 나타난 '성장'의 문제」,『아동청소년문학연구』제3호, 한국아동청소년문학학회, 2008, 279~300쪽.
   김미영, 「다문화 사회와 소설교육의 한 방법 – 김려령의《완득이》를 중심으로」,『한국언어문화』제42호, 한국언어문화학회, 2010, 79~104쪽.
   이은희, 「다문화 시대의 성장소설로서『완득이』읽기 교육 방안」, 아주대학교 교육대학원 석사학위 논문, 2011.
10 슈탄젤, 앞의 책, 96쪽.

것이다. 나는 다시 방으로 들어가 햇반을 가지고 나왔다. 그리고 똥주 머리를 노리고 던졌다. 맞고 죽어라. 빗나갔다⋯⋯.

"왜 백미밥이야? 그저께 흑미밥 나왔잖아!"

"어제 다 먹었어요."

"아껴 좀 먹어, 새끼야!"

아, 재수 없어⋯⋯. 누가 수급 대상자로 해달라고 했나. 중학교 때도 그런 혜택 받아 본 적 없었다. 그런데 고등학교에 와서 담임 똥주가 '경제 사정 곤란'이라는 사유로 나를 수급 대상자로 만들었다. 나쁠 건 없다. 학비도 감면해주고 급식도 공짜로 주니 아버지 힘든 어깨를 가볍게 해 줄 수 있어 좋다. **다만 똥주가 더럽게 생색내는 바람에 보기 싫어 죽겠다.** 그리고 내 수급품을 먹어치운다.(19~20쪽. 강조 : 인용자)

인용문 중 강조된 문장은 1인칭 서술에서의 자유간접화법이다. '맞고 죽어라'의 일반적인 간접화법 형태는 '던진 것을 맞고 죽었으면 하고 생각했다'가 될 것이다. 그러나 인물의 말처럼 서술되어 있다. "자유간접문체는 경험자아만 완전히 강조될 때, 그리고 서술자아는 강조되지 않을 때, 참말로는 서술자아가 나타나지 않을 때만 1인칭 소설에서 발견된다."[11] 자유간접화법에서뿐 아니라 『완득이』는 경험자아가 전면에 드러나고 서술자아가 뒤로 숨은 서술이 대부분이다. 그럼으로써 완득이의 지각과 인식이 독자들에게 자연스럽게 전달되도록 서술되어 있다. 즉 서술자아보다는 경험자아가 전경화되어 서술자가 중개한다는 느낌보다는 인물이 직접 말을 하는 것처럼 서술되어 있다. 그럼으로써 독자와 인물과의 거리를 좁히고자 하는 작가의 의도가 담겨 있다.

담임 선생인 이동주를 어떻게 생각하는지에 대한 완득이의 태도에 접근하기 위해 우스펜스키가 말하는 관념적 시점을 분석해보자. 우스펜

---

11 위의 책 316쪽.

스키는 관념적 시점에서 서술자가 기술하는 대상에 대한 태도를 입증할 때 사용하는 형용어구[12]에 주목하고 있다.『완득이』에서의 특별한 형용어구는 서술자의 관념적 시점을 대변한다. "조폭 스승, 담임 똥주"(10쪽)와 "사람 좋은 민구 삼촌"(18쪽) 등은 서술자의 태도를 분명히 해준다. 서술자는 민구 삼촌에게는 호의를 가지고 있지만, 담임교사 이동주에게는 비호의적이라는 것을 말해준다. 또한 "똘아이 혁주가 아니라 범생이 준호였다"(60쪽)라는 형용어구 역시 준호에게는 호의를 가지고 있지만, 혁주에게는 비호의적이라는 것을 말해준다.

우스펜스키는 어법적 시점에서 '명명'에 주목하고 있다. "한 편의 문학 작품에서, 한 사람의 인물은 여러 개의 다른 이름으로 불릴 수 있으며, 다양한 직함들에 의해 지칭될 수 있다."[13] 인물과 1인칭 서술자 모두 담임교사 이동주를 '똥주'라고 명명하는 것은 서술자가 담임에 대한 존경심이 없다는 것을 보여준다. 그러나 소설이 진행되면서 독자들은 담임 이동주가 완득이에게 베풀어주는 여러 가지 일들에 대해 알게 되고, 완득이 자신도 담임 선생을 무척 의지하고 있다는 것을 알게 된다. 계속해서 '똥주'라 불리던 이동주 선생은 후반부로 가면 '선생님'이라는 호칭으로 서술자가 말한다.

> "선생님, 요즘에는 영업장인가 회산가 신고 안 하세요?"
> "다 먹고 살자고 하는 일인데, 예술 좀 하면서 하면 안 되냐?"
> 어찌나 예술적이신지. 나는 **선생님** 국그릇에 내 고기를 덜어주었다.
> "새끼, 철들었네."(220쪽. 강조 : 인용자)

---

12 우스펜스키, 앞의 책, 39쪽.
13 위의 책, 57쪽.

위의 문장에서부터 선생님이 나오기 시작하며 아래의 소설을 끝맺는 마지막 문장 역시 선생님이라는 호칭이 나온다.

> 이런, 똥주다. 이제는 새벽부터…. 지금 **선생님** 찾은 거 아니거든요. 갑자기 동사무소 뒤에 있는 십자가가 맘에 들기 시작한다.(234쪽. 강조 : 인용자)

이처럼 '똥주'라고 부르던 담임교사 이동주를 '선생님'으로 부르며, "십자가가 맘에 들기 시작한다"는 것은 이동주 선생님이 완득이의 맘에 든다는 표현이다. 즉 그동안 완득이가 표현했던, "남의 자존심을 긁어야 직성이 풀리는 인간. 안 해도 될 말을 굳이 끼워 넣어서 웃음거리로 만들고 마는 인간. 내가 한 잘못을 나한테서 끝내지 않고 아버지까지 들먹이는 너절한 인간이다."(31쪽)나 "이건 뭐, 자기가 먹으려고 수급대상인 제자한테 배달시키니, 천하의 야비한…."(12쪽) 등에서 볼 수 있는 서술자의 평가로 인해 독자는 이동주에게 비호감을 가지게 된다. 그러나 소설이 진행되면서 독자는 이동주 선생이 편애에 가까울 정도로 완득이를 사랑하고 위해주는 스승이며, 외국인 노동자들을 도와주는 훌륭한 사람이라는 사실을 알게 된다. 이는 서술자가 '믿을 수 없는 1인칭 서술자'이기 때문이다. 웨인 C. 부우드에 의해 처음 제기된 '신빙성'이라는 개념은 "작품 전체의 지배적 규범이라고 할 수 있는 '내포작가'에 준하여 생겨나는 서술자와 서술내용에 대한 거리의 양상으로 설명하고 있다. 특히 '믿을 수 없는 서술자'가 서술하는 경우에는 작가의 고의적인 수사 전략이 농후하고, 은폐되고 위장된 진실을 해명하기 위한 독자의 이해력과 인내도 부단히 요구되기 때문에 의미 전달의 효과가 커질 수 있다고 보았다."[14]

---

14 이수정, 앞의 글, 171쪽.

즉 청소년소설『완득이』는 고등학생 완득이가 서술자로서 기능함으로써 일단 서술자가 성숙하지 못하기 때문에 내포작가의 관념적 시점과는 거리가 생긴다. 이는 소설「치숙」에서의 어린 서술자가 삼촌의 한심한 행동을 이해할 수 없다는 식으로 묘사하는 서술과 크게 다를 바 없다. 어린 조카가 삼촌을 한심하게 서술하고 있지만, 소설이 진행되면서 독자들은 내포작가와 결탁하여 삼촌이 독립운동을 하는 지식인이라는 점을 알게 된다. 이와 마찬가지로 완득이는 담임 교사인 이동주를 싫어하며 똥주라고 부르고, 심지어 죽여달라고 하나님께 기도하는 인물이다. 그러나 사실은 완득이가 유일하게 의지하는 인물은 그에게 어머니를 찾아주고, 그를 도와주는 담임이다. 이는 작가 김려령이 서술자를 고등학생 완득이로 설정하고 담임 이동주에 대한 비호감이 호의와 감사로 바뀌는 과정을 아니러닉한 서술 전략을 사용하여 서술한 데서 기인한다.

흔히 서술자는 인물이나 독자가 모르는 것을 미리 알고 있거나, 정보 면에서 앞서 있는 것이 대부분이다. 그러나 이러한 믿을 수 없는 서술자의 경우 서술자가 인물보다 더 잘 알고 있지 못하다. 그러므로 평가적 서술은 할 수 없고 인물과 사건에 관한 설명을 서술자의 제한된 시점 내에서만 할 수 있을 뿐이다. 이러한 점이 이 작품의 유머러스한 측면을 강화시킨다.

> "아버님이 말 안 해?"
> **어머니라…. 아버지는 어머니에 대해 한 번도 말한 적 없고, 나도 들은 적 없다. 그런데 똥주가 어머니 이야기를 한다. 그것도 베트남 사람이란다.**
> "네가 아버지 안 닮았다고 했더니 좋아하시더라. 많이 걱정했나 봐."
> "저 어머니 없는데요."
> "있어, 새끼야. 전부터 느낀 건데, 너네 집 가계도는 뭐가 이렇게 정

직하냐. 구성원 하나하나가 참······."

**하나님, 이번 주 안으로 똥주 꼭 죽여줘야 합니다. 안 그러면 교회
폭파시킵니다.**(41쪽. 강조 : 인용자)

위의 인용문들에서처럼 담임 선생님을 미워하던 완득이가 자신의 집
에 몰래 들어왔던 담임 선생을 도둑인 줄 오해하여 걷어찬 후 쓰러진 담
임 선생님을 업고 뛰어가면서 살려달라고 기도를 하게 되는 아이러니에
서 유머가 발생한다.

> 뻣뻣하게 굳은 동주가 자꾸 등에서 흘러내렸다. 나는 똥주를 계속
> 바로 업으면서 달려야 했다. 옥탑방에서 큰 길까지 이렇게 먼 줄 처음
> 알았다. 죽지 마, 죽지 마, 하나님 잘못했어요. 그냥 다 잘못했다고요!
> 똥주 좀 살려주세요. 생각해 보니까 똥주가 별로 나쁜 사람 같지 않아
> 요. 나쁜 놈들 세상에 깔렸잖아요. 지금까지 살려줬으면 계속 살려주
> 세요. 살려주세요······.(127쪽)

담임 선생님에 대한 완득이의 태도 변화는, 즉 속마음은 독자에게 유
머러스하면서도 자연스럽게 교사 이동주에게 호감을 가지게 만든다. 그
러나 살려달라고 할 때는 언제고 후반부에도 여전히 담임 선생님을 죽이
고 싶다는 말이 나타난다.

> 겉으로 드러난 몇 가지만 가지고 내 모든 것을 다 아는 것처럼 떠드
> 는 똥주. 외국인 노동자를 부리는 집에서 태어나, 지금 외국인 노동자
> 와 함께 한다고 그 사람들을 다 아는 것처럼 행세하는 똥주. 이것이 바
> 로 내가 똥주를 죽이고 싶었던 진짜 이유다.(197쪽)

완득이의 속마음이 독자들에게 들킨 후에 나타나는 '똥주를 죽이고 싶

다'는 서술자의 말은 완득이가 교사 이동주에게 어리광을 부리는 것으로 밖에 보이지 않는다. 독자들은 이제 서술자의 말에 속지 않는 것이다. 텍스트의 표층적 의미와 심층적 의미가 차이가 날수록 독자들은 텍스트의 이중적 의미를 적극적으로 해석하며 읽게 된다. 즉 로만 잉가르덴이 강조하던 '불확정 영역'이 넓어지며, 적극적 독서 행위가 이루어지게 된다. 바로 이런 점이 텍스트 읽는 재미를 만드는 김려령의 서술 전략인 것이다.

또한 담임 교사 이동주는 완득이의 모든 것을 도와주는 사람이다. 담임교사가 아무리 어려운 형편에 있는 학생이라고 할지라도 한 학생을 위해 어머니를 찾아주고, 자신의 가난한 처지를 비관하지 않게 만들기 위해 같이 햇반도 같이 나눠 먹고, 특성에 맞춰 킥복싱 학원에 다닐 수 있도록 야간자율학습도 제외시켜준다면 편애라고 할 것이다. 그러나 도움을 받는 완득이가 그를 죽이고 싶어 한다는 말을 입버릇처럼 하고 있는 경우라면 독자들은 편애라고 느껴지지 않는 것이다. 더구나 이동주 선생은 부드럽게 말하지 않는다. 막말과 욕설로 완득이한테 대한다. 이런 장치들이 독자에게 이동주 선생이 완득이를 편애한다고 느껴지지 않게 만들지만, 소설을 다 읽은 다음 다시 생각해보면 편애라고 생각이 드는 것이다. 이 점이 바로 서술 전략인 것이다.

이 소설에서 주목할 점은 이동주 선생의 막말과 욕설이다. 이에 대해 기존의 연구에서는 "똥주는 기존의 어른 이미지를 전복시키는 것이 아니라, 어른들이 청소년과 소통하는 방식을 전복시키고 있는 것"[15]이라고 보기도 하고, "동주가 이주노동자를 위한 활동을 하고 있는 것을 알고 있는

---

15 김화선, 앞의 글, 291쪽.

완득이는 동주에게 윤리적인 기대감을 갖고 있다고도 해석될 수 있다"[16]고 보기도 하며, "담임선생과 제자가 말끝마다 붙이는 이 욕설은 친밀감을 드러내는 장치이다. 완득이는 담임선생과 대화를 하면서 그동안 닫아놓은 마음의 문을 열기 시작한다."[17]고 보기도 한다. 이동주라는 캐릭터의 막말 언어 역시 캐릭터 특성화를 언어로 표현한 김려령의 서술 전략에 속한다.

3. 소설의 영화화에서의 시점의 변용

이 글은 소설에서의 서술의 특성이 영화화될 때 어떻게 변화되어 표현되고 있으며, 그 의미와 효과는 무엇인가에 초점 맞추고자 한다. 이 글은 우선 소설의 시점과 영화에서의 미장센(Mise-en-Scène)과의 관계를 모색하여 그 의미를 찾아보고자 한다. 그리하여 시점 논의에 있어 소설이 '누가 말하는가'와 '누가 보는가'의 두 요소로 설명될 수 있는 데 비해, 영화에서는 서술자 대신 주로 카메라가 보는 관점의 외적 초점화가 중심이 된다. 그러나 인물의 지각으로 보는 시점쇼트와 플래시백 등으로 내적 초점화되는 방식으로 부분적으로 진행된다. 또한 '1인칭 서술'의 시각화하기 어려운 '서술자아'의 부분은 대부분 '음성전이 또는 화면 밖 목소리'로 번역되는 보이스-오버-내레이션(voice-over-narration)[18]을 사용하

16 김지형, 앞의 글, 214쪽.
17 김미영, 앞의 글, 88쪽.
18 토마스 소벅 · 비비안 C. 소벅, 『영화란 무엇인가』, 조창규 외 역, 거름, 1998, 167~171쪽.
    (영화의 등장인물에게는 들리지 않지만 사람의 목소리로 발화되어 관객에게 전

게 된다. 『완득이』는 1인칭 서술이다. 1인칭 서술이 영화화될 때에는 보이스-오버-내레이션이 많이 나타난다. 영화 〈완득이〉 역시 오프닝부터 내레이션으로 시작된다. "내가 가진 아버지에 대한 첫 기억은 굽은 등과 작은 키로 카바레에서 춤을 추던 기억이었다. 카바레는 나와 아버지의 집이었고, 내가 보는 세상의 전부였다." 이후 '완득이'라는 타이틀이 나오고 그 이후에 나오는 첫 내레이션은 "세상에 효자였던 민구 삼촌은 키 작은 아버지를 유일하게 어른으로 생각하는 사람이다."로, 이러한 내레이션은 소설에서는 나오지 않는 완득이의 과거 어린 시절의 모습이 플래시백된 장면에서 함께 나온다. '지금 그리고 여기'가 강조되던 소설의 서술은 영화에서는 완득이라는 인물의 삶을 보다 입체적으로 보여주기 위해 과거 플래시백 장면이 필요하게 된 것이다.

또한 완득이의 내레이션은 영화의 마지막 부분인 다문화센터 개원일 장면에 상당히 길게 나타난다. "오늘은 다문화센터가 문을 여는 날이다. 옆집 아저씨의 직업은 화가였다. 꽤 많은 분이 오셨다. 춤에 대한 이론은 아버지가, 민구 삼촌은 실습을 담당한다. 어머니는 외국인들에게 요리를 가르치신다고 한다. 호정 누나는 한글 교육을 맡았다."라는 내레이션 다음으로는 완득이와 난쟁이 아버지의 사진이 있는 액자 위에 어머니의 사진이 꽂히는 장면이 연결된다. "어머니가 한 집에서 살고 있는 모습이 잘 상상이 되지 않는다."는 내레이션은 소설보다 내용이 추가된 부분이다. 축제 분위기와 해피엔딩으로 대단원을 정리하는 방식으로 영화는 진

달되는 말이 내레이션이다. 즉 영화 속에 들어 있기는 하지만 이야기나 영화의 허구 세계 외부에 자신을 위치시킨다. 실제로 내레이터는 그때 일어났던 일을 지금 우리에게 말하고 있기 때문에, 플래시백을 중심으로 구성된 많은 영화들은 내레이션을 사용한다.)

행된다. 소설에서의 지문이 영화에서 내레이션으로 처리되는 부분이다.

원작을 많이 살려 영화화할 경우 '믿을 수 없는 1인칭 서술'은 완득이의 독백이나 내레이션으로 처리될 수밖에 없다. 그러므로 믿을 수 없는 1인칭 서술자가 중개함으로써 갖게 되는 이동주 선생에 대한 비호감은 이동주 선생의 행동과 완득이의 독백을 통해서만 드러난다. 그러므로 소설에서 표층적 의미와 심층적 의미의 차이가 만드는 이중적 의미를 읽어내는 재미가 있었다면, 영화에서는 캐릭터 형성과 대사에서 더 많은 것을 표현할 수밖에 없다. 영화 〈완득이〉의 경우 담임교사 역의 김윤석과 완득이 역의 유아인, 옆집 아저씨 역의 김상호가 캐릭터를 잘 살려 영화적 완성도를 높여주게 된 것이다.

또한 영화에서 명명에 관해 추가된 것이 있다. 바로 "얌마, 도완득"이다. 영화에서 완득이는 "위인들에게는 호가 있다. 도산 안창호, 백범 김구"라는 내레이션이 끝나자마자 이동주 선생의 "얌마, 도완득"이라는 말이 꽂힌다. 도완득을 '얌마'라고 부르는 담임 교사 이동주의 완득을 부르는 호칭은 친근하다. 영화에서의 '얌마'는 여러 번 강조되면서 교사 이동주와 완득이와의 관계의 친근성을 확정해준다.

앞장에서 분석한 소설에서의 1인칭 서술은 시점쇼트나 완득이의 얼굴이 클로즈업되는 장면에서 드러나게 된다. 언어 표현 매체인 문학작품은 독서 과정을 통해 독자의 머릿속에 다이제시스(diegesis)되면서 소통한다. 그러나 영화라는 영상 매체로 각색될 때는 직접적이고 구체적인 이미지로 전이되어 소통된다. 1인칭 제한적 시점인 소설이 영화화된 〈완득이〉에서는 완득이의 시점쇼트가 많이 나온다. 시점쇼트(Pont of View Shot)는 "서사의 영상적 전달 방식에서 이야기 세계에 속한 인물의 눈에 의해 제시된 쇼트를 말한다. '어떤 대상을 보여주는 쇼트→그 대상을 바라보는 인물 쇼트→다시 보이는 대상 쇼트'일 때 다시 보이는 대상은 앞선 쇼트의 인물이 바라본 대상이다."[19] 즉 완득이의 얼굴이 클로즈업되고, 그다음 장면에서 완득이가 생각하거나 상상하는 내용이 화면에 나타나고 그다음 다시 완득이 얼굴을 보여주는 시점쇼트가 많다.

이처럼 영화가 서술자의 말을 표현하는 데는 제한이 있기 때문에 초점화 양상이 달라질 수 있지만, 영화이기 때문에 더 설득력 있게 전달되거나 다양하게 표현될 수 있는 점도 많다. 어머니의 신발을 사러 간 에피소드에서 볼 때, 소설에는 모자간의 끈끈한 정이 그리 강하게 드러나지 않지만, 영화에서 어머니가 완득이가 사준 새 신발을 신고 버스를 기다리다 완득이를 안아보는 장면에서는 진한 감동으로 다가오기도 한다.

또한 소설은 고등학생인 완득이의 시점이므로 자신이 알 수 없는 담임선생님의 연애 상황은 자세히 묘사할 수가 없다. 1인칭 서술자는 그만큼 제한적이다. 그러나 영화의 객관적 카메라는 완득이가 없는 상황도 보여줄 수 있다. 이동주 선생과 실존주의 무협소설이라는 알 수 없는 장르의 소설을 집필하는 호정이라는 여성과의 로맨스가 그렇다. 욕쟁이 옆집 아저씨의 여동생으로 등장하는 호정과 담임선생과의 로맨스는 소설에는 없는 부분으로 관객에게 잔잔한 웃음을 머금게 하는 유머러스한 요소로 나타난다. 또한 아버지가 성남 음식점에서 일하는 어머니를 만나러 가는 장면도 서술자 완득이의 영역을 넘어서기 때문에 소설에서는 직접 보여주기 힘들지만, 영화에서는 가능해진다.

이처럼 소설에서의 '믿을 수 없는 1인칭 제한적 시점'의 특징은 영화에서는 내레이션과 시점쇼트로 표현되는데, 영화에서는 소설보다 객관적으로 표현된다고 할 수 있다.

---

19 김성진, 「영화《피바다》연구」, 『語文論集』 제35집, 中央語文學會, 2006, 109쪽.

4. 다문화 텍스트의 형상화 양상

원작 『완득이』를 상당히 충실하게 영상으로 옮겨놓은 영화 〈완득이〉 모두 다문화 텍스트이다. 물론 완득이 아버지가 난쟁이라는 점과 민구 삼촌이 약간 모자라는 말더듬이라는 점으로 약자의 삶을 그린 작품이라는 특성도 있지만, 이 글에서는 다문화 텍스트라는 점에 집중하고자 한다. 소설의 주인공 완득이의 어머니는 베트남 사람이며, 영화에서는 필리핀 사람으로 되어 있다. 그리고 담임 교사 이동주는 외국인 노동자들의 처우 개선을 위한 여러 가지 노력과 쉼터를 제공해주는 사람이다. 이 글에서 문제 삼고자 하는 것은 〈완득이〉의 어머니처럼 한국으로 결혼해 온 여성 결혼이주자, 또는 이들이 이루는 다문화가정에 대한 문제와 외국인 노동자를 대하는 한국인들의 태도이다.

다문화 텍스트 분석에서 중요한 점은 외국인이라는 타자에 대한 주체의 시각이다. 주체의 시각에 따라서 외국인이라는 타자가 주체와 어떻게 화합하게 되느냐가 결정되기 때문이다. 그런 점에서 이 글은 타자와의 연대 형성에 대한 레비나스의 이론을 이론적 기반으로 삼을 수 있을 것으로 본다. 레비나스에게 있어서 타자는 "나와 똑같은 위치에 있지 않고 거주하며 노동하는 나에게 윤리적 요구로서 임하는 무한자로, 내가 어떠한 수단을 통해서도 지배할 수 없는 절대적 외재성으로 묘사된다. 타자의 출현과 더불어 내가 타자를 영접하고 대접할 때 진정한 의미의 주체성, 즉 '환대로서의 주체성'이 성립된다는 것"[20]이다. 그러므로 다문화가족 서사에서 다루는 핵심 갈등인 외국인이라는 타자를 주체인 우리가 어떻게 보고 있는지는 레비나스의 '환대'의 양상으로 살필 수 있을 것이다.

20 강영안, 『타인의 얼굴―레비나스의 철학』, 문학과지성사, 2006, 41쪽.

다문화가정 자녀인 완득이가 어머니를 받아들이는 과정은 가족이 된 외국인의 편입에 대한 환대의 한 양상을 보여준다. 이는 가족이기에 당연한 태도일 것이다. 그러나 자신의 전 재산을 들여 외국인들의 쉼터를 만들고 심지어 외국인 노동자의 처우 개선을 위해 자신의 아버지를 고발하기까지 하는 교사 이동주의 모습은 타자에 대한 절대적 환대의 전형을 보여준다. 물론 타자성에 관련된 이론가 중에는 레비나스의 '절대적 환대'의 개념에 동의하지 않는 알랭 바디우나 리처드 커니 같은 철학자도 있다. 이들은 환대할 수 없는 타자가 있을 수 있으며, 절대적 환대는 종교적인 차원에서는 가능할지 모르나 현실에서는 낭만적인 환상에 불과하며, 절대적 환대라는 개념조차 오히려 주체와 타자를 구분하는 하나의 잣대에 불과하다는 비판을 한다. 그렇다면 생모이기에 환대가 당연시되는 완득이뿐만 아니라, 자신의 아버지를 고발하고 자신의 모든 것을 외국인 노동자를 위해 내어주는 교사 이동주의 모습을 비판적으로 본다면 외국인 노동자나 결혼이주 여성들을 타자로 보고 주체는 타자보다 우월하니까 모든 것을 가진 자의 입장에서 베풀어준다는 입장에 있다는 것으로 비판될 수도 있다. 그러나 『완득이』는 이러한 비판을 서술 전략으로 피해가고 있다.

> "고의로 불법 체류하는 사람도 있지만, 불법 체류자로 만드는 사람도 있습니다. 그래놓고 강제 추방시킨다고 위협하죠."
> "그런데, 그렇게 신고하면 노동자들이 추방당하는 거 아닌가요?"
> "어쩔 수 없이 그런 일이 생기면 일단 우리 교회에 데리고 있습니다. 그런 사고 줄이려고 우리도 조심하고 있고요. 노동자들 인권 유린이 허다해요. 산재보험금은 지들이 처먹고 치료는 노동자 스스로 하게 하죠. 그 사람들 그냥 손가락 하나 자르고 말지 제대로 된 치료 안 해요. 그 치료비면 고국에 있는 가족들이 일 년을 먹고 삽니다."

인권 유린? 이보세요. 이똥주 선생님. 외국인 노동자만 걱정하지 말고 내 인권이나 유린하지 마세요. 제자한테는 빽하면 조폭 새끼니 돌대가리니 해대고, 사생활이나 폭로하면서 무슨 외국인 노동사는 그렇게 챙기십니까! (117쪽. 강조 : 인용자)

외국인 노동자의 쉼터를 만들고 그들의 인권을 위해 노력하는 교사 이동주를 직설법으로 정직하게 그린다면 이 소설은 메시지를 설교하는 재미없는 소설이 되고 말았을 것이다. 그렇게 표현하였다면 보는 사람으로 하여금 메시지에 대한 거부감이나 비판적 시각을 촉발하게 했을지도 모른다. 그러나 서술자 완득이의 비판적인 말이 오히려 교사 이동주의 캐릭터에 대해 '주체는 타자보다 우월하다는 입장'에 서지 않게 만듦으로써 '절대적 환대'에 대해 자연스럽게 받아들여지게 한다. 이를테면 한 아이가 잘못을 해서 야단을 치러 갔는데, 부모한테 이미 야단을 맞고 있다면, 거기에 더하여 야단을 칠 수도 없을뿐더러 오히려 야단 맞는 아이 편이 되고 싶은 마음이 드는 것과 비슷한 이치라고 볼 수 있을 것이다. 서술자가 교사 이동주를 비판적으로 표현하고 있으니까 '절대적 환대'에 대한 비판적 시각이 희석되는 것이다. 이것 역시 김려령의 서술 전략으로 볼 수 있다. 영화에서는 교사 이동주의 캐릭터가 막말 대사와 건들거리는 태도로 구현됨으로써 절대적 환대가 설교가 되지 않고 관객들에게 자연스럽게 받아들여지게 되는 것이다.

그러므로 소설『완득이』는 타자에 대한 절대적 환대라는 일반적으로는 받아들이기 어려운 양상을 '믿을 수 없는 1인칭'으로 서술함으로써 내포작가와 독자의 거리가 더욱 가까워지고 내포작가의 관념을 거부감 없이 받아들이게 되는 것이다. 영화에서는 막말하는 교사 이동주와 완득이의 유머러스한 대사와 태도로 장면화됨으로써 절대적 환대가 거부감 없이 관객들에게 전달되는 것이다.

5. 맺음말

이 글은 텍스트에 대한 분석은 내용과 형식 모두에서 논의되어야만 한다는 입장에서 출발하였다. 먼저 불량한 어투로 말하는 고등학생의 입과 눈을 통해 서술하는 소설『완득이』의 서술 상황이 시점 면에서 독특하다는 점에 주목하여 분석하였다. 담임 선생님을 '똥주'라고 명명하며 그를 싫어하는 어투를 지닌 1인칭 서술자인 완득이는 사실상 이 세상 누구보다도 담임 선생님을 믿고 따르고 있다. 그러므로 이러한 서술자는 웨인 부우드에 의하면 '믿을 수 없는 서술자'라고 말할 수 있다. '믿을 수 없는 서술자'란 서술자 자신의 어떤 특별한 치우침이나 오류로 내포작가의 규범에 맞지 않을 뿐 아니라, 이러한 서술자의 서술은 믿을 수 없기 때문에 독자는 내포작가와 담합을 하여 서술자의 서술을 반어적으로 읽게 된다. 작가 김려령의 서술 전략의 핵심은 바로 이런 점이다.

소설『완득이』는 이한 감독에 의해 동명으로 영화화되어 2011년 10월 20일에 개봉했다. 이 글은 원작에 비교적 충실한 〈완득이〉에서의 카메라의 객관적 시점이 '믿을 수 없는 1인칭 서술'을 어떻게 구현하는지에 대해 살폈다.

영화에서는 소설에는 나오지 않는 완득이의 과거 어린 시절의 모습이 플래시백된 장면으로 나온다. '지금 그리고 여기'가 강조되던 소설의 서술은 완득이라는 인물의 삶을 보다 입체적으로 보여주기 위해 과거 플래시백 장면이 필요하게 된 것이다. '믿을 수 없는 1인칭 서술'은 인물 완득이의 독백이나 내레이션으로 처리될 수밖에 없다. 그러므로 소설에서의 독해가 표층적 의미와 심층적 의미의 차이가 만드는 이중적 의미를 읽어내는 재미가 있었다면 영화에서는 캐릭터 형성과 대사에서 더 많은 것을 표현할 수밖에 없다. 또한 1인칭 서술자는 제한적이지만, 영화에서의 객관적 카메라는 완득이가 없는 상황도 보여줄 수 있다.

또한 이 글은 주제 면에서 소설과 영화 모두 다문화 텍스트라는 점에 주목하였다. 소설의 주인공 완득이의 어머니는 베트남 사람이며, 영화에서는 필리핀 사람으로 되어 있다. 그리고 담임 교사 이동주는 외국인 노동자들의 처우 개선을 위해 노력하고 쉼터를 제공해주는 사람이다. 다문화가정 자녀인 완득이가 어머니를 받아들이는 과정은 가족이 된 외국인의 편입에 대한 절대적 환대의 한 양상을 보여준다. 특히 자신의 전 재산을 들여 외국인들의 쉼터를 만들고 심지어 외국인 노동자의 처우 개선을 위해 자신의 아버지를 고발하기까지 하는 교사 이동주의 모습은 타자에 대한 절대적 환대의 전형을 보여준다.

이 글은 소설 『완득이』는 타자에 대한 절대적 환대라는 일반적으로는 받아들이기 어려운 양상을 '믿을 수 없는 1인칭 서술'로 서술함으로써 내포작가와 독자의 거리가 더욱 가까워지고 내포작가의 관념을 거부감 없이 받아들이게 된다는 점을 밝혔다. 또한 영화 〈완득이〉에서도 막말을 하는 캐릭터들의 유머 전략을 통해 절대적 환대의 양상이 설득력 있게 전달되는 효과가 있다는 점을 밝혔다는 데에 의의가 있다.

1인칭 소설의 영화화

■ 「우리들의 일그러진 영웅」을 중심으로

1. 머리말

서사체로서 문학과 영화에 관한 연구는 서술체에만 적용되었던 서사론을 영화에 적용시킨 이론가[1]들의 연구 성과에 힘입어 최근에 와서 상당히 다양하게 접근되고 있다. 그럼에도 불구하고 원작소설이 영화화될 때 나타나는 상호텍스트성의 문제나 서사론적 관점에서 시점의 문제를 깊이 있게 논의한 연구는 찾아보기 어려운 실정이다. 특히 한국 소설이 영화화된 것에 대한 논의[2]는 관점과 입장이 제대로 정리되지 않았던 이

---

1   채트먼, 『영화와 소설의 서사구조』, 김경수 역, 민음사, 1990.
      채트먼, 「영화 각색의 새로운 유형」, 『내러티브』, 한용환 역, 한국서사연구회, 2000, 가을·겨울호.
      스티븐 코핸·린다 샤이어스, 『이야기하기의 이론』, 임병권·이호 역, 한나래, 1997.
2   김태관, 「소설의 영화화 과정에 관한 서사학적 요소의 연구」, 동국대학교 연극영화학과 석사학위 논문, 1990.
      백연희, 「영화의 서사화법 연구 및 분석」, 한양대학교 신문방송대학원 석사학위

방면에서 방향을 잡는 역할을 했다는 것을 부인할 수는 없으나, 특정한 서술과 시점이 영화화될 때 나타나는 현상들을 검증해내지는 못했다.

이 글은 원작소설이 영화화되는 과정에서 나타나는 영화와 소설의 차이점을 서사론적 측면에서 접근해보고자 한다. 영화화 과정은 감독의 선택에 따라 차이가 나기 때문에 일반적인 변형을 다룬다는 것은 일반화의 오류를 피할 수 없다고 본다. 이 글은 보다 범위를 좁혀, 1인칭 화자가 서술하기 때문에 영화화되기 어려운 1인칭 소설이 영화화되는 과정에서 나타나는 여러 현상을 통해 영화 텍스트와 소설 텍스트의 차이점을 살피고자 한다. 영화에서 카메라가 인물의 외부시점에 주로 존재한다는 것은 작가적 3인칭 소설의 영화화와 1인칭 소설의 영화화에 큰 차이점을 부여한다. 1인칭 서술자가 중개하는 언술을 카메라로 관객에게 전달하기는 쉽지 않기 때문에 상당 부분 변형되거나 영화적 방식으로 표현된다. 이 글은 1인칭 소설 중에서 서술자의 권위적인 개입이 많이 나타나는 화자 서술이며 심리 묘사가 두드러지는 이문열의 「우리들의 일그러진 영웅」3)을 중심으로 분석하고자 한다.

논문, 1994.

임승용, 「소설의 시나리오 각색 연구」, 연세대학교 국문과 석사학위 논문, 1997.

민병기 외, 『한국의 영상문학』, 문예마당, 1998.

김중철, 『소설의 영상화 과정에 관한 연구』, 한양대학교 국문과 박사학위 논문, 1999.

3   슈탄젤은 서술 상황을 인칭 대립항(1인칭과 3인칭), 시점 대립항(내부시점과 외부시점), 양식 대립항(화자 서술과 반영자인물 서술)으로 구분하고 있는데, 「우리들의 일그러진 영웅」의 경우는 1인칭 내부시점 화자 서술에 해당한다. 영화화되는 경우 카메라의 내적 초점화에 의해 소설의 내부시점을 재현할 수 있다. 그러나 1인칭과 화자 서술의 경우 영화화할 때 문제가 된다. 카메라는 '나'인 1인칭이 될 수 없으며, 화자처럼 진술할 수 없기 때문에 영화적 방식으로 재현되어야 한다.

언어적 기호만으로 이루어져 있는 소설과는 달리 소설 원작을 영화화했다고 하더라도 영화는 언어적 기호와 시각적 기호가 함께 표현되는 텍스트이므로 단순하게 비교할 수는 없다. 이 글은 영화와 소설이 같은 서사체라는 점에 주목하여 분석할 것이다. 서사에서 가장 중요한 요소는 "누가 무엇을 어떻게" 이야기하느냐이다. '누가'는 화자의 문제, '무엇'은 소재의 문제, '어떻게'는 재현 방식의 문제이다. 원작소설의 영화화에 있어 '무엇'이라는 소재의 기본적 뼈대는 유사하기 때문에 공통 구조로 놓을 수 있다. 문제가 되는 것은 '누가'와 '어떻게'이다. '누가'라는 화자의 문제에 있어 소설은 서술자에 의해 이야기가 중개되는데, 영화에서는 카메라가 중개한다고 볼 수 있다. 그러나 카메라가 할 수 없는 부분은 서사밖 목소리가 중개할 수 있다. '어떻게'라는 재현 방식의 문제에 있어서, 소설에서 독자와 작품 사이에 형성되는 불확정 영역이 공간 지향적인 매체인 영화는 재현된 세계를 대부분 공간적으로 결정해서 제공된다[4]고 볼 수 있기 때문에, 소설을 영화화할 때는 공간에서 장면화하는 과정을 거치게 된다. 이 외에도 주제적 측면은 영화화될 때 작가와 감독과의 세계관의 차이니 영화라는 매체가 갖고 있는 특성으로 인해 달라질 수 있다.

이 글은 1인칭 소설인 「우리들의 일그러진 영웅」을 대상으로 영화화 과정의 변모를 화자와 재현방식, 주제의 측면에서 살피고 그것이 의미하는 바를 해석하고자 한다. '화자와 재현 방식과 주제'는 서로 관련되어 작품 안에 스며 있기 때문에 층위를 나누어서 논의하기 어려운 점이 있다. 하지만 이 글은 원작소설의 서사적 특성으로 인해 영화에서 변모되는 점을 주목할 것이다.

1인칭 소설의 영화화

----

4   슈탄젤, 『소설의 이론』, 김정신 역, 탑출판사, 1994, 177쪽. 이 책에서는 잉가르덴(Ingarden)이 말한바 소설의 "불확정 영역"이 영화화될 때의 문제를 논의한다.

2. 논평적 서술의 내레이션화

1) 1인칭 화자 서술

이문열의 「우리들의 일그러진 영웅」은 한병태라는 십대 소년이 다른 곳으로 전학을 하게 되어 그곳 생활에 적응하면서 체험하는 여러 사건의 기억과 성인이 된 자신의 모습을 현재의 관점에서 서술하고 있는 1인칭 소설이다. 1인칭 서술 상황이란 서술자가 허구 세계 안에 존재한다는 점에서 다른 서술 상황과 본질적으로 구분될 뿐 아니라 1인칭 서술의 존재론적 동기는 자신의 기쁨, 슬픔, 기분 등 실체험과 밀접하게 연결된 존재론적 근거에서 출발한다.[5]

과거나 현재, 자신의 경험이나 심리를 서술하는 「우리들의 일그러진 영웅」의 갈등 양상을 요약하면 다음과 같다. 이 소설에서 '나'인 한병태가 처음 전학을 왔을 때는 합리적이고 개인적인 인물이었다. 그래서 처음에는 엄석대에게 투쟁하고자 하는 자세로 일관된다. 하지만 아무런 호응도 얻지 못하고 친구들에게도 소외되며 엄석대에 의해 고통만 가중된다. 5학년 담임에게 도움을 요청하기도 했지만 거절당하고 결국에는 혼자 남게 된다. 그리고 점점 더 불리한 상황이 되자 견디지 못한 한병태는 눈물을 흘리며 엄석대 왕국으로 자진해서 들어간다. 그러고는 엄석대 안에서 누렸던 편안함이 계속되기를 바라며 자유에 대한 의식이 희미해져 간다. 6학년이 되자 새 담임은 엄석대의 부정을 알게 되고 엄석대를 매로써 처벌한다. 엄석대 왕국은 무너졌고 그 후 어른으로서의 삶을 살아가던 병태는 여행을 가던 기차에서 엄석대가 경찰에 잡혀가는 것을 보게

---

5   슈탄젤, 앞의 책, 145쪽.

되자 그날 밤 잠을 이루지 못한다. 석대의 모습이 무너지는 것을 보면서 권력에 대한 인간의 태도와 자신의 현재 삶을 되돌아본다.

「우리들의 일그러진 영웅」은 과거의 경험자아가 초점화자지만 서술은 현재의 서술자아가 끌어가고 있음을 알 수 있다. 이 소설은 주인공의 삶을 회고적으로 이야기하는 유사자전적 1인칭 서술이며 화자서술[6]이 특징적이다.

> **어른들 식으로 표현한다면** 어리석은 다수 혹은 비겁한 다수에 의해 짓밟힌 내 진실이 모진 한처럼 나를 버텨가게 해 준 것이었다.[7](강조 : 인용자)

위의 인용문은 시골 학교로 전학 온 경험자아가 학교에 들어서면서 받는 느낌을 아이의 눈으로 서술한 것이다. 강조한 '어른들 식으로 표현한다면'이라는 서술에서 볼 수 있는 것처럼 이 부분에서는 경험자아가 초점자가 되어 바라보는 내용이 서술되어 있다. 그러나 그러한 서술이 계속 유지되는 것이 아니라 성인이 된 현재의 서술자아의 서술이 교차되고 있다.

> 그런데 그 무슨 **어이없는 의식의 굴절**이었을까, 나는 문득 무엇인가 큰 잘못을 하고 있다는 느낌, 특히 담임 선생님이 부르시는데 뻗대고 있었던 것과 흡사한 착각이 일었다. 어쩌면 그때까지도 멈춰지지 않고

---

6 위의 책, 215쪽(화자–인물은 서술하고 기록하고, 정보를 주고, 자료를 포함시키고 믿을 만한 정보 제공자를 인용하고, 자기 자신의 서술을 가리키고, 독자에게 연설하고, 서술되어 온 것들을 논평하고 기타 등등을 한다).

7 제11회 『이상문학상 수상작품집』, 문학사상사, 1987, 42쪽(이후 인용은 이 책에서 하며 인용문 옆에 페이지를 쓰고 인용문의 각주는 달지 않는다).

있던 아이들의 왁자한 웃음에 압도된 굴종에의 **미필적 고의 섞인 착각**
이었는지도 모르겠다. (18쪽. 강조 : 인용자)

위의 인용문을 통해 성인인 서술자아의 눈으로 경험자아의 느낌과 인
식을 말함으로써 현재의 '나'가 과거의 심리를 평가하고 해석하고 있음
을 알 수 있다. 언어 선택 자체가 한문투이고 평가적이다. 그리고 이 소
설은 중간중간에 서술자아의 개입이 계속됨으로써 경험자아의 느낌을
언어화하여 서술자아의 위치나 입지를 확실히 드러나도록 서술되어 있
다. 이 소설은 일반적으로 구분되는 두 가지 서술 형태, 즉 말하기(tell-
ing)와 보여주기(showing) 중에서 말하기 서술의 경향이 강하다고 볼 수
있다.

「우리들의 일그러진 영웅」은 어린 시절의 경험자아의 순수한 마음이
상황에 의해 굴절되고 정의와 자유에 대한 의식이 마비되어가는 과정이
그려져 있다. 초점화자인 그의 지각으로 느끼는 내용을 현재 자신의 의
식과 대비시켜서 서술하고 있는 것이 특징적이다.

한 인간이 회개하는 데 꼭 긴 세월이 필요한 것은 아니며, 백정도 칼
을 버리면 부처가 될 수 있다고 하지만, 나는 아무래도 느닷없는 그들
의 정의감이 미덥지 않았다. 나는 **지금도 갑작스런 개종자나 극적인
전향인사는 믿지 못하고 있다.**(68쪽. 강조 : 인용자)

위의 인용문에서처럼 성인이 된 서술자아가 어린 시절의 체험을 회상
할 때, 경험하는 자아의 내면은 서술자아에 의해 빈번하게 평가되고 설
명된다. 이 작품에서는 인물보다는 서술자가 관념과 심리의 전달자로서
의 역할을 비중 있게 담당하고 있다. 서술자아는 과거와 현재를 넘나들
면서 줄거리를 요약하고 심리를 전달하다가 점차 성인이 된 현재의 상황

과 심리를 그리게 된다.

> 나는 급했다. 그때 이미 내 관심은 그런 **성공의 마뜩지 못한 과정이나 그걸 가능하게 한 사회구조가 아니라 그들이 누리고 있는 그 과일 쪽이었다.** 한마디로 말해, 나도 어서 빨리 그들의 풍성한 식탁 모퉁이에 끼여들고 싶었다.(76쪽. 강조 : 인용자)

작품의 후반부에는 위 인용문에서 보이는 것처럼 현재의 경험자아와 서술자아의 시간적 거리는 가까워진다. 그러나 현재의 경험자아에 대한 비판적 서술을 함으로써 서술자아는 성인이 된 현재의 경험자아와도 심리적 거리를 갖는다. 이 소설에서의 서술자아는 어린시절의 경험자아의 체험을 서술하다가 점차 성인이 된 자신의 모습을 비판적으로 서술함으로써 어린 시절 자유에 대한 의지를 버리고 굴종을 택하게 된 자신의 경험이 성인이 되어서도 여전히 세상에 대한 정의나 합리적 인식을 무뎌지게 했다는 것을 말하고 있다.

2) 1인칭 보이스 오버 내레이션(voice-over-narration)

언어적 기호가 표현 매체인 문학작품은 은유적이며 추상적이다. 언어적 기호는 독서 과정을 통해 독자의 머리 속에 다이제시스(diegesis)되면서 독자와 소통한다. 그러나 언어 매체가 영화라는 영상 매체로 각색될 때는 직접적이고 구체적인 이미지로 전이되어 내용을 전달하게 된다.

「우리들의 일그러진 영웅」은 개인의 심리와 욕구를 비판하고자 하는 서술자의 주관적인 심리 서술이 많은 1인칭 소설이다. 이러한 1인칭 소설을 영화화할 때의 문제점은 서술자가 중개하던 지문을 공간화시켜 시·청각적 요소로 재구성해야 한다는 점일 것이다. 1인칭 소설의 경우 서술자가 허구 세계 내부에 있고, 원작의 내용에 충실한 영화인 경우 영화 텍스트 안에 존재할 수 없는 카메라는 다양한 방식으로 내적 초점화를 시도해야 한다.

영화는 카메라가 지배적인 매개체가 되어 이야기를 진행시킨다. 카메라는 인물의 시각적 시점을 암시하는 쇼트를 구성하기도 하고 다양한 카메라 워크로 서술한다고 할 수 있다. 「우리들의 일그러진 영웅」은 1인칭 서술자의 주제적 차원에서의 발화가 많아서 서술자의 주관성이 강한 소설이다. 이러한 소설이 영화화될 때는 카메라가 할 수 있는 역할을 보완할 수 있는 장치가 필요하다. 이 영화에서는 시각화하기 어려운 부분은 '음성전이 또는 화면 밖 목소리'로 번역되는 보이스 오버 내레이션[8]을 사용하고 있다. 즉, "화자의 '목소리'를 '사운드'로 보존하기 위해, 영화는 그 목소리를 복제하고, 또 그것을 들을 수 있도록 만든다. 그래서 화면 밖 목소리의 서술에 해당하는 것을 화면 내부로"[9] 가져오도록 각색하는 것이다.

「우리들의 일그러진 영웅」은 자신의 삶을 사후 제시의 방식에 의해 회상 시점으로 이야기하는 유사 자전적 1인칭 서술이다. 이러한 서술 상황의 특징은 경험자아와 서술자아의 거리에 따라서, 또한 현재에서 과거로

---

8 토마스 소벅 · 비비안 C. 소벅, 『영화란 무엇인가』, 조창규 외 역, 거름, 1998, 167~171쪽 참조.
   (영화의 등장인물에게는 들리지 않지만 사람의 목소리로 발화되어 관객에게 전달되는 말이 내레이션이다. 즉 영화 속에 들어 있기는 하지만 이야기나 영화의 허구 세계 외부에 자신을 위치시킨다. 실제로 나레이터는 그때 일어났던 일을 지금 우리에게 말하고 있기 때문에, 플래시 백을 중심으로 구성된 많은 영화들은 내레이션을 사용한다.)

9 채트먼, 「영화 각색의 새로운 유형」, 한용환 역, 『내러티브』, 한국서사연구회, 2000, 가을 · 겨울, 262쪽.

자주 넘나드느냐, 현재-과거-현재 틀에 고정되어 있느냐에 따라 서술 양상이 달라진다. 또한 과거 회상의 내용이 단순한 추억의 여러 에피소드에 있는지, 그 당시의 심리가 오늘날에도 영향을 미치는 중대한 사건인지에 따라 달라진다. 같은 유사자전적 1인칭 서술이어도 원작의 서술 상황에 따라 영화화되는 과정이 다르다.[10]

　이 영화에는 다른 사람의 목소리가 아닌 성인이 된 주인공의 1인칭 보이스 오버 내레이션이 사용되었는데, 그 기능[11]은 몇 가지로 구분할 수

10　임철우의 『그 섬에 가고 싶다』(살림, 초판, 1991, 19쇄, 1999)는 같은 유사자전적 1인칭이지만 영화화되는 방식이 「우리들의 일그러진 영웅」과는 다르다(이 소설은 동명의 제목으로 박광수 감독이 1993년에 영화화했다. 『그 섬에 가고 싶다』에서 현재의 서술자아는 과거 속에서 아이의 시선으로 바뀌었다가 다시 현재로 돌아옴으로써 환원된다. 『그 섬에 가고 싶다』는 현재와 과거가 서로 교차하면서 서술자아가 경험자아의 행동, 지각, 의식을 묘사 평가, 해석하지 않는다. 그래서 영화화될 때, 보이스 오버 내레이션이 반드시 필요하지는 않게 된다. 『그 섬에 가고 싶다』의 경우 현재의 서술자아와 과거의 경험자아가 시간적으로 차단되어 있어 현재의 시점에서 해석하고 평가하지 않는다. 그리고 과거의 경험자아가 볼 수 있는 차원을 넘어서는 부분, 즉 각 장의 인물의 시점으로 전환된 서술이 선택적으로 사용되고 있다. 전체는 1인칭 시점이지만 선택적으로 1인칭 화자가 사라지고 '나'가 아닌 다른 인물의 눈으로 본 것을 전달하는 작가적 3인칭 시점으로 서술되어 있다. 그것은 『그 섬에 가고 싶다』가 작가가 대상을 다원적으로 보고자 하는 데서 기인한다. 그러나 「우리들의 일그러진 영웅」의 경우 1인칭 서술이 유지되고 있으며, 그것은 작가가 세계의 한 단면을 그리고자 했기 때문이다. 또한 회상의 내용 측면에서도 『그 섬에 가고 싶다』는 자신의 과거를 통해서 현재의 삶을 반추하고 반성하는 심리보다는 '낙일도' 섬에 사는 등장인물들의 이야기나 사건이 각 장마다 에피소드로 파편화된 내용이기 때문에 영화에서 내레이션 없이 디졸브를 사용하여 곧바로 과거로 플래시백할 수 있다.)

11　이것은 백연희의 앞의 글 79쪽에서 수행된 바 있다. 이를 요약하면 다음과 같다.
　　첫째, 소설의 서사적 목소리의 기능을 포함한다.
　　둘째, 설명적인 정보를 옮긴다.
　　셋째, 복잡한 연대기를 출현시킨다.

있다. 첫째로 상황을 전달하거나 주제적 차원에서의 설명, 주인공의 주관적인 느낌을 전달할 때 쓰인다. 둘째로, 사건을 요약하거나 과거와 현재를 넘나들 때 장면의 전환 방식으로 사용된다. 셋째로, 연극에서의 독백이나 방백 효과를 표현하기도 한다.

이 글에서는 소설 부분과 영화의 내레이션 부분을 함께 인용하여 설명하면서 1인칭 보이스 오버 내레이션의 구체적인 기능과 함께 영화와 소설의 상호텍스트성에 주목하고자 한다. 이 작품에서 나타나는 보이스 오버 내레이션은 첫째로 상황을 전달하고 주제적 차원에서의 설명을 한다.

> 벌써 30년이 다 되어 가지만, 그 해 봄에서 가을까지의 외롭고 힘들었던 싸움을 돌이켜보면 언제나 그때처럼 막막하고 암담해진다. 자유당 정권이 아직은 마지막 기승을 부리고 있던 그해 3월 중순, 나는 그때껏 자랑스레 다니던 서울의 명문 국민학교를 떠나 한 작은 읍의 별로 볼 것 없는 국민학교로 전학을 가게 되었다. 공무원이었다가 바람을 맞아 거기까지 날려간 아버지를 따라 가족 모두가 이사를 가게 된 까닭이었는데, 그때 나는 열두 살에 갓 올라간 5학년이었다.(13쪽)
>
> ↓
>
> 자유당 정권이 마지막 기승을 부리던 그해 1959년 가을, 나는 자랑스레 다니던 서울의 명문국민학교를 떠나 한 작은 시골 국민학교로 전

넷째, 텍스트의 시선의 경험에 영향을 미치고, 회고 형식에 의해 개인적인 이야기로 만든다.

다섯째, 세계를 보는 작가의 관념이 서술대상이다.

여섯째, 화자가 사건을 설명함에 있어 구성을 통제할 수 있다.

일곱째, 자전적 성격이며 서술자아와 경험자아 사이의 긴장, 즉 현재의 나와 과거의 사건이 맞물린다.

여덟째, 화자는 내포작가와 일치한다. 따라서 화자에 관객이 동일화하기 쉽다.

학가게 되었다.

공무원이었다가 바람을 맞아 거기까지 날아간 아버지를 따라 가족 모두가 이사를 가게 되었다.

그때 내 나이 열두 살, 국민학교 5학년 때의 엉거주춤한 무렵이었다.(보이스 오버 내레이션(V-O-NA))

위의 인용문은 도입 부분으로, 정보와 상징성이 함축된 설명적 언술이다. 소설에서는 연결된 문장이었지만, 영화에서는 어린 시절 가족과 함께 시골로 내려가던 기차 안이라는 현재의 공간에서 인물들의 행동을 보여주면서 조금씩 간격을 두고 내레이션되고 있다. 정보와 설명 기능 외에도 「우리들의 일그러진 영웅」은 서술자아의 주제적 차원에서의 논평이 많고, 그러한 부분은 영화화 과정에서 보이스 오버로 처리된다.

너무도 허망하게 끝난 싸움이고 또한 그만큼 어이없이 시작된 굴종이었지만, 그 굴종의 열매는 달았다.(51쪽)

↓

어이없이 끝난 싸움이지만 굴종의 열매는 달았다.(V-O-NA)

이 내레이션은 어린 시절의 병태가 자유와 합리적 사고에 대한 의지를 버린 후 어떤 심정이 되는지를 잘 설명해주고 있다.

둘째로, 시간 변화와 장면 전환에 사용되고 있다. 소설에서 요약적이고 설명적인 언술이나 과거와 현재를 넘나드는 서술은 영화에서는 내레이션으로 효과적으로 재현되었다.

그때를 시작으로 경쟁과 시험 속에 10년이 흘러갔다. …(중략)… 석대가 다시 내 의식의 표면에 떠오르기 시작한 것은 군대를 거쳐 사회에 나온 내가 한 십년 가까이 생활의 진창에 짓이겨진 뒤였다.(76쪽)

↓

    시험과 경쟁으로 숨가쁘게 10년의 세월을 보내고 사회에 나왔을 무렵 엄석대는 아득한 과거로부터 되살아났다.(V-O-NA)

이것은 과거와 현재가 교차되는 부분에서 장면 전환 방식으로 내레이션이 사용된 것이다.

셋째로, 소설과 영화 모두 후반부로 갈수록 성인이 된 한병태의 모습이 주로 나오면서 마지막 부분에는 과거에 대한 설명이 아니라 현재의 자신의 의식이나 심리를 표현하는 연극에서의 독백이나 방백 형태로 나타난다. "내가 사는 오늘도 여전히 5학년 2반 같고 그렇다면 그는 어디선가 또다른 급장의 모습으로 5학년 2반을 주무르고 있을 게다."와 같은 독백 내레이션은 주제를 함축하는 중요한 부분이다.

어떠한 기능을 하든 1인칭 보이스 오버 내레이션은 현재 진행되는 화면과 다른 공간에서 들려오는 목소리에 의해 두 공간에서 일어나는 내용을 동시에 재현하게 된다. 즉, 1인칭 소설에서 형성되었던 서술자아와 경험자아와의 긴장이나 거리가 영화화되었을 때는 보이스 오버 내레이션으로 공간화된다고 할 수 있다. 현재와 과거를 빈번히 넘나드는 심리서술로 이루어진 「우리들의 일그러진 영웅」이 영화화될 때, 과거의 장면에서 사용된 보이스 오버 내레이션은 과거의 장면에 성인의 목소리로 현재의 해석을 덧붙임으로써 공간의 확장되며 이중 공간이 동시에 제시된다고 볼 수 있다. 즉 과거의 장면과 내레이션이 발화되고 있는 현재와의 연계성을 강조한다. 그럼으로써 과거가 현재에 끊임없이 영향을 주고 있으며, 세계는 변화되지 않고 반복된다는 주제를 효과적으로 보여준다. 즉 지금의 나약함이 그때 그 사건으로 인한 것이라는 것이고, 그로 인해 자신의 나약함이 극복될 수 없다는 주제로 관객을 이끈다. 성인이 된 서술자아가 과거의 경험자아를 되돌아보는 입장에서 그 사건을 오늘날의 관점에서 평가하며, 그것이 현재 자신에게 갖는 의미를 해석하려고 하는 내용은 내레이션을 통해서 잘 드러나고 있다. 또한 주목해야 하는 문제는 성인이 된 한병태의 모습을 보여주는 장면에서 나타나는 마지막 내레이션 역시 현재 인물이 현존하고 있는 공간과는 다른 공간에서 나타난다는 점이다. 이 소설은 경험자아와 서술자아의 시간적 거리가 마지막으로 올수록 점차 가까워지는데, 영화의 경우에도 현재 보여지는 공간과 내레이션되는 두 공간이 점차 가까워진다. 그리하여 정보나 장면 전환, 주제적 차원에서 발화되던 내레이션이 독백으로 변하게 된다.

3. 불확정 영역의 구체화

1) 비유적 언술의 구체화와 소도구의 활용

단순하게 말하면 영화는 구상화(具象化)된 그림이며, 소설은 문자화(文字化)된 상징이다. 그러므로 소설을 읽는 독자들의 머릿속에 문자화된 상징이 다이제시스(diegesis)되는 불확정 영역은 영화를 볼 때는 구체적으로 구현되어 관객의 눈 앞에 그려지게 된다. 특히 중·단편소설이 영화화될 때는 인물이나 사건이 변용되거나 영화적 장치와 기법들이 첨가되기 마련이다. 「우리들의 일그러진 영웅」의 이러한 영화적 변용을 이 글에서는 바르트의 구분을 원용하여 '징조 단위와 정보 단위'로 구분하여 살피고자 한다. 징조 단위는 인물의 성격이나 감정, 분위기 인생관에 관련된 것으로 함축적인 기의들을 가지고 있다. 이에 비해 정보 단위는 직접적인 의미로서 주어진 것들로 사건, 인물 혹은 작품 전체를 시간과 공간 속에 위치시키는 데 사용된다.[12] 징조 단위 층위에 있어서 영화에서의 변화는 첫째로, 비유적 언술이나 에피소드가 구체화되어 행동으로 사건화된다. 소설이 영화화될 때는 언술에 나타나는 많은 비유나 심리묘사가 시각적 이미지와 행동으로 전환된다. 소설 「우리들의 일그러진 영웅」에서 나타나는 많은 비유들은 행동으로 구체화된다.

> 그런데 교실 하나 넓이의 그 교무실에는 **시골 아저씨들처럼 후줄그레한** 선생님들이 맥없이 앉아 굴뚝같이 담배연기만 뿜어대고 있는 것이었다.(14쪽. 강조 : 인용자)

위와 같은 비유는 영화에서 5학년 담임 교사인 최선생님의 첫 모습이 의자에 팔짱을 끼고 앉아 조는 모습으로 시각화된다.

둘째로, 소도구의 활용을 들 수 있다. 이 영화에서는 소설에 없는 소도구를 잘 활용하고 있다. 영화에서 영팔에게 중요한 물건인 탄피를 병태에게 준다는 것은 석대에게 대항하는 병태의 태도에 대한 호감을 말해준다. 석대에게 굴복한 병태에게 영팔이 탄피를 다시 돌려달라고 하는 것역시 소도구를 이용한 주제를 암시한다.

영화의 시작 장면에서도 자유와 연관된 영어 지문을 해석하는 성인의

---

12 롤랑 바르트, 「이야기의 구조적 입문」, 『구조주의와 문학비평』 김치수 편역, 홍성사, 1984, 98~100쪽 참조(바르트의 분류에 따르면 통합적 계층이냐 계열적 계층이냐에 따라 기능단위와 징조 단위로 구분하고 있다. 기능단위는 핵단위와 촉매(혹은 위성)단위로 나뉘어지는데, 「우리들의 일그러진 영웅」이 영화화되는 것은 원작에 비교적 충실하게 개작되었으므로 이야기를 이루는 핵 사건의 뼈대는 같다고 볼 수 있고, 영화에서 변화된 것은 징조 단위이다. 이 글은 징조 단위가 순수 징조 단위와 정보 단위로 구분되는 것을 원용하여 분석하였다).

된 병태의 모습을 보여줌으로써 주제가 자유에 관한 것임을 암시하고 있다. 또한 병태가 전학할 때 서울 학교 반 친구가 준 'Liberty'가 새겨진 주화를 석대와 대립할 때는 이불 속에서도 만지작거리다가 석대에게 굴복한 다음 미포리로 놀러 갔을 때, 불 속에 던져버리는 장면이 나온다. 석대에게 굴복한 이후 자신이 아끼는 펜을 스스로 석대에게 주는 병태의 모습에서 병태의 심리가 드러난다. 5학년 때는 교실의 벽에는 '뭉치면 살고 흩어지면 죽는다'는 이승만 대통령의 말이 표어로 붙어 있다. 그러나 6학년에는 담임의 첫 수업 시간에 칠판에 '진실과 자유'를 써놓고 진실되고 자유롭게 살라고 훈시를 함으로써 주제를 함축한다. 이처럼 영화에서는 영어 지문이나 탄피, 주화, 펜, 교실의 풍경과 분위기 같은 소도구로 주제를 구체화하고 있다.

2) 인물과 사건의 구체화

정보 단위의 층위에서 영화에서 달라진 부분에는 첫째로, 인물 면을 살필 수 있다. 「우리들의 일그러진 영웅」에서는 주제를 구체화시키는 인물들이 첨가된다. 소설은 영화에 비해 과거의 회상에 중점이 놓여 있고, 그 시점의 과거가 현재의 나에게 의미하는 바를 해석하고자 한다. 그러나 영화에서는 현재를 더욱 강화시킨다. 성인이 된 친구들 모습이 등장하여 엄석대가 과거의 엄석대가 아니라 현재에도 여전히 병태뿐만 아니라 다른 친구들까지 지배하고 있다는 것을 강조한다. 성인이 된 친구들 모습에서도 돈을 많이 벌어 성공한 친구와 그렇지 못한 친구들 사이에서는 여전히 다툼과 반목이 그치지 않고 있음을 보여주고 있다. 또한 5학년 담임인 최선생은 죽음으로 처리하여 장례식에서 과거의 인물들이 다시 만나는 장면을 형상화하였다. 문상을 온 6학년 담임 선생은 국회의원이 되어 있다. 6학년 때 담임인 김선생은 소설에서는 그다지 부정적인 이미지로 나타나지는 않는다.

> 그 담임선생님이 받은 유능하다는 평판은 두뇌가 조직적이고 치밀하다는 뜻이 아니었는지 모르겠다.(63쪽)

소설에서는 이 정도로만 암시하고 있다. 그러나 김선생이 자유를 표방하고 있지만 매로써 석대를 굴복시키는 방식이 강압적이기 때문에 영화에서는 김선생의 현재의 모습을 보여주어 김선생의 부정적인 측면을 강조한다. 영화에서는 국회의원이 된 김선생이 사람들에게 굽신거리며 인사를 하는 장면을 보여줌으로써 또다른 일그러진 영웅의 모습으로 설정되어 있다.

영화에서는 영팔이라는 바보스러운 인물이 주제를 전달하는 데 상당히 중요한 역할을 한다. 도입부에서 병태와 헤어져 철길을 혼자 걸어갈 때 넘어지는 등의 행동으로 바보스러운 인물임을 나타내고 있다. 소설에서는 병태가 고립된 상태에서 석대와 대립하게 된다. 하지만 영화에서는 석대에게 대항하는 병태의 태도에 영팔이 병태의 옷깃을 털어주는 행동으로 호감을 나타내기도 하고, 석대에게 굴복한 병태에게는 냉정한 태도를 보이기도 한다. 또한 6학년 담임 선생이 석대를 굴복시킨 후, 석대를 매도하는 반아이들의 태도에 대해 "너희들도 나빠"라는 주제적 차원의 발언을 한다. 영화는 영팔이라는 인물의 역할을 잘 활용함으로써 주제를 간접적으로 전달하고 있다.

소설에서는 없었던 인물은 옆집에 사는 여학생이다. 영화에서 이 여학생은 처음에는 병태에게 냉정히 대하다가 미포리에 놀러 갔을 때 엄석대가 병태를 인정하는 태도를 보고는 병태에게 관심을 보이게 된다. "굴종의 열매는 달았다"는 병태의 내레이션이 여학생의 바뀐 태도를 통해 보다 잘 드러나게 된다.

또한 병태가 석대에게 당하는 에피소드와 병태의 심리적 갈등의 변화 과정이 다양하게 사건화된다. 병태가 화장실 청소당번일 때 석대가 다른 아이를 시켜 여교사의 화장실을 훔쳐보고 도망치게 함으로써 병태가 한 짓으로 선생님들에게 오해받고 벌을 서게 되는 장면, 병태에게 의자 아래를 청소시키고 석대가 의자를 쓰러뜨려 의자들 밑에 병태가 깔리게 하는 장면, 석대가 병태와 다른 아이에게 싸움을 붙여 병태가 얻어맞고 쓰러지게 되는 장면, 영화관에 갔다가 상급생에게 구타를 당하게 되는 장면들이 사건화되어 나타난다. 또한 엄석대에게 굴복한 이후에 병태가 직접 엄석대의 물당번을 하는 장면, 반 아이들과의 싸움에서 병태가 이기게 됨으로써 석대의 오른팔로서의 자리를 굳혀가는 병태의 지위의 변화 등이 행동으로 구현되고 있다. 영화에서는 엄석대가 기차가 달려오는 철로에 누가 더 오래 버티나를 중학생과 겨루기를 하여 승리하는 에피소드가 첨가됨으로써 병태가 석대의 힘을 느끼고 석대에게 굴복하고자 하는 심리로 바뀌는 중요한 계기를 마련해준다. 또한 엄석대가 학교를 떠날 때, 교실에 불을 지르는 사건을 첨가함으로써 엄석대의 폭력적이고 야비한 캐릭터를 극화시키고 있다.

또한 영화에는 병태가 혼자 집으로 오던 중 아이들이 얼음판이 된 논에서 썰매를 타고 놀고 있는 장면에서 환영 처리된 부분이 있다. 병태가 아이들의 모습을 바라보는 장면 다음에는 병태가 석대를 때려눕히는 장면이 환영으로 연결되어 있다. 그다음 다시 아이들 노는 곳을 바라보는 장면으로 환원되고 쓴웃음을 짓는 병태의 얼굴이 클로즈업됨으로써 석대와의 싸움에서 이기고 싶은 병태의 심리를 보여주고 있다.

원작에 상당히 충실하게 영화화된 이 영화는 1인칭 소설에서 나타나는 언어적 기호를 시각화하고 있다. 바르트식 용어로 말하면 핵심 줄기를 이루는 핵시건의 변화는 없지만 사건과 인물을 변화시켜 주제를 구체화되어 있음을 볼 수 있다.

4. 사회현실적 관점의 부각

이 글에서는 소설의 영화화에 있어서 작가나 감독의 가치관에 따라 주제가 달라질 수 있음을 전술한 바 있다. 소설 「우리들의 일그러진 영웅」은 학급 내에서 자행되고 있는 엄석대라는 독재적 권력에 저항하고자 하는 병태의 의지가 서서히 현실에 굴복하고 그러한 생활에 안주하려는 모습을 비판적으로 그려내고 있다. 그럼으로써 권력에 대한 인간의 복합적인 태도와 자세를 여러 각도에서 살펴보고 그 의미를 부여하는 데 초점을 맞추었다. 이 소설의 겉줄기만을 보면 변혁에 대한 두려움으로 스스로 현실에 순응하게 되는 인물을 그림으로써 현실 옹호라고 볼 수 있을 것이다. 그러나 이 소설은 현실 순응적 욕구와 그것을 비판하려는 이중적 갈등을 지니는 소시민적 개인을 비판하는 데 초점을 맞춘 소설이라고 보아야 할 것이다. 주제 면에서 영화는 원작소설과는 초점을 달리한다. 소설이 권력에 기대려는 개인의 안일함이 독재를 양산한다는 소시민 근성의 비판에 초점이 있다면, 영화에서는 세월이 흘러도 여전히 독재적 권력이 판치는 세상이라는 현실에 대한 부정적인 속성을 부각시킨다고 볼 수 있다.

그 점은 「우리들의 일그러진 영웅」이라는 소설과 영화는 마지막이 결정적으로 다르다는 데 근거한다. 소설의 마지막 부분에서는 엄석대가 기차에서 형사에게 붙잡히는 것을 본 한병태가 잠을 이루지 못하고 자신의 문제와 결부시켜서 고뇌하는 것이 서술되고 있다.

> 나는 못볼 것을 본 것처럼 눈을 질끈 감았다. 그런 내 눈 앞에 교탁 위에서 팔을 들고 꿇어앉아 있던 26년전 그날의 석대가 떠올랐다. 몰락한 영웅의 비장미도 뭐도 없는 초라하고 무력한 우리들 중의 하나가. (78쪽)

> 나중에는 눈물까지 두어 방울 떨군 것 같은데, 그러나 그게 나를 위한 것이었는지 그를 위한 것이었는지, 또 세계와 인생에 대한 안도였는지 새로운 비관에서였는지 지금에조차 뚜렷하지 않다. (79쪽)

위의 인용문은 소설의 마지막이다. 어릴 적 엄석대가 6학년 담임인 김 선생에게 처벌을 받은 것과 같이 형사에게 처벌을 받는 것이다. 엄석대 가 성공을 했다는 동창들의 말을 듣고서도 돈을 많이 벌었다는 속된 성 공으로는 "실패의 예감이 짙은 내 삶을 해명할 길이 없어지고 마는 것이 었다. 또 우리들의 석대는 그렇게 쉽게 그의 힘과 성공이 눈에 띄어서도 안되었다."라고 생각하던 성인이 된 '나'는 엄석대가 경찰에 잡혀서 수갑 을 차고 가는 모습을 보고 자신의 실패한 인생이 석대 같은 악의 무리가 활개치는 세상이었다는 위안마저 받지 못하게 됨으로써 오로지 자신에 대한 비관적 비판 심리를 드러내고 있다. 또한 주어진 자유조차 제대로 사용할 줄 모르고 엄석대에게 다시 한 번 기대보고 싶어 하는 심리를 느 끼는 자신에 대한 연민을 드러내는 것이라고 볼 수 있다. 그것은 자신이 어릴 적 경험에 의한 심리적 왜곡이 성인이 된 한병태에게도 여전히 영 향을 미치고 있다는 것을 말해주고 있다. 또한 그러한 자신을 비판적으 로 보는 자기 반성의 심리도 강조되어 있다. 독재자의 몰락이나 붕괴에 초점이 있는 것이 아니라, 지배를 가능케 하는 개인의 무력함과 안일함,

그리고 복종 심리가 사회의 부조리와 불합리를 양산한다는 소시민 근성에 대한 비판 의식이 소설에서는 강조되고 있다. 이것이 한병태라는 인물 개인이 아니라 사회를 이루고 있는 구성원인 우리들 개인에게 확산되는 의미를 지닌다.

소설의 결말에 비해 영화의 마지막 시퀀스에는 최선생의 장례식에 큰 화환을 보내오는 장면에서 엄석대가 성공했다는 것을 암시함으로써 현실에 대한 문제 의식을 고조시켰다.

또한 영화에서는 소설의 도입부에서 "자유당 정권이 아직은 그 마지막 기승을 부리고 있던 그해 3월 중순"이라는 시간적 배경으로 간략하게 언급하고 있는 50년대 말부터 60년대 초까지의 사회 상황이 이야기 전개와 세심하게 맞물려 진행된다. 3·15부정선거에 대한 뉴스 보도가 김선생이 앉아 있는 교무실의 라디오를 통해 들리는 뉴스로 제시되거나, 병태가 간 영화관에서 상영되는 '대한늬우스'에서 이승만 대통령의 득의만만한 모습을 보여줌으로써 교실에서 일어나는 일들이 사회 문제로 확산되는 것을 간접적으로 시사하고 있다. 6학년이 된 뒤 3·15부정 선거에서의 저항을 암시하는 '자유와 진실'이라는 제목의 담임 선생의 첫 수업이나 병태가 집으로 돌아가는 길에서 4·19 학생 시위가 벌어지는 장면을 직접 목격하는 장면을 삽입함으로써 소설에서 보이는 병태 개인의 비판보다는 사회나 현실 문제를 영화 속에서 구조화하고자 하는 감독의 태도가 드러난다. 즉 4·19를 배경으로 오늘이 그때와 다름없고 그러한 상황이 개선됨이 없이 반복되고 있다고 보는 것이다. 물론 소설에서 그런 주제가 없는 것은 아니지만 우리나라의 정치사와 권력 위계 질서의 속성을 해석하고자 하는 의도가 더욱 강조되고 있다고 볼 수 있다. 결말에서도 "내가 사는 오늘도 여전히 5학년 2반 같고 그렇다면 그는 어디선가 또다른 급장의 모습으로 5학년 2반을 주무르고 있을 게다."라는 내레이션으로 처리되어 아직도 석대 같은 인물의 독재가 계속 통하는 사회라는 점을 부각시키고 있다.

또한 영화에서의 카메라는 한 사람의 시점보다는 복수 시점을 드러내게 됨으로써 개인의 고백보다는 현실 공간에서의 의미가 중시된다고 볼 수 있다. 시점이 달라진다는 것은 세계를 바라보고 해석하는 관점이 차이가 나는 것이라고 할 수 있다. 1인칭 소설이라는 고백적 양식은 세계를 일원적이고 절대적인 세계로서 인식하는 경향이 강하며, 영화에서의 복수 시점은 세계를 상대적 다원적으로 해석하고자 하는 경향이 강하다고 볼 수 있다. 영화 〈우리들의 일그러진 영웅〉에서 결말의 변모나 정치적 사건을 직접 화면에 담아내는 박종원 감독의 의도는 개인 문제를 통해 사회를 진단하려는 의도가 부각되고 있으며, 이문열의 소설은 권력에 약한 소시민 근성을 비판하려는 의도가 더 강조되어 있는 것으로 볼 수 있다.

5. 맺음말

화자의 논평적인 서술이 많은 1인칭 소설인 「우리들의 일그러진 영웅」과 영화와의 차이점을 화자와 재현 방식, 주제의 측면을 통해 살펴본 바는 다음과 같다.

첫째로, 화자 측면에서 살피면 1인칭 서술 중에서도 서술자의 논평적 언술이 많은 작품이 영화화될 때 보이스 오버 내레이션이 사용된다는 점이다. 영화에서 논평적인 서술자의 전달 방식은 사라지는 것이 일반적이지만 영화 〈우리들의 일그러진 영웅〉에서는 1인칭 보이스 오버 내레이션으로 살아남는다고 볼 수 있다. 보이스 오버 내레이션은 소설에서 서술자아와 경험자아의 거리가 형성되듯 현재 화면에 나타나는 공간과 내레이션되는 공간의 거리를 형성한다. 소설 텍스트에서 과거의 경험자아가 초점자가 되어 서술되다가 점차 성인이 된 경험자아가 초점자가 되어 서술되고 있는데, 영화 텍스트의 경우 과거의 화면에 나타나는 내레이션은 주제를 설명하거나 장면전환 기능을 하지만, 성인이 된 현재의 화면에 사용된 내레이션은 독백의 기능을 한다.

둘째로 재현 방식 측면에서 소설의 영화화는 언어적 기호를 장면화시켜 시각적 기호로 전이시켜야 하므로 서술자의 비유적 언술은 인물의 행동으로 구체화되며 소도구 등으로 상징화된다. 또한 인물과 사건이 보다 구체화되어 재현된다.

셋째로 1인칭 소설이라는 고백적 양식을 영화화할 때는 감독의 세계관에 따라 소설과는 관념적 측면이 달라지기도 할 뿐 아니라, 카메라가 한 사람의 시점보다는 복수 시점을 드러내게 됨으로써 개인의 고백보다는 현실 공간에서의 의미가 중시된다고 볼 수 있다. 1인칭 소설이라는 고백적 양식은 세계를 일원적이고 절대적인 세계로서 인식하는 것이며, 영화에서의 복수 시점은 세계를 상대적이고 다원적으로 해석하고자 하는 경향이 강하다고 볼 수 있다.

소설 텍스트 「우리들의 일그러진 영웅」은 논평적 언술이 많은 유사자전적 1인칭 소설이다. 이러한 소설이 영화화될 때는 보이스 오버 내레이션이 사용되거나 언어적 기호가 장면화되었다. 또한 이 소설 텍스트가 갖는 개인 심리의 고백체적 특성이 영화화되었을 때, 주제적 측면에서 개인이라는 일원적 관점보다는 다원적 관점을 부각시키고자 하는 경향이 강조되었다.

소설 원작을 충실하게 영화화한다는 평을 받고 있는 박종원 감독의 〈우리들의 일그러진 영웅〉이라는 영화를 통해 소설과 영화의 상호텍스트성의 문제를 드러내보았다. 이러한 접근이 서사론적 관점에서 영화와 소설의 차이를 극명하게 드러내는 하나의 방식이 될 것으로 보인다.

개별 작품 분석이지만 이 연구가 소설 텍스트가 영화화되는 데 대한 새로운 잣대를 제공하고 해석의 지평을 넓히는 또다른 접근이 될 것으로 생각된다.

영화와 사회

영화는 사회를 비추는 거울이다. 영화에서 다루는 문제를 사회적 함의를 중심으로 읽어본 글들이다. 다문화, 한국전쟁, 내셔널 시네마의 의미를 탐구해보았다. 사회와 시대 변화를 반영하는 영화를 통해 한국의 문제를 읽어냈다.

영화에 나타난
한국전쟁기 미군과 민간인의 관계
▣ 〈작은 연못〉, 〈웰컴 투 동막골〉, 〈아름다운 시절〉을 중심으로

1. 머리말

이 글에서는 한국전쟁기를 배경으로 한 한국 영화에 나타난 미군과 민간인의 관계에 관해 고찰하고자 한다. 이는 한국전쟁에서 민간인이 주체가 아닌 타자로서 취급돼왔다는 문제의식에서 출발한다. 미군이 한국을 도와준 것은 분명하지만, 무자비한 전술과 미군 주둔으로 빚어진 사건들로 인한 민간인 피해도 무시할 수 없기 때문이다. 한국전쟁 당시 민간인은 미군의 폭격을 당한 피해자로서뿐만 아니라, 경제적으로나 성적(性的)으로 주체가 되지 못하고 타자로서 살아가는 경우가 많았다. 전쟁영화에 나타나는 민간인들의 모습은 당시의 시대 상황을 재현한다고 볼 수 있다. 그러므로 이 글은 한국전쟁기를 다룬 다양한 영화를 통해 미군과 민간인의 관계를 분석하여, 그 양상이 어떻게 드러나고 있는지를 밝히고자 한다.

한국 전쟁영화에 대한 연구는 대체로 남다은이 말한 것처럼 "궁극에는

국가정체성을 회복시키고 남한 가부장제를 공고히 한다"[1]는 관점에서 진행돼왔다. 그동안 한국 전쟁영화에 관한 연구는 분단문제까지를 포함하여 다양한 방면에서 이루어져왔지만, 한국전쟁에 미군이 많은 영향을 끼쳤으며 미군이 등장하는 영화가 많음에도 불구하고 이에 대한 연구는 적은 편이다.

그중 고동연이 「전후 한국 영화에 등장하는 주한 미군의 이미지 : 「지옥화」(1958)에서부터 「수취인불명」(2001)까지」에서 지적한 바 "영화 속에서 재현된 미군들의 이미지는 정형화되고 일반화된 침략군의 이미지로부터 탈피하여 한국 내 미국과 주한미군에 대한 태도의 변화를 가늠할 수 있는 주요한 척도 중의 하나"[2]라는 점은 유의미하다. 하지만 이 글에서는 전후 미군주둔까지 다룬 고동연의 논문과는 달리 한국전쟁기를 다룬 영화만을 대상으로 미군과 민간인의 관계에 집중하여 살피고자 한다. 한국전쟁 당시 민간인이 타자화된 양상을 놓고 미군이 이에 대해 책임을 져야 하는 이유가 무엇인지에 대해 고찰하고자 하는 것이 목적이기 때문이다.

그동안 주한 미군에 관한 연구는 남북한 소설이나 사료를 바탕으로 이루어져 왔다. 신영덕의 「한국전쟁기 남북한 소설과 미국·중국군의 형상화 양상」에서 미군은 주로 부정적으로 형상화되고 있는바, 미군은 매매춘 문제와 연관되어 있거나 비인간적인 성격을 지니고 있는 것으로 나타난다[3]는 점을 주지시키고 있다. 김은정의 『문학예술』에 나타난 폭격

1   남다은, 「전쟁기억의 표상들」, 『황해문화』 67호, 새얼문화재단, 2010, 38쪽.
2   고동연, 「전후 한국 영화에 등장하는 주한 미군의 이미지」, 『미국사연구』 30호, 한국미국사학회, 2009, 165쪽.
3   신영덕, 「한국전쟁기 남북한 소설과 미국·중국군의 형상화 양상」, 『한중인문학연구』 10호, 중한인문과학연구회, 2003, 22쪽.

의 서사—한국전쟁기 미국 폭격을 중심으로」[4]는 미군 폭격을 북한의 문예 잡지인 『문학예술』에 발표된 소설을 중심으로 살피고 있다. 김은정은 "폭격은 교전국의 국민의 목숨을 담보로 하고 있다는 점에서 대량학살과 다를 바가 없다"[5]고 보고 북한 소설에 나타난 미군 폭격서사의 특성을 밝히고 있다. 서희경은 「한국전쟁에서의 인권과 평화 : 피난민 문제와 공중폭격 사례를 중심으로」에서 "민간인에 대한 배려는 전쟁에 대한 광범한 지지를 확보함에 있어서 중요할 뿐만 아니라 군사적 승리에 있어서 결정적으로 중요하다. 그러기 위해서는 전쟁에 대한 보다 구체적이고 제도적인 '이성적 설명' 속에 민간인에 대한 책임문제를 포함시켜야 한다."[6]고 주장하며 인도적인 입장에서 폭격을 당한 민간인의 문제를 부각시키고 있다.

주지하듯이 미군과 민간인의 문제는 주체와 타자의 관점으로 접근 가능하다. "타자를 도구적으로만 인식함으로써 타자에 대한 무자비한 폭력의 역사를 배태하기도 했다. 가령 고도로 발달된('합리화된') 과학기술을 무기로 벌어졌던 20세기 전쟁과 대량살육의 참사가 그 대표적 사례들"[7]이라고 본다면 미군이 자행한 민간인 피해의 문제도 이와 관련하여 고찰해볼 수 있을 것이다. "전쟁이 불가피하게 발생했다면, 전쟁에서 승리하는 것만큼이나 중요한 것은 민간인이 군사 행위의 대상 또는 표적이 되

4   김은정, 「『문학예술』에 나타난 폭력의 서사—한국전쟁기 미국 폭격을 중심으로」, 『민족문학사연구』 54호, 민족문학사학회 · 민족문학사연구소, 2014.

5   위의 글, 444쪽.

6   서희경, 「한국전쟁에서의 인권과 평화 : 피난민 문제와 공중폭격 사례를 중심으로」, 『한국정치연구』 21호, 서울대학교 한국정치연구소, 2012, 226~227쪽.

7   최진석, 「타자 윤리학의 두 가지 길 : 바흐친과 레비나스」, 『노어노문학』 21권 3호, 한국노어노문학회, 2009, 173쪽.

어서는 안 된다는 점일 것이다. 그러나 종종 민간인은 위험에 처하게 된다. 이는 적군을 살상하기 위해 작전을 수행하고 있는 전투지에 민간인이 인접해 있기 때문이다. 한국전쟁 발발 이후 1951년 1월 초에 이르기까지 한국군과 미군의 전쟁 수행에서 가장 큰 어려움 중의 하나는 전선으로 쏟아져 들어오는 피난민을 어떻게 조치하는가 하는 문제였다."[8] 이를 위해 미군은 피난민의 소개, 이동 제한, 그리고 치명적 무력 사용 등의 통제 정책을 시행하였다.

그러나 한국 영화에서 미군이 무조건 부정적으로 형상화되고 있다고 보기는 어렵다. 한 영화 내에서도 미군과 민간인의 관계는 부정적으로 나타나기도 하고 긍정적으로 나타나기도 하기 때문이다. 이에 이 글에서는 한국 전쟁영화 중 미군과 민간인의 이러한 복합적인 관계가 여실히 드러나는 영화를 통해 타자와 주체의 관계가 어떻게 다양하게 드러나는가를 검증하고자 한다.

타자성에 대해서는 데카르트의 코기토적 주체 중심주의를 해체하는 레비나스를 원용하고자 한다. 임마누엘 레비나스는 타자의 존재를 고려하지 않고서는 주체도 성립할 수 없다고 보기 때문에 주체의 타자에 대한 책임은 무한이 된다. 즉 "책임 속에 있는 타자를 위하는 자는 책임을 태만히 하는 것이 아니라면 회피할 수 없는 자의 숭고한 수동성 속에서 유일한 것으로 기소된 나(moi)"[9]로서 "나아가 낡은 관계에 얽매이지 않고

8   National Archives and Records Administration(NARA), RG 338, Box 809, 25Id Hist Rpst 27ThRct, Activity Report For August, Nov 1950:[No Gun Ri File 9123-00-00569]. 서희경, 앞의 글, 206~207쪽 재인용.

9   레비나스, 『존재와 다르게―본질의 저편』, 김연숙·박한표 역, 인간사랑, 2010, 255쪽.

늘 새로운 관계를 구성할 수 있는 능력으로 대치되어야"[10] 할 것이라는 관점에서 접근하고자 한다. 즉 "레비나스가 말하고자 하는 선한 마음, 양심은 타자를 위해 혼신을 다하는 마음"[11]이라고 할 수 있다. 이에 비추어 볼 때, 우리나라를 도우러 왔던 미군에게 민간인을 살해할 목적이 있었다고 할 수는 없지만, 선한 마음으로 한국의 민간인을 위해 혼신을 다하지 않고 무차별 폭력을 가하거나 주체로서 강압적인 폭력을 가하는 입장에 서 있었다면 비판받아야 마땅하다고 볼 수 있다.

이 글에서는 타자화와 이에 대한 비판 의식의 정도로 미군과 민간인의 관계 양상을 설명하기 위해 연구 대상에 있어서 미군이 민간인을 타자화시킨 양상을 비판적으로 그린 영화만을 분석하고자 한다. 〈지옥화〉(1958)나 〈은마는 오지 않는다〉(1991) 등의 영화에서는 미군에게 성폭력을 당했다든지 미군과 매매춘을 하는 여성을 그리고 있지만, 미군을 비판적으로 그리지는 않고 있다는 점이 여러 논문에서 지적되어온 바다. "〈지옥화〉에서 양공주 문제는 미군과 양공주 사이의 문제가 아니라 퇴폐적인 양공주를 둘러싼 한국 남성들 사이의 문제로 변질"[12]되거나 〈은마는 오지 않는다〉에서는 미군에게 성폭력 당한 "언례의 적은 미군뿐 아니라 자신의 겁탈을 쉬쉬하면서도 언례를 순혈주의에 위배된 더러운 여인으로 벌하려는 마을 사람들을 포함하"[13]고 있다고 볼 수 있기 때문이다. 그러나 〈아름다운 시절〉(1996)에서는 〈은마는 오지 않는다〉와 유사한 소재를 다루고 있지만, 미군에 대한 비판과 민간인의 저항 의식이 영

---

10 최진석, 앞의 글, 191쪽.

11 김연숙, 「타자를 위한 책임으로 구현되는 레비나스의 양심」, 『윤리교육연구』 25집, 한국윤리교육학회, 2011, 107쪽.

12 고동연, 앞의 글, 155쪽.

13 위의 글, 157쪽.

화에 드러나기 시작한다. 〈웰컴 투 동막골〉(2005)에서는 동막골에 포격을 하는 미 공군이나 인민군을 색출하려는 미 특수부대원과 동막골에 불시착한 미 공군 스미스와는 바라보는 방식에 있어 차이가 난다는 것을 바탕으로 분석하고자 한다. 또한 노근리 미 공군 폭격 사건을 본격적으로 다룬 〈작은 연못〉(2010)에서는 아무런 이유도 모른 채 당하기만 하는 민간인들의 피해 양상을 통해 미군과의 관계를 추적하고자 한다. 이에 이 글에서는 이 세 영화를 통해 한국전쟁기 미군과 민간인의 관계의 영화적 재현양상의 의미를 살피고자 한다.

한국전쟁기를 다룬 영화에서 미군과 민간인의 관계가 어떻게 형성되고 있는지를 살피는 작업은 결국 이들 영화가 무엇을 강조하고 부각시켜 어떤 의미를 형성하는지를 밝히는 데 기여할 것으로 본다.

2. 한국 전쟁영화 속 미군의 재현 양상

분단국가라는 한국의 특수 상황은 한국전쟁이 우리 사회에 아직도 큰 영향을 끼치고 있음을 의미한다. 한국전쟁 당시부터 제작됐던 한국 전쟁영화도 다양한 스펙트럼을 보이며 지금까지 전개돼왔다. 지명혁은 한국전쟁영화는 '50년대는 생생한 살육의 상처를 그렸고, 60년대는 상처에 대한 반성, 70년대는 극단적인 반공주의, 80~90년대는 이데올로기로부터의 탈출, 2000년대는 개인과 휴머니즘의 재발견'[14] 등으로 변천해왔다고 분석하고 있다. 이는 한국 전쟁영화가 전쟁의 상처와 이데올로

---

14 지명혁, 「한국영화에서 나타난 한국전쟁의 양상과 시각의 변화」, 『영화교육연구』 제7집, 한국영화교육학회, 2005, 176~193쪽 참조.

기를 극복하는 과정으로 전개됐다고 분석한 것으로 보인다. 또한 김권호는 '전쟁영화의 형성기(1949~1961)는 반공 이데올로기 주입의 시행착오, 양산기(1962~1971)는 양적 성장과 반공 이데올로기의 안착, 침체기(1970~1979)는 국가 주도의 국책영화로 전락, 이행기(1980년대)는 뒤돌아보기와 숨고르기, 재생기(1990년대 이후)는 이데올로기의 경합 vs 전쟁 스펙터클'[15]로 분석했다. 이는 전쟁영화의 시대와 이데올로기와의 긴밀한 관련성을 추적한 것이다. 이 두 연구 모두 한국 전쟁영화 제작이 당대 국가의 정치상황과 긴밀한 관련을 지닌다는 것을 밝히고 있다. 특히 김권호는 반공 이데올로기를 강화하기 위해 "반공·전쟁영화 제작에 필요한 인적·물적 자원을 군 또는 경찰 당국이 직·간접적으로 제작·지원하기 시작하였고, 이러한 지원 방식은 이후 시기 반공·전쟁 영화 제작 관행에도 그대로 이어졌다."[16]고 밝히고 있다.

이러한 변천과 전개 과정 내에서 미군과 민간인과의 관계가 다양하게 드러난다. 한국 전쟁영화는 분단을 배경으로 하는 영화까지 포괄하고 있는데, 이 글에서는 한국전쟁기를 배경으로 한 영화만을 대상으로 미군과 민간인의 관계를 살피고자 한다. 고동연은 "미군의 원조가 절대적이었던 한국전쟁 직후의 국내 상황, 표현의 자유가 억압되었던 한국 영화계의 현실, 순혈주의에 대한 집착, 그리고 1980년대 사회비판적인 시각과 민족주의의 등장 등 다양한 역사적 배경이 미군의 이미지와 미군과 양공주 관계를 묘사하는 데에 반영되어 왔"[17]다는 점을 지적하고 있다. 이 글에

---

15 김권호, 「한국전쟁영화의 발전과 특징 ― 한국전쟁에서 베트남전쟁까지」, 『지방사와 지방문화』 9권 2호, 역사문화학회, 2006, 77~108쪽 참조.

16 김권호, 「전쟁 기억의 영화적 재현 : 한국 전쟁기 지리산권을 다룬 영화들을 중심으로」, 『사회와 역사』 68집, 한국사회사학회, 2005, 110쪽.

17 고동연, 앞의 글, 165쪽.

서 분석한 세 영화의 1998년, 2005년, 2010년이라는 제작 시기도 물론 1980년 이후의 시회비판 시각이 강화되었던 문화적 상황과 무관하지 않을 것이다.

전쟁영화 속 미군의 재현 역시 1990년 이전까지는 혈맹으로서 우방으로 온 원조군의 모습으로 재현되었고, 〈은마는 오지 않는다〉(1992)에서부터 미군에 대한 비판 의식이 시작되었다고 볼 수 있다. 그러나 이 영화에서는 막상 미군에 대한 비판 의식은 다소 약하게 나타났으며, 〈아름다운 시절〉(1998)에 와서야 비판 의식으로 인한 저항이 본격적으로 나타난다고 볼 수 있다. 〈웰컴 투 동막골〉(2005)은 이데올로기나 민족이 무화된 이상향인 동막골을 상정하여 비판 의식과 동료애를 함께 보여주는 등 다양한 시도를 한 의미가 크다. 이는 〈공동경비구역 JSA〉(2000) 등에서 남북한 이데올로기를 초월하여 같은 민족이라는 관점으로 남북한을 바라보는 영화 재현의 변화와 관련이 있는 것으로 보인다. 이러한 과정을 거쳐 〈작은 연못〉(2010)에서야 본격적으로 미군의 민간인 폭격 사건을 다룬 영화가 등장하게 되는 것으로 보인다. 그리하여 미군을 비판하는 것을 넘어서 국군까지도 비판하는, 즉 한국전쟁기에 국군이 민간인을 무차별 학살하는 거창양민학살사건을 다룬 〈청야〉(2013)와 같은 영화까지 제작할 수 있는 배경을 마련하게 될 수 있었던 것으로 보인다. 한국전쟁 당시의 민간인의 피해는 인민군의 색출을 목적으로 국군에 의해 자행되기도 했기 때문이다.

이 글은 세 영화를 통해 나타나는 미군과 민간인의 관계는 주체와 타자의 관점에서 책임과 윤리의 테마로 영화적 재현을 바라보아야 한다는 점을 강조한다. 다시 말해 한국전쟁기를 다룬 영화의 맥락에서 미군 재현 양상의 의미는 〈아름다운 시절〉에서부터 시작된 한국전쟁기 미군에 대한 비판 의식이 〈작은 연못〉에 와서 미군이 주체가 되어 민간인을 타자화시켰다는 점을 강조하여 미군의 책임에 대한 사회적 환기를 강화하는 데에 기여한다고 볼 수 있다.

3. 한국전쟁기의 미군과 타자화된 민간인의 관계

1) 타자화에 대한 비판의식의 발로:〈아름다운 시절〉

〈아름다운 시절〉의 도입부는 미군이 지프차를 타고 지나갈 때 아이들이 초콜릿을 달라고 차를 따라가는 장면으로 시작한다. 미군이 초콜릿을 떨어뜨리자 마을 아이들이 초콜릿을 얻어먹으려고 지프차를 뒤따른다. 또한 딸을 미끼로 미군 부대에 취직하려는 성민의 아버지 입장에서 보면 미군은 경제적 도움을 주는 대상이었다.

미군 장교와 사귀던 누나 덕분에 성민의 아버지는 미군 부대에 일자리를 얻을 수 있었다. 이 내용은 자막으로 처리돼 부각된다. 성민네 가족뿐만이 아니라 많은 다른 마을 사람들 역시 미군과 경제적 관계를 맺고 있다. 남편을 전쟁 중에 잃은 창희 어머니는 미군에게 몸을 팔아 생계를 유지하려고 한다. 창희 어머니가 물방앗간에 미군과 함께 들어오는 것은 아이들이 훔쳐보기도 한다. 이처럼 미군은 민간인에게 부정한 방법으로 경제적 이득을 제공하게 된다.

신영덕은 한국전쟁기 남북한 소설에서 "미군은 주로 부정적으로 형상화되고 있는바, 미군은 매춘 문제와 연관되어 있거나 비인간적인 성격을 지니고 있는 것으로 나타난다."[18]는 점을 지적했다. "이들은 주로 매춘

18   신영덕, 「한국전쟁기 남북한 소설과 미국·중국군의 형상화 양상」, 『한중인문학

부 문제와 연관되어 있거나 사람보다 짐승을 더 중히 여기는 비인간적인 성격을 지니고 있는 인물로 형상화되고 있는 것이다. 전쟁에서의 승리를 위해 종군 활동을 한 종군 작가들이 우군인 미군을 이렇게 비판적으로 형상화한 것은 미군에 대한 남한 작가들의 태도가 대부분 비판적이었음을 추측할 수 있다. 또한 이것은 휴머니즘적 시각으로 전쟁을 비판하면서 전쟁기 현실의 모습을 사실적으로 묘사하였던 남한 작가들의 글쓰기 태도와도 관련 있"[19]다는 것을 지적하고 있다.

〈아름다운 시절〉에서도 미군은 매춘과 관련 있거나 폭력적 지배자로의 모습을 보인다. 동네 아녀자에게 성폭력을 가하거나 부대 근처 쓰레기장에서 물건을 훔친 아이들을 벌하고, 부대 물건을 빼돌린 성민 아버지에게 붉은 페인트를 뿌려 낙인 찍는 등의 모습을 보인다.

이러한 미군의 태도에 대한 민간인의 감정이 좋을 리 없다. 자신의 어머니가 미군과 매매춘을 하는 사실을 알게 된 창희는 매매춘의 온상인 방앗간에 불을 지르고, 그 안에 있던 미군을 사망하게 만든다. 미군은 창희의 입장에서는 원수이며, 불지름으로써 이에 대해 복수하는 것이다.

한국은 미국과 부통령이 내한함으로써 우방이 되는 것처럼 보이지만, 누나는 임신한 채 미군에게 버려진다. 이처럼 〈아름다운 시절〉에서의 미군은 경제적 폭력적 주체로서 민간인을 타자화시키는 관점이 부각되고 있으며, 물방앗간에 불을 지르는 창희는 이에 대해 저항하는 양상을 보이는 인물이라고 볼 수 있다.

연구」10호, 중한인문과학연구회, 2003, 22쪽.

19 위의 글, 8쪽.

2) 타자화에 대한 비판 의식과 동료애의 공존: 〈웰컴 투 동막골〉

(1) 타자화의 측면

〈웰컴 투 동막골〉은 무기를 실은 미군 수송기를 조종하던 미 전투기 조종사 스미스 대위가 불의의 사고로 동막골에 추락하는 장면부터 시작한다. 스미스와의 소통이 불가능하게 되자 미 공군 본부에서는 "동막골에 인민군의 대공포 기지가 있는 것이 틀림없다."면서 대규모 폭격을 감행할 뜻을 밝힌다. 국군 지휘부는 "아직 뚜렷한 증거도 없는 상태에서 민간인 거주 지역을 폭격할 수 없다."며 반대한다. 마침내 연합군은 추락한 미군 조종사를 찾을 특수부대를 파견한다. 특수부대원 대장은 부대원들에게 지상 투하 전 지상에 있을 적들이 자신들을 망설임 없이 잔인하게 죽일 것이라고 말한다. 다분히 미 공군이 주체적 입장에서 지상에 있는 적들을 잔인한 타자로 판단하고 있다.

동막골에 내려간 특수부대원들이 돌아오지 않자 결국 미공군 본부에서는 대규모 폭격기 편대를 출동시킨다. 동막골에 있던 "국군과 인민군 패잔병들이 평화로운 동막골을 지키기 위해 저항하다 모두 장렬한 죽음을 맞이하게 된다. 이 영화는 은연 중에 전시작통권 환수 주장을 뒷받침하는 것"[20]으로 해석될 만큼 한국전쟁인데도 불구하고 국군보다는 미 공군의 판단과 주도하에 작전이 수행되고 있는 것을 재현하고 있다.

'우리에겐 동정적으로 행동할 선택의 여지는 없다'는 미군의 말처럼 미

---

20 이영민, 「관객동원 기록 갱신하는 반한, 반미영화들(7): 공산주의적 유토피아를 미군이 박살낸 것으로 묘사한 〈웰컴 투 동막골〉」, 『한국논단』 Vol.210, 한국논단, 2007, 111쪽.

군들은 그들의 입장에서 주체적으로 타자에 대한 동정심이나 배려 없이 작전을 기획·수행한다. 즉 〈웰컴 투 동막골〉은 미 공군 폭격의 서사로 미 공군과 민간인의 관계에서 여전히 한국의 민간인은 타자로 취급되고 있다는 것을 재현하고 있다.

영화 속에서 리수화와 표현철 일행은 스미스 대위의 안내로 추락한 수송기의 잔해에서 기관총과 대공포 등 무기를 구한 후 표현철의 지휘로 방어 작전을 펼치기로 합의한다. 이 과정에서 스미스도 함께 싸우겠다고 하지만 "당신이 돌아가서 무사하다는 것을 알리는 것이 오히려 우리에게 도움이 될 것"이라는 표현철의 말을 듣고 마음을 돌린 스미스는 포로로 잡힌 미 공군 특공대원과 함께 서둘러 동막골을 떠나 연합군 본대로 간다. 이에 대해 강성률은 "일원이 된 미군은 동막골이 파괴되는 것을 막기 위해 필사적으로 연합군 본대를 찾아간다. 그러나 엄밀히 말하면, 미군은 폭격으로부터 벗어나 자신이 살아남기 위해 가는 것이다. 인민군과 국군이 동막골을 살리기 위해 죽어갈 때 그는 살아남는다. 결국 그는 인민군과 국군과는 다른 존재임을 보여주는 것"[21]이라고 주장한다. 이는 이 영화가 동료애를 나눈 스미스에게서조차 미군이 주체로 존재하고 있다는 것을 재현한 것으로 보는 입장인 것이다.

표현철은 마을을 보호하기 위해 될 수 있으면 마을에서 멀리 떨어진 곳에 방어 진지를 구축하려 한다. 밤하늘을 수놓는 폭격기 편대가 나타나고 표현철 일행은 과감한 선제 공격으로 전투를 시작하여 몇 대의 폭격기를 격추시키는 등 선전한다. 그러나 그 후 이따른 미군기의 대대적

21 강성률, 「영화로 보는 우리 역사 ⑤ 〈웰컴 투 동막골〉과 한국전쟁 : 민족의 이상향과 과도한 민족주의의 함정」, 『내일을 여는 역사』 Vol.22, 내일을 여는 역사, 2005, 291쪽.

인 폭격으로 모두 전사한다. 마을을 떠나다가 미군기들의 폭격 장면을 보고 스미스는 절망적인 표정이다. 영문도 모르는 마을 사람들은 한밤중에 벌어진 때 아닌 불꽃놀이를 신기하다는 듯 보고 있다.[22] 이러한 상황은 영화뿐만 아니라 실제 사료와 기존 연구에서도 지적되고 있다.

> 미8군은 통상 폭격라인을 아군의 전방 위치의 5~10마일 앞에 설정해 폭격을 요청하지만, 그곳에는 적의 주력뿐만 아니라 종종 아주 많은 민간인들이 있다. 이와 같은 폭격라인의 설정은 적절하지 않아 보인다. 또한 많은 경우 피난민들이 전선에 들어와 있고 그들을 되돌려 보낼 수 없다. 공군이 이들에게 기총사격할지에 관한 명령을 8군에게 구하였다. 설령 이들 사이에 북한군이 섞여 있다는 사실을 알고 있을지라도 8군은 이들에게 기총사격하라는 결정을 내리지 않았다. 그리고 8군은 마을을 소개하고 불태우는 것을 매우 꺼렸는데, 왜냐하면 민간인들을 다치게 하는 것이 두려웠기 때문이다. 결국 이러한 시행결정은 항상 공군에게 있었다.[23]

위의 기록에 따르면, 미군이 설정한 폭격 안전선 밖에 적군과 섞여 있는 많은 피난민이 있다는 것이다. 공군이 이들에 대한 기총사격과 폭격 명령을 육군에게 구하지만, 육군은 민간인의 살상을 염려하여 결정을 내리지 못하였고, 결국 공군이 폭격을 감행해야 했다고 보고하고 있다. 공중 공격은 이중 효과의 특징을 갖고 있다. 즉, 적군을 죽일 수 있고, 동시에 근처에 있는 어떤 민간인이라도 사상될 수 있다. 미 공군은 전쟁 초기부터 우세한 항공 전력을 바탕으로 제공권을 장악, 공중 폭격을 통해 북

---

22 이영민, 앞의 글, 119쪽.

23 NARA, RG 342, Box 3539, Fifth Air Force, Office Of Tactical Air Research And Survey, Feb. 23 1951 : [No Gun Ri File]. 서희경, 앞의 글, 212쪽 재인용.

한군의 남하를 저지하고자 하였다. 한국전쟁 수행에서 공중 폭격은 전쟁을 승리로 이끄는 가장 중요한 요인이기도 했지만, 동시에 민간 피난민을 위해하는 가장 큰 요인이기도 하였다.[24] 이 사료와 연구에서도 증명되듯이 민간인들은 폭격에 노출돼 있었고, 〈작은 연못〉이나 〈웰컴 투 동막골〉은 이러한 점을 재현하면서 타자화된 민간인의 피해를 환기시킨다. 영화 속 동막골은 국군 패잔병도 품고 미군도 품는 곳이다. 심지어 인민군까지 환대하며 품는 곳이다. 그러나 동막골에 내려온 미 공군 특수부대원들은 인민군을 찾기 위해 마을 사람들을 총으로 위협하기도 하고 폭력을 가하기도 함으로써 이 영화에서 가장 긴장감이 있는 장면이 연출된다.

우방으로 왔으나, 군사적 작전이라는 편의주의에 의해 민간인을 무차별 폭격한 미군과 민간인의 관계는 한국전쟁의 또 다른 비극이다. 미군이 자신들을 주체로 놓고 민간인을 타자화시키며 작전을 앞세워 민간인의 안전에 대한 책임을 저버린 측면을 〈웰컴 투 동막골〉에서 재현한 것으로 볼 수 있다.

(2) 동료애의 공존

〈웰컴 투 동막골〉에서는 앞 절에서 언급했던 미군과 민간인과의 타자화에 대한 비판 의식만 나타나는 것이 아니라 동료애의 측면도 나타나는 등 다양한 스펙트럼을 보인다. 전투기 사고로 동막골에 불시착한 미 공군 스미스는 본부와의 연락을 계속 시도하지만 불통이다. 곤란에 빠진 그는 동막골의 소년과 첫 만남을 하게 되고, 이후 동막골에 들어와 함께

---

24   서희경, 앞의 글, 212쪽.

거주하게 된다. 마을 사람들과 언어적 소통은 어렵지만 서로에 대한 믿음과 이해로 교분을 쌓아간다.

데리다는 그의 저서 『환대에 대하여』에서 기존의 질서 체계에서 이방인의 개념이나 이방인의 상황에 대해 의문을 제기한다. 데리다는 소포클레스의 〈콜로노스의 오이디푸스〉 중 이제 막 콜로노스 숲에 도착한 오이디푸스가 다가오는 콜로노스인을 "이방인이여!"라고 불러 세우는 장면에서 '이방인'이 존재 규정이 아니라, 위치에 따라 상대적으로 주어지는 호칭임을 보여준다.[25] 현지에 살고 있는 콜로노스인에게는 오이디푸스가 당연히 이방인이겠지만, 처음 도착한 오이디푸스 입장으로 보면 그가 오히려 자신과는 다른 이방인이 되는 것이다. 동막골은 인민군이든 국군이든 미군이든 모든 이방인을 환대하는 이상 공간이다. 그러므로 미군과 민간인의 관계도 이방인의 태도를 버리고 친구가 된다. 민간인과 친해진 스미스는 손님이자 동료며 친구이다. 국군 패잔병, 인민군과 함께 스미스 역시 마을 사람들과 멧돼지도 잡고 마을 축제도 함께 참여한다.

심지어 동막골의 축제가 벌어지던 날 밤, 스미스는 비행기에서 낙하산으로 내려와 마을 사람들에게 폭력을 가하다 못해 총까지 쏘는 미 특수부대원들을 국군 패잔병과 함께 힘을 합해 제압한다. 스미스는 동막골 사람들과 한마음으로 동막골을 위한다. 동막골 사람들의 친구인 스미스가 주체로서 마을 사람들을 타자로 취급하는 장면은 없다고 볼 수 있다. 그러므로 한 영화 내에서도 미군과 민간인의 관계는 타자화에 대한 비판의식과 동료애가 공존하는 등 이중적으로 나타난다.

25　데리다, 『환대에 대하여』, 남수인 역, 동문선, 2004, 78쪽.

3) 타자화에 대한 비판의식의 강화:〈작은 연못〉

영화 〈작은 연못〉에서는 우방의 군인인 미군이 민간인을 비행기에서 무차별 학살한 폭력성을 지닌 집단으로 묘사된다. 이 영화에서 주로 다루는 것은 한국전쟁 초기에 발생했던 노근리사건[26]이다. 이 영화가 실제 사건을 재현하여 사회적 환기를 하는 데 목적이 있기 때문에 이 영화를 실제 사료와 분리시켜 논하기는 어렵다. 그러므로 이 글에서도 사료와 영화를 오가며 논의하게 될 것이다. "노근리사건 발생 기간과 가장 근접한 시점의 자료인 1950년 8월 19일자『조선인민보』또한 '평화주민 400명 학살'이라고 밝히고 있기 때문에, 실제 사망자 수는 대략 300~400명 선으로 정리될 수 있다. 특히 쌍굴다리에서 희생된 대부분의 사람들이 영화에서 볼 수 있는 것처럼 노약자와 어린이들이었다는 증언"[27] 등은 많

26　1950년 7월, 전쟁 초기 북한군에게 밀린 미군은 전선을 후퇴시켜 대전에서 부산으로 가는 유일한 길목인 영동군 황간면 노근리 일대에 저지선을 구축하게 된다. 노근리 주변 마을인 주곡리, 임계리에는 미군에 의해 소개령이 내려지고 500여 명의 주민들은 미군의 강압적인 인솔하에 피난길에 오르게 된다. 그러나 미군은 피난민 틈에 민간인으로 위장한 적군이 침투했다는 미확인 정보를 확신하여, 피난민들의 저지선 통과를 저지하라는 상부의 지시에 따라 남쪽으로 무작정 내려가던 피난민들을 향해 비행기 폭격을 감행한다. 미군의 저지선이 후퇴하기 전, 7월 26일부터 29일까지 3박 4일 동안 폭격에 살아남은 300여 명의 생존자들은 기차길 밑 쌍굴다리에 갇힌 채 제1기병사단 7기병연대 2대대 병력으로부터 공격을 받는다. 300여 명에 달했던 쌍굴다리 안의 피난민들 중 최후까지 살아남은 사람은 25명. 이들은 시체를 방패 삼고 핏물로 갈증을 달래서 간신히 목숨을 건진 유일한 사람들이었다.(영화 〈작은 연못〉 제작 노트 중에서, http://movie.daum.net/moviedetail/moviedetailStory.do?movieId=42110&t_nil_main_synopsis=more)

27　이만열,「노근리사건과 평화」, 제1회 노근리국제학술대회자료집, 2007, 17~21쪽.

은 사람들의 가슴을 아프게 했다.

연극 연출가였던 이상우 감독이 영화 제작을 결정한 것이 2001년이었지만, 2010년 4월 15일에 개봉돼 거의 10년이 걸렸다는 사실은 제작 과정 자체가 무척 어려운 일이었다는 것을 말해준다. 1950년 한국전쟁 당시 노근리사건 현장에서 자식 둘을 잃은 정은용(노근리대책위원회 위원장)의 실화 소설『그대, 우리의 아픔을 아는가』를 바탕으로 완성된 영화〈작은 연못〉의 시나리오가 영화화되는 과정에서 가장 강조되는 장면이 미 공국 폭격 장면이라고 볼 수 있다. 민간인 피난민을 폭격하는 미 공군 비행기 조종사를 주체로 놓고 민간인을 대상화하는 익스트림 롱쇼트이다. 처음 폭격이 시작되는 장면부터 미공군에게 폭격당하는 민간인들은 주체가 아닌 타자로 표현되고 있다.

뿐만 아니라 〈작은 연못〉에는 '어떤 피난민도 전선을 넘지 못하게 하라. 전선을 넘으려는 자는 모두 사살하라'라는 군사 통신이 자막으로 처리돼 대상화된 민간인들의 폭격 피해 사건 자체를 부각시키고자 하는 의도로 볼 수 있다.

〈작은 연못〉에서 미 공군의 폭격을 재현하는 방식은 전쟁 중 작전상 어쩔 수 없는 상황이라고 하더라도 "당시 노근리사건만이 아니라 그와 유사한 미군에 의한 양민 학살 사건을 연구, 조사하여 역사적 진실을 규명하고, 한미관계를 재조명하는 데 노력해야 할 것"[28]이라는 입장을 대변한다.

김태우는 논문에서 "이상우 감독은 미국 병사들의 총격 장면 또한 생생하게 보여주지 않고 있다. 여기에는 미군 병사들 또한 전쟁의 피해자

---

28   최득진,「한국전쟁 중 미군에 의한 민간인 학살사건」,『법전논총』Vol.35, 중앙대학교 법과대학, 2000, 2쪽.

이며, 비난받아 마땅한 대상은 피난민 통제 명령을 내린 정·군 고위급 인사들, 혹은 전쟁이라는 폭력 상황 그 자체라는 관점이 들어 있다고 볼 수 있다"[29]고 주장하고 있다. 그러나 〈작은 연못〉은 미군 병사들 또한 전쟁의 피해자라는 점보다는 민간인을 타자화시키는 미군의 입장을 비판하고 있는 텍스트라고 보는 것이 타당하다. 연합군의 명령에 따라 고향을 떠나는 민간인에게 소리를 지르며 윽박지르는 미군의 모습이나 피난가는 민간인들에게 길 아래로 가라고 협박하는 미군의 모습도 자신들이 전쟁의 주체임을 강조하는 장면이다. 또한 폭탄 투하의 소식을 듣고 민간인들에게는 알려주지 않은 채 자신들만 도망가는 미군의 모습 역시 무책임한 점이 부각된다.

전쟁 중에도 민간인은 보호돼야 하는 것이 마땅하다. 그러나 "군사적 필요성에 의한 작전 수행이 불가피하다면, 비전투 민간인의 피해는 어느 정도 허용되어야 할 것인가?"[30] 하는 문제가 공중전의 작전에 따르는 불가피한 선택이 된 상황이다. "1951년 1월 1일 오후 9시에 서울 철수에 앞서 미8군 사령부는 '행정명령 32호'를 공포하였는데, 이 행정명령의 핵심 내용은 유엔군의 작전 수행에 방해가 되는 모든 민간인의 이동을 통제하려는 것"[31]이다. 그런데 서희경의 논문에 따르면 전군에 하달된 이 문서에서 민간인 보호의 일차적인 실행 책임을 대한민국 정부당국에 맡기고 있다는 점이다. 이는 미7사단 민사9(Civil Affairs) 기록에서도 언급하

---

29 김태우, 「영화〈작은 연못〉을 통해 본 한국전쟁 다시쓰기」, 『작가세계』 Vol.87, 세계사, 2010, 405쪽.

30 서희경, 앞의 글, 207쪽.

31 NARA, RG 550, Entry A-1, Box 80, Organizational Files, 8086 MHD, "Evacuation of Refugees and Civilians from Seoul June 1950 and December 1950 to January 1951." 서희경, 앞의 글, 213쪽 재인용.

고 있는데, 그 내용을 살펴보면 "38선 이남의 민사 문제는 도 단위 또는 지방 단위 당국을 포함하는 대한민국 정부를 통하며, 지방 당국이 존재하지 않거나 제대로 기능을 못하는 경우에는 지휘관이 군사 작전 수행에 필요한 선에서 통제한다."[32]고 하고 있어 민간인 보호보다는 작전 수행이 앞선다는 점을 분명히 하고 있다. 이는 미군이 자신들의 입장에서 주체가 되어 민간인을 타자화시키고 있다는 점을 반증하는 것이다.

〈작은 연못〉에서의 미 육군은 아직 전쟁이 일어났다는 실감을 하지 못하고 지내는 산골 마을에 갑자기 나타나 군사 지역이니 피난을 가라고 명령한다. 정작 명령에 따라 피난을 가고 있는 마을 사람들에게 총을 겨누며 타자로 규정하고 있다는 점이 잘 드러나고 있다.

미 육군은 마을 사람들을 오히려 수상한 사람들로 치부하며 민간인을 타자화한다. 레비나스의 타자의 철학은 "'자아' 이외의 모든 이질적인 것(他者)들을 억압하고 배제하는 방식으로 자신의 체계를 구축해나간 주체 중심주의적 사유가 버티고 있다는 것"[33]을 비판하는 관점에 있다. 뿐만 아니라 미군이 총을 겨누는 장면에서는 민간인을 마치 적군 포로를 대하는 것처럼 억압하며 위협하고 있는 점이 강조된다. 〈작은 연못〉에서는 이처럼 미군이 민간인을 타자화시키고 사물화시키고 있다는 것을 드러내고 있다.

그래서 사실적인 영화 〈작은 연못〉의 에필로그 부분에서 커다란 고래 두 마리가 노근리 하늘 위를 천천히 유영하는 판타스틱한 장면은 바로

---

32 NARA, RG 407, E-429, Box 3186, 7th Inf Div. Administration O No.8, Hq 7th Inf Div, 071200, Jan 1951. 서희경, 앞의 글, 213쪽 재인용.

33 최진석, 「타자 윤리학의 두 가지 길-바흐친과 레비나스」, 『노어노문학』 제21권 3호, 한국노어노문학회, 2009, 174쪽.

우리가 생각하는 타자의 존재를 환기시키는 이미지다. 이상우 감독은 언론 인터뷰 과정에서 고래 이미지를 넣은 이유에 대해 설명하며, 고래는 인간다움을 대변한다고 말했다. 그는 "고래는 살리자고 하면서 왜 사람다움은 살리려고 하지 않는가 하는 질문"이며, "사람도 고래처럼 소중하고 신비한 존재라는 것을 말하고 싶었다"[34]고 대답했다고 한다. 다소 생뚱맞아 보이는 고래의 출현은 타자가 나에게 이미 알려지고 앎의 대상이 되었다면, 그는 더 이상 낯설고 이질적인 타자가 아니라는 점을 강조한다. 〈작은 연못〉에서의 이 장면은 한국 땅에서 미국이 주체가 되고 한국인이 타자화된 상황을 고래라는 이질적인 이미지를 통해 부각시키고 있는 의미 있는 장면이라고 할 수 있다.

4. 맺음말

이 글은 한국전쟁에서 미군이 주체가 되고 한국 민간인은 타자로서 취급돼왔다는 문제의식에서 출발했다. 이에 한국 전쟁영화 중 미군과 민간인의 이러한 복합적인 관계가 여실히 드러나는 세 편의 영화를 통해 타자와 주체의 관계가 어떻게 다양하게 드러나는가를 검증했다. 임마누엘 레비나스에 의하면 타자의 존재를 고려하지 않고서는 주체도 성립할 수 없다고 보기 때문에 주체의 타자에 대한 책임은 무한이 되는 것이다. 이

---

34 김종훈, 「〈작은 연못〉 이상우 감독 & 이우정 대표. "최고의 선택, 최선의 노력"」, 『무비위크』 홈페이지(http://www.movieweek.co.kr/article.html?aid=22998) : 이선희, 「제작사 · 배우들 무보수 품앗이로 담은 반전메시지, 〈작은 연못〉 이상우 감독」, 『국민일보』, 2010년 4월 18일자.

글은 레비나스의 타자성의 관점에서 미군과 민간인의 관계를 고찰했기 때문에 〈아름다운 시절〉, 〈웰컴 투 동막골〉, 〈작은 연못〉의 세 영화가 타자화된 민간인의 모습을 강조하고 이에 대한 비판 의식을 드러낸 영화이며 이러한 상황에 대한 미군의 책임을 환기시키는 영화임을 밝혔다.

첫째로 〈아름다운 시절〉(1998)에서 미군은 초반부에는 아이들에게 초콜릿을 나눠주기도 하고, 미군 부대에 납품을 하는 직업을 제공하는 등 원조자로 그려지기도 한다. 그러나 아녀자에게 성매매를 시키며, 부대 근처 쓰레기장에서 물건을 훔친 아이들을 벌하고, 부대 물건을 빼돌린 성민 아버지에게 붉은 페인트를 뿌려 낙인 찍는 등 폭력적 지배자의 모습으로 그려지고 있다. 그리하여 처음에는 경제적 도움을 주는 대상이었지만, 아녀자를 성폭행하며 지배자로서 무소불위의 권력과 폭력을 행사하는 악인으로서의 모습이 부각된다. 어머니의 성매매 현장을 목격한 창희가 성매매의 현장인 물방앗간을 불지름으로써 미군을 불태워 죽이는 저항의 모습이 강조되고 있다.

또한 〈웰컴 투 동막골〉(2005)에서는 동막골 내 인민군 대공포대 여부를 조사하려는 미 공군 특수부대원들이 마을을 침입해 민간인을 공격하고 위협하는가 하면, 미 공군은 마을에 폭탄을 투하하는 등 무자비한 존재로도 그려진다. 그러나 동막골에 추락하여 민간인들과 함께 지내게 된 스미스는 친구며 동반자의 관계를 형성한다. 동막골에 폭탄을 투하하려는 미 공군에 대해 인민군, 국군 탈영병, 미 공군 스미스가 힘을 합해 폭탄이 피해가도록 최선을 다하는 장면에서는 미군과 민간인 사이에 동료애가 드러난다. 그러므로 〈웰컴 투 동막골〉은 타자화에 대한 비판과 저항, 동료애가 공존하는 이중성을 보인다.

노근리사건을 다룬 〈작은 연못〉(2010)에서는 우방으로 온 미 공군이 작전상의 편의로 민간인을 무차별 폭격으로 학살한 폭력성을 지닌 집단으로 그려진다. 영화 속에서 미군은 주체로서 전쟁에서 주도권을 행사하며 노근리 마을 주민들은 그저 타자화되어 피해를 당할 뿐 아무런 저항도 하지 못하는 상황을 강조한다.

결국 카메라에 비친 미군은 아군이며 민간인과 동반자로서의 관계가 표현되어 있는가 하면 폭력과 집단 살해의 주범으로 표현되기도 하는 이중성을 보인다는 것이 밝혀졌다. 처음에는 우방으로 왔으나, 군사적 작전상의 편의를 위해 민간인을 무차별 학살한 미군과 민간인의 관계는 한국전쟁의 또 다른 비극으로 볼 수 있다.

세 편의 한국 전쟁영화 〈아름다운 시절〉, 〈웰컴 투 동막골〉, 〈작은 연못〉 등을 통해 본 미군과 민간인의 관계는 전쟁기라는 특수 상황에서 미군이 주체가 되어 민간인을 타자화시킨 상황에 대한 책임을 소환하는 방향으로 재현됐다. 이 글은 한국영화에 나타난 한국전쟁기 미군과 민간인의 관계를 본격적으로 집중해 밝힌 논문이라는 의의를 지닌다.

'아리랑' 영화들에 나타난 내셔널 시네마적 특성 연구

1. 머리말

"〈아리랑〉은 한국을 대표하는 한민족의 민요이며, 민중의 서사시며, 한문화의 상징적 문화표상"[1]이라고 볼 수 있다. "춘사 나운규가 영화의 제목을 〈아리랑〉으로 삼은 데는 같은 이름의 노래를 통하여 당시 우리 농촌의 생활상과 민족의 애환을 담고자 한 데 있었음에 틀림없다"[2]고 볼 수 있다. 이에 〈아리랑〉을 민족영화라고 보는 입장은 여러 연구에서 찾아볼 수 있다. 유현목은 나운규의 민족적 낭만성은 직접 저항이 불가능한데서 오는 처절한 몸부림으로 표상이 되어 마침 〈아리랑〉의 주인공이 광적으로 분출이 되는 데서 독특한 미학을 지니고 있다고 하여 민족

1 　김태준, 「〈아리랑〉이란 무엇인가」, 국제문화재단 편, 『한국의 아리랑 문화』, 박이정, 2011, 15쪽.
2 　위의 책, 40쪽.

적 낭만주의[3]라고 분석하였고, 김종원은 "'사실주의적 민족영화'로 알려진 〈아리랑〉"[4]이라고 언급하며 민족영화라는 것을 명시하고 있다. 김수남은 나운규의 작품 세계를 주제별로 구분하면서, 일제 치하에서 나라 잃은 슬픔을 겪어야 하는 조선인의 비애와 그 울분을 일제에 대한 간접적인 저항의식으로 나타낸 민족영화로 〈아리랑〉 연작 3편[5]을 언급하였는데, "오늘날 민족영화 내지 민중영화를 언급할 때마다 나운규의 〈아리랑〉을 그 효시로서 견본을 삼고 긍정적이든 비판적이든 저항적 민중영화 또는 민족적 저항영화 등등을 운운하는 것"[6]에 대해서 재고해야 한다는 언급을 한 것도 민족영화라는 점을 부정하는 것이 아니라 저항영화라는 점을 재고해야 한다는 입장이다. 즉 "영화 〈아리랑〉은 우리 민족의 얼을 담고 있으면서 여기에 반일사상을 은은히 깔고 있어서, 그 중압에 시달리는 가난한 조선 농민들에 대한 사랑과 위안을 담고 있었다."[7]는 입장은 김려실의 "〈아리랑〉은 애초부터 항일영화였던 것이 아니라 항일영화로 '상상'된 것이다. 그러한 상상이 가능한 것은 변사가 영화의 내용을 즉흥적으로 바꿀 수 있고 관객의 논평이 개입될 수도 있는 당시의 가변적인 영화 상영 시스템 덕분이었다"[8]는 언급으로 미루어보아 항일저항의식의 표상으로 규정하는 것에는 입장 차이가 있지만, 민족영화라고 보

3   유현목, 「나운규의 민족적 낭만주의고찰」, 『연극학보』 15호, 동국대 연극영상학부, 1984, 53쪽.

4   김종원, 「차명된 민족영화 〈아리랑〉의 사료적 평가」, 『영화연구』 13호, 한국영화학회, 1997, 469쪽.

5   김수남, 「나운규의 민족영화 재고」, 『영화연구』 7호, 한국영화학회, 1990, 45쪽.

6   위의 글, 53쪽

7   김태준, 앞의 글, 41쪽.

8   김려실, 「상상된 민족영화 〈아리랑〉」, 『사이』 창간호, 국제한국문학문화학회, 2006, 265쪽.

는 입장에서는 이견이 없는 것으로 보인다.

나운규의 〈아리랑〉 이후에 '아리랑'이라는 제목을 달고 나온 영화들[9]이 상당히 많으므로 이 글에서는 이를 '아리랑 영화'라고 지칭하고자 한다. "〈아리랑〉은 민족의 애환과 한을 풀어내는 슬픔과 감동의 노래"[10]라고 본 다면 아리랑 영화들에 있어서도 '아리랑'이라는 이름으로 인해 민족영화 라고 할 수 있는지를 살펴볼 필요가 있다. 아리랑 영화들 중 1957년 김 소동 감독의 영화까지는 한국영상자료원에서 실제 필름이 보전되어 있 지 않다. 영화 연구에 있어서 실제 필름 자료가 있는지 없는지는 상당히 중요하다. 그리하여 〈아리랑〉에 대한 대부분의 연구가 영화 자체가 아닌 시나리오나 대본, 영화소설, 당대 비평, 기존의 연구 등을 기반으로 이루 어지고 있는 형국이다.

이에 이 글에서는 현재 보전되어 있는 아리랑 영화들[11] 중 성적(性的) 내용이 과다한 영화를 제외한 영화를 대상으로 민족영화적 특성이 있는 지 검증해보고자 한다.

여기에서 문제 삼을 만한 중요한 점은 '민족영화'라는 용어가 "현재 통

---

9 〈아리랑〉은 1926년 '조선 키네마 프로덕션'이 제작한 35밀리미터 흑백 무성영 화이며, 나운규가 각본·주연·연출한 영화로 필름이 보전되어 있지 않아 종합 적인 평가는 어렵다. 이 영화의 성공으로 속편인 〈아리랑 그후 이야기〉(감독 이 구영, 작·출연 나운규, 1930)·〈아리랑 3편〉(감독 나운규, 1936)이 만들어졌 으며, 1954년(감독 이강천, 출연 허장강·김재선·변기종), 1957년(감독 김소 동, 출연 장동휘·조미령·원봉춘·김동원)에 각각 같은 제목으로 다시 만들어 지기도 했다(다음백과사전에서 요약. http://100.daum.net/encyclopedia/view. do?docid=b14a1192a).

10 김태준, 앞의 글, 39쪽.

11 〈아리랑〉(감독 유현목, 1968), 〈아리랑아〉(정인엽, 1977), 〈수잔 브링크의 아리 랑〉(감독 장길수, 1991), 〈구로아리랑〉(감독 박종원, 1989), 〈아리랑〉(감독 이두 용, 2002), 〈아리랑〉(감독 김기덕, 2011).

용되는 '민족영화'라는 개념은 제도권 영화와 비제도권 영화 전체를 변혁운동의 관점에서 영화예술창작과 민족해방운동적 사상, 조직적 실천이라는 총체적인 시각으로 바라보면서 영화미학과 창작방법까지를 포함하고 있다"[12]는 1980년대식 '민족영화' 개념과 착종될 수 있으므로, '내셔널 시네마'라는 용어로 지칭하여 접근하고자 한다. 그러나 이미 '민족영화'라는 용어로 이미 쓰인 내용을 인용할 때는 '민족영화'라는 용어를 그대로 인용하고자 한다.

그리하여 이 글은 아리랑 영화들이 '내셔널 시네마'의 어떤 특성을 드러내고 있는지 살피고자 한다. 이 글의 주 연구 대상인 보전된 아리랑 영화들에 관한 연구는 〈구로아리랑〉에 관한 연구 외에는 거의 없다. 그 점에서 이 연구는 나운규의 〈아리랑〉을 기점으로 시작된 '민족영화' 즉 '내셔널 시네마'의 현대적 지평을 아리랑 영화들에서 살피는 첫시도라고 할 수 있다.

2. 내셔널 시네마의 개념과 논의

'내셔널 시네마'는 두 가지 방향에서 고려될 수 있다. "앤드류 힉슨은 민족 영화의 상상적 응집성이나 특수성을 정체화하는 두 가지 중심적 개념 수단으로서 내향적 시선과 외향적 시선을 제시한다. 전자는 민족 자체, 민족의 과거, 현재, 미래, 문화적 유산, 토착 전층, 공통의 정체성과 연속성에 대한 감각을 반영하면서 내부를 바라보는 것이라면, 후자는 다

---

12 이효인, 「민족영화운동의 몇 가지 제안」, 『보운』 18호, 충남대학교 교지편집위원회, 1989, 153쪽.

른 민족 영화들과 구별되고자 하고 타자성의 의미를 강조하면서 경계들을 가로 질러 밖을 바라보는 것"[13]이라는 관점으로 비춰볼 때, 한국 영화 내에서 민족영화로 지칭되는 내셔널 시네마는 전자의 관점에서 출발했지만, 전 지구적 세계화로 인해 후자의 관점으로 지평이 넓혀진다고 볼 수 있다. 그런데 한편으로 "현재에는 민족영화에서 초민족영화(transnational cinema)로의 이론적 전환이 일어나면서 '초민족영화'가 민족 영화라는 이론적 틀의 대안으로 사용되기 시작하고는 있지만, 이런 전환이 실제로 일어난 시기가 과연 언제부터인가 그리고 이런 변화를 뒷받침할 만한 텍스트로 과연 어떠한 것들이 있는가"[14]의 문제까지 대두되고 있다. 그러나 이 글에서는 먼저 한국 영화의 지형 내에서 내셔널 시네마는 어떤 특성을 지니고 있는가에 대한 문제가 선행되어야 한다고 보고, 아리랑 영화들로 이를 검증해보고자 한다.

사실 다민족 다인종 국가에 있어서는 '민족'이라는 문제가 여러 가지 맥락으로 재개념화되어야 하기에 "민족국가의 문화적 잡종성에 대한 인식이 높아지는 시대에 민족이나 국가 개념에는 어떤 변화가 일어나게 되는가? 또 이런 변화는 영화라는 매체가 민족적, 문화적 경계를 구성하는 데에 어떤 영향을 미치는가?"[15]의 문제는 고려해봐야 한다. 그러나 우리나라의 경우 1990년대 이후 해외 이주자들이 급증하고 있지만, 단일민

13 Andrew Higson, "The limiting imagination of national cinema, Matte Hjrot & Scott MacKenzie, eds., *Cinema and Nation*, London& NY, R outledge, p.67. 주유신, 「민족 영화 담론, 그 지형과 토픽들」, 한국영화학회 학술대회 발표자료집, 2008, 25쪽에서 재인용.

14 미츠요 와다–마르시아노, 「블라디보스톡에서 생각하는 일본 : '초민족적 영화에서 민족 찾아내기」, 『트랜스 : 아시아 영상문화 컨퍼런스』, 트랜스 : 아시아 영상문화 연구소, 2006, 288쪽.

15 주유신, 앞의 글, 27쪽.

족으로 오랜 세월을 이어져온 특수성으로 인해 아리랑 영화들에 대해 논의할 때 문화적 잡종성의 문제는 논외로 한다.

"내셔널 시네마는 앤드류 힉슨의 지적처럼 시네마라는 장에서 국민국가에 대한 인식과 동일시의 과정이라는 점에서 국가건설의 일환으로 볼 수 있다"[16]고 본다면 내셔널 시네마의 요소에 한국이라는 국가적 정체성의 요소가 담겨 있다고 볼 수 있다. 한국 영화에 대한 내셔널 시네마에 대한 기존의 논의 중 이지연은 "임권택이 한국을 대표하는 작가 감독으로 순환되는 것은, 한국 영화의 '아버지'로서 한국 내부에서 외부로 표상되는 방식과 함께 그의 영화들이 한국이라는 나라, 민족, 문화, 역사— '한국적인 것'을 반영한다는 식으로 이해된다. 즉, 그의 영화는 한국 내셔널 시네마의 대표이며 그 국가내의 민족적인 특성을 드러내는 고유한 예술과 정서를 반영하는 영화라는 것이다. 임권택의 영화들은 내셔널 시네마로서 국제적인 시장에서 한 국가의 역사와 문화를 국제적인 스펙터클로 파는 것"[17]이라고 언급하고 있다. 여기에서의 내셔널 시네마는 외부로 표상되는 방식이 강조된 내셔널 시네마의 맥락이다. 즉 "기타노 다케시와 임권택 감독의 영화가 각각의 내셔널 시네마를 대표하는 '작가' 감독의 영화로 여겨지는 과정이, 한 나라의 국가적 경계선 안에 국한되어 나타나는 현상이 아니라, 국가와 유럽의 영화제, 국제적인 아트 하우

16 Andrew Higson, "The Concept of National Cinema", Catherine ed., *The European Cinema Reader*, London and New York : Routledge, 2002, pp.132~142. 김한상, 「냉전 체제와 내셔설 시네마의 혼종적 원천」, 『영화연구』 47호, 한국영화학회, 2011, 88쪽에서 재인용.

17 이지연, 「내셔널 시네마의 유통과 '작가' 감독의 브랜드화에 대한 비판적 성찰— 기타노 타케시와 임권택의 경우를 중심으로」, 『영화연구』 30호, 한국영화학회, 2006, 274쪽.

스 배급만이 연결되어 있는 초/국가적인 '사이의 공간'에서 일어나는 현상"[18]으로 볼 수 있는 것이다. 이러한 현상이 아리랑 영화들에서는 어떻게 나타나는지 다음 절에서는 실제 텍스트에서 이를 검증해볼 것이다.

3. 아리랑 영화들의 내셔널 시네마적 특성

1) 내셔널 시네마의 기원

이 글에서는 '내셔널 시네마'라는 용어를 '민족영화'와 같은 개념으로 보고 일단 '민족영화'에 대한 논의를 포괄하여 접근하는 것이 타당할 것이다. 이에 먼저 '민족영화'에 관한 기존의 논의를 살펴보고자 한다. 김영찬은 〈아리랑〉을 근대 '민족영화'의 기원으로 말할 수 있는 결정적인 근거는 〈아리랑〉이 내용과 형식의 토대 위에서 '민족에 대한 상상'을 촉발하는 영화였다는 데 있다."[19]고 언급하면서 이는 "영화의 신파적 내용과 정서구조가 눈물을 매개로 하여 식민지 근대를 살아가는 대중의 억압된 일상적 정서구조와 공명한 데 있었음"[20]을 기초로 하여 멜로드라마적 장르 효과 속에서 이루어진 것이라고 분석하였다. 특히 "이 몸이 이 강산 삼천리에 태어났기 때문에 미쳤으며 사람을 죽였습니다."라는 영진의 대사는 '이 강산 삼천리'라는 표현을 매개로 하여 영진의 운명과 그것을 보

18 위의 글, 280쪽.
19 김영찬, 「나운규 〈아리랑〉의 영화적 근대성」, 『한국문학이론과 비평』 제30집(10권 1호), 한국문학이론과비평학회, 2006.3, 192쪽.
20 위의 글, 187쪽.

고 동정의 눈물을 흘리는 현실 속의 관객의 운명을 하나로 묶어주는 수행직 작용을 하는 것이며 이로서 민족이라는 공동체적 상상은 성공적인 종결로 마무리되는 셈"[21]으로 보았다. 즉 김영찬의 논의는 '민족영화'는 민족이 사는 땅인 국토가 하나의 요소가 된다는 것이며, "'한'은 가장 한국적인 슬픔의 정서"[22]라고 볼 수 있다는 점에서 한의 감정과 공명하는 눈물을 요소로 본 것이다.

또한 영화 〈아리랑〉이 일제강점기라는 시대적 배경 속에서 직접적으로 저항적 요소를 포함하고 있었다면 상영 자체가 힘들었을 것이므로 우회적으로 저항했다고 볼 수 있다. 즉 "영화 〈아리랑〉은 단순한 치정과 살인의 사연으로만 볼 수도 있다. 그러나 시나리오나 영화평을 보면 이 단순함에 나운규의 영화적 장치가 숨겨 있음을 알 수 있다. 예컨대 첫 장면에 견원지간을 비류하여 고양이와 쥐를 배치시켜 일본과 조선과의 앙숙관계를 암시한 것이라거나, 주인공 영진이를 미치광이로 만들어 현실을 냉소한 것이라거나, 친일 앞잡이가 여주인공을 겁탈하다 낫에 찍혀 죽는다는 상황을 일본의 강압적인 식민통치와 그에 대한 저항으로 그린 것이 그것이다."[23]라고 볼 수 있는 측면이 있다.

이후에 나온 〈아리랑 그 후의 이야기〉는 정신이상으로 16명이나 살해하고 경찰에 체포되어 옥중 생활을 하던 영진이 정신병자라는 이유로 석방되었지만 가족은 300원의 빚 때문에 이미 마을을 떠난 뒤여서 영진이 가족을 찾아다니다 다시 살인 누명을 쓰고 경관의 손에 체포되어 아

21 위의 글, 184쪽.
22 김태준, 앞의 글, 50쪽.
23 김연갑, 「아리랑, 그 길고 긴 내력」, 국제문화재단 편, 『한국의 아리랑 문화』, 박이정, 2011, 118~119쪽.

제3부 영화와 사회

리랑고개를 넘어간다[24]는 줄거리로 진행되고 있고, 또한 이후 제작된 발성영화 〈아리랑 3편〉은 미친 영진을 데리고 의지할 곳 없는 영희는 바느질 품팔이로 생활을 이어가던 중, 영희를 못살게 굴던 태준이 영희의 방으로 들어간 후 저항하던 영희가 죽게 되자, 영진이 태준을 죽인다[25]는 줄거리로 〈아리랑〉의 기본 줄거리에 빗지고 있다. 당대 비평에서 "나운규 군이 우리의 참담한 현실을 묘사하여 일면의 의도에는 반대치 아니한다."[26]고 언급된 것으로 보아 일제강점기 농민들의 한을 묘사하고 있는 것에는 1편과 그 궤를 같이한다고 볼 수 있다.

이후 리메이크된 유현목 감독의 아리랑(1967)과 이두용 감독의 〈아리랑〉(2002)은 나운규 〈아리랑〉의 줄거리를 바탕으로 각색된 영화다.

유현목 감독의 〈아리랑〉은 나운규 〈아리랑〉의 오기호가 악덕 지주의 청지기며 일제 앞잡이라는 설정을 악덕 지주의 아들로 바꾸기는 했지만 큰 줄거리는 같다. 그러나 디테일에 있어서는 많은 이야기들이 추가된다. 다리 건설에 마을 사람들이 동원되어 힘겹게 일하는 과정이 자세히 그려져 있다. 또한 영진의 친구인 현구가 일본 경찰에게 고문을 당하던 중, 마을 사람들이 다리 건설을 더 빨리 할 수 있게 독려한다면 마을 사람들을 위하겠다는 일본 경찰과의 약조로 풀려나게 되어 여자들도 모두 다리 건설에 돌을 나르게 하고, 심지어 어린이들까지 수업을 빠지고 동원하도록 독려하게 된다. 그러나 일본 경찰이 약속을 지키지 않자 현구는 다리를 폭파하려고 다이너마이트를 다리에 설치한다. 영희를 사이에

24 김수남, 「나운규의 〈아리랑 그 후의 이야기〉에 대한 비평적 고찰」, 『영상예술연구』 8호, 2006, 131쪽.

25 위의 글, 131~132쪽.

26 남궁옥, 『중외일보』, 1930.2.18, 18~19쪽.

두고 현구와 다투던 오기호를 낫으로 찍어 죽이고 나서 미쳤던 정신이 되돌아온 영진은 현구가 시킨 대로 다이너마이트에 불을 점화시키고 다리를 폭파한 후 경찰에 붙잡히게 된다. 그후 영진이 아리랑고개를 넘어가면서 총살된다는 줄거리 전체로 보아 원작보다 다양하고 액티브한 사건이 추가되어 리얼리티를 더한 점이 현대적 변용이라고 볼 수 있다.

이두용 감독의 〈아리랑〉 역시 나운규의 〈아리랑〉 원작과 큰 줄거리에서는 같다. 그러나 유현목 감독의 〈아리랑〉이 변사 없이 배우들이 직접 연기하는 것과는 달리 발성영화이기는 하지만 원작의 맛을 살려 변사(최주봉)가 영화를 이끈다는 점이 차이가 난다. 처음에는 흑백 화면으로 무성영화의 느낌을 주다가 기호가 영희를 겁탈하려는 부분에서 영진이 정신이 돌아오게 되는 부분부터는 컬러 영화로 바뀌게 된다.

유현목 감독과 이두용 감독의 〈아리랑〉은 대체로 원작의 줄거리를 따라 진행되지만, 일제강점기에 상영되었던 작품들보다 일본제국주의에 대한 저항적 요소가 겉으로도 강조될 수 있었고 디테일한 부분의 변화가 있었다. 그러나 원작 〈아리랑〉과 '내셔널 시네마'적 특성에 있어서의 큰 차이는 없다고 볼 수 있다.

원작영화 〈아리랑〉과 이후 리메이크된 〈아리랑〉 영화의 '내셔널 시네마'적 특성은 첫째로 '삼천리강산'이나 '아리랑고개'라는 국토에 대한 인식과, 둘째로 한이라는 정서에서 공감되는 눈물과, 셋째로 억압적 현실 상황에 대한 저항적 요소라고 볼 수 있다. 이는 한국의 내셔널 시네마의 기원인 〈아리랑〉에서 찾아볼 수 있는 내셔널 시네마적 특성이라고 할 수 있다.

2) 내셔널 시네마의 지형 변화

이 절에서는 〈아리랑〉 영화들 중 〈아리랑아〉(정인엽, 1977), 〈수잔 브링크의 아리랑〉(감독 장길수, 1991), 〈구로아리랑〉(감독 박종원, 1989), 〈아리랑〉(김기덕 감독, 2011)을 통해 내셔널 시네마의 지형 변화를 도출하고자 한다. 이 글에서 살펴볼 영화는 전술한 바대로 여러 아리랑 영화들 중 성적(性的) 내용이 과다한 영화를 제외하고, 현재 영상자료원에 자료가 남아 있는 영화에 한한다.

(1) 국토의 아이덴티티 – 〈아리랑아〉

〈아리랑아〉에서 일제강점기 때 교사였던 유관구는 민족운동을 했다고 고문을 당하는 과정에서 혀가 뽑히고, 이후 말을 할 수 없는 칠순의 노인이다. 또한 그는 한국전쟁으로 인해 당시 소위였던 장남이 전사한 아픔을 가진 사람으로 우리 민족의 상처를 표상한다. 가난 속에서 자라게 된 둘째아들 전식은 이를 악물고 노력하여 기업가로 성공했지만, 겉치레를 좋아하며 아들 교육에만 신경 쓰고 아들의 미래를 위한다며 이민 준비를 하는 아내의 생각에 동조한다. 〈아리랑아〉에서의 이민은 핵심 사건으로 이 나라 국토를 떠나는 것이 국가 및 국토에 대한 배반과 동일시되어 그려진다. 전식 부부는 비밀리에 이민을 준비하지만, 이를 알게 된 막내딸 선아와 사위 문혁은 전식과 그의 처에게 아버지는 절대로 조국을 떠나지 않을 것이므로 아버지를 버릴 셈이냐고 이민을 가지 못하게 설득한다. 마침 이민 수속 중 신체검사에서 위암이 발견된 전식은 갈등하게 되고, 좌절감에 머리를 식히려고 시골 고향을 찾게 된다. 고향에서 국토와 조국의 소중함을 다시 깨닫게 된 전식은 이민을 포기하게 된다. 전식의 의식 변화를 나타내는 장면에는 민요 〈아리랑〉이 흐르게 된다. 이민을 가려고 했던 전식이 이민을 포기하려고 하는 계기가 고향 땅을 밟으면서 이루어진다는 의미는 국토의 아이덴티티가 영화에서 강조된다고 볼 수 있다.

즉 〈아리랑아〉에서의 내셔널 시네마적 요소는 '아리랑'으로 표상되는 국토의 아이덴티티이다. 이민을 떠나는 것이 국토를 배반하는 것이라는 맥락은 내셔널 시네마에 있어서 국토성의 중요성이 강조된 것이다.

(2) 디아스포라의 아이덴티티 - 〈수잔 브링크의 아리랑〉

2008년 이후 국내 입양이 해외 입양을 넘어서기 시작했지만, 그 이전에는 한국이 세계적으로 가장 많은 입양아를 수출한 나라라는 부끄러운 시기가 있었다. 16만 명 이상의 아이들이 해외에 입양되었다는 기록이 이를 증명해주고 있다. 이러한 해외 입양아들은 자라서 자신을 낳아준 부모를 찾게 되는데, 해외 입양아들의 조국에 대한 생각을 담은 영화에서도 내셔널 시네마로서의 특징이 드러난다.

〈수잔 브링크의 아리랑〉에서 1966년 가을 네 살배기 유숙은 스웨덴으로 입양된다. 수잔이라는 새 이름으로 자라게 된 그녀는 자신의 이질적인 외모에 소외감을 느끼고, 정체성에 대한 의문으로 괴로워한다. 히스테리컬한 양모의 가혹한 매질과 학대로 13세부터 여러 차례 자살 시도를 한 그녀는 결국 18세에 자립을 하지만, 자신의 정체성에 대한 고민이 더해가다 한국의 친모를 찾기 위해 노력하게 된다. 그러던 어느 날 스웨덴 선교사의 도움으로 한국에 친모가 살아 있다는 소식을 접하게 되고, 해외 입양아의 실태를 보도하고자 하는 한국의 방송사의 방문으로 그녀는 자신의 이야기를 카메라 앞에 풀어놓는다. 수잔은 집에 방문한 방송 기자 앞에서 피아노로 〈아리랑〉을 연주한다. 목사님한테 배운 〈아리랑〉은 그녀가 생모를 생각할 때면 연주하는 곡이다. 이 영화에서의 〈아리랑〉은 디아스포라의 아이덴티티를 환기시켜주는 기능을 한다. 이러한 디아스포라의 정체성을 주제로 하는 한국 영화로는 〈동경아리랑〉(감독 손창호, 1990)이 있다. 이 영화에서는 재일교포들이 주로 모이는 주점에서 〈아리랑〉을 합창하기도 하는 등 재일교포의 삶의 애환이 그려져 있으나, 성적 표현이 과다하여 분석 대상에서 제외하였다.

이처럼 해외에서 살아가는 교포나 해외 입양아들을 그린 영화에서는 〈아리랑〉이라는 민요를 통해 디아스포라적 정체성을 드러난다. 이 역시 〈아리랑〉을 통해 드러난 내셔널 시네마적 특성의 한 유형으로 볼 수 있다.

(3) 시대적 요소가 강조된 민중의 한의 표출 – 〈구로아리랑〉

이문열의 소설을 원작으로 하는 영화 〈구로아리랑〉은 당대의 시대적 요소를 주요한 배경으로 하고 있다. 이 영화는 구로공단 봉제 공장에서 열심히 일하며 살아가는 종미를 비롯한 여공들과 그들의 열악한 근로 환경을 드러냄으로써 그들의 상황을 강조한다. 영화 속 인물들은 공장에서 해고를 당하거나 일하다 죽거나 다친 친구들, 노동쟁의를 하다가 죽은 친구들을 생각하며 인간의 존엄성을 외친다. 이들의 친구 중에는 지식인으로서 위장 취업을 하여 그들의 권익 찾기에 온몸을 바치는 현식도 있다.

"〈구로아리랑〉에서 보여주는 사회구조는 산업화로 인하여 사회계층이 다분화되었는데, 이것은 갑자기 나타난 현상이 아니라 산업화가 진행됨에 따라 서서히 나타난 것으로 70년대 들어서서는 이미 거대한 수의 공장 근로자군이 형성되었는데, 그들은 산업화의 역군이면서 부의 분배에서 소외당했다는 데서 사회적 빙점으로 위치하게 되었다. 80년대의 사회적 갈등구조는 크게 노동과 자본의 갈등이었다고 할 수 있다. 무엇보다도 저임금 장시간노동을 국가경쟁력의 기반으로 하는 수출주도형 전략으로 노동자는 일방적인 희생을 강요당하였다."[27]는 분석은 〈구로아리랑〉이 공장 노동자로 대표되는 민중들의 한을 그리고 있다는 것을 강조한다.

대부분의 아리랑 영화들에는 민요 〈아리랑〉이 주요한 키포인트에 등장한다. 그러나 〈구로아리랑〉에서는 민요 〈아리랑〉을 부르거나, 배경으로 나오는 장면은 없으나, 주인공이 야학에서 배우는 내용에 민중정신의 표상으로 등장한다. "「진달래꽃」은 민중의 한과 극복을 노래하고 있으며, 〈아리랑〉과 더불어 가장 대표적인 민중시, 민중민요로 꼽히고 있습니다. 민중정서에 있어서 가장 중요한 것은 퇴폐적 감상주의나 소극적 현실도피가 아닌 아무리 힘들고 어려운 현실일지라도 딛고 일어서려는 극복의 지입니다. 이것이 바로 민중의 힘이며, 「진달래꽃」의 주제이며, 〈아리랑〉의 이상인 것입니다."라는 선생님의 말은 이 영화의 제목에서의 '아리랑'의 의미가 '민중의 한의 표출과 극복 의지'라는 것을 알 수 있다.

즉 〈구로 아리랑〉에서의 내셔널 시네마적 특성은 민요 〈아리랑〉이 지니는 민중의 한의 표출과 극복의지 및 억압에 대한 저항의지에서 찾을 수 있다.

27 이숙영, 「영화 〈구로아리랑〉에 나타난 노동쟁의 연구」, 『영화교육연구』 3호, 한국영화교육학회, 2001, 245쪽.

(4) 개인적 한의 표출을 통한 내셔널 시네마의 외향적 지평
- 〈아리랑〉(2011)

전술한 세 유형은 "민족영화와 민족 정체성의 관계를 민족영화와 민족 수행성으로 대체하자, 이는 개인적인 것에서 집단적인 것으로, 초월적인 것에서 역사적으로 사회적인 특수성으로 구조에 대한 강조에서 변환 가능성에 대한 강조로 초점이동되며 수행성 개념이 민족 실행체의 모델로 확장 가능"[28]한 유형으로 볼 수 있다. 즉 집단으로 나타나는 민중성에 의한 내셔널 시네마의 특성으로 볼 수 있다. 그러나 전 지구화가 진행된 1990년대 이후의 '아리랑' 영화는 집단적인 정체성의 표현보다는 개인적인 한을 표출하는 것으로 변화하게 되며, 전술했던 앤드류 힉슨이 언급한 다른 나라의 민족영화들과 구별되고자 하고 타자성의 의미를 강조하면서 경계들을 가로질러 밖을 바라보는 내셔널 시네마적 특성을 지니게 된다.

이러한 특성을 지닌 영화로 김기덕 감독의 〈아리랑〉을 들 수 있다. 이는 김기덕 감독이 자신의 영화 세계를 돌아보며 혼자서 촬영한 영화로 2011년 칸국제영화제에 초대되어 처음 공개되었다. 김기덕 감독의 필모그래피를 보면, 〈악어〉(1996)로 데뷔했고, 이후 〈야생동물보호구역〉과 〈파란 대문〉으로 여러 해외 영화제에 초청되었지만, 정작 그가 세계적으로 알려진 것은 〈섬〉이 세계 3대 국제영화제 중 하나인 베니스국제영화제 경쟁 부문에 초청되었을 때부터이다. 김기덕 감독은 〈나쁜남자〉 외에는 국내에서 20만 명 이상 동원한 영화가 없었기에 자신의 영화의 정체성을 세계 경쟁력에 초점을 맞추려고 한 것으로 짐작된다. 〈봄여름가을

---

28 주유신, 앞의 글, 26쪽.

겨울 그리고 봄〉(2003)은 동양적 불교적 사유를 담고 있고, 해외 수상은 물론 해외 상영으로 한국에서보다 훨씬 많은 관객 동원을 한 바 있다. 김기덕 감독의 작품은 해외 영화제에 무려 200회 이상 초청받았고, 〈사마리아〉로 베를린영화제 감독상, 〈빈집〉으로 베니스영화제 감독상, 〈아리랑〉으로 칸영화제 '주목할 만한 시선'상을 수상함으로써 해외에서의 존재감을 드러냈다.

특히 〈아리랑〉의 경우, 〈비몽〉 이후 3년간이나 영화를 만들지 못한 후에 제작된 것으로 그동안 자신의 한을 독백의 형태로 모두 쏟아부은 것이다. 일부에서는 물론 이 영화를 다큐멘터리라고 규정하고 있으나, 이 영화는 김기덕 자신이 말하는 대로 극영화에 가깝다. 질문하는 김기덕, 답하는 김기덕, 그림자 김기덕, 이들의 모습을 화면으로 보는 김기덕 등으로 주체 분열되는 김기덕 자아의 구현과 상상 살인이 이를 말해준다.

이 영화에서 김기덕 감독이 여러 차례 부르는 〈아리랑〉은 〈본아리랑〉이 아니라, 처음 부분은 〈한오백년〉이고, 후렴 부분은 〈정선아리랑〉이지만, 이는 '아리랑'이라는 논의의 맥락에서는 별 문제가 되지 않는다. 그런데 김기덕 감독은 왜 자신의 한을 독백의 형태로 쏟아부은 영화에 '아리랑'이라는 단어를 쓰고, 〈아리랑〉 노래를 토해내듯 부르는 것일까. 이는 〈아리랑〉이 '한'이라는 정서를 잘 담고 있기 때문이기도 할 것이다. 그런데 또한 "스티븐 크로프츠에 있어서 영화제는 내셔널 영화와 외국의 구매자들이 만나는 상업적으로 중요한 장소"[29]로 국내보다는 해외에서 더 각광받는 감독으로서 해외 영화제는 그의 존재감을 확실히 해주는 것이라는 점으로 미루어 짐작해볼 수 있다. 김기덕 감독이 제목을 '아리랑'이라고 하고, 〈아리랑〉을 부르는 것은 해외 영화제 출품에서 다른 나라

29　이지연, 앞의 글, 254쪽.

의 내셔널 시네마들과 구별되고자 하는 한국의 내셔널 시네마의 특성을 고려한 탓으로 봐도 좋을 듯하다. 이를 고려하지 않았다고 해도 한국의 고유한 민요인 〈아리랑〉이라는 단어가 제목이 됨으로써, 해외 영화제에서는 한국의 내셔널 시네마로서의 특성을 가지며 다른 나라의 내셔널 시네마와는 차별화되는 특성을 지니게 된다. 이처럼 김기덕 감독의 〈아리랑〉에서는 〈아리랑〉이라는 노래로 개인적 한의 표출을 통한 내셔널 시네마의 외향적 지평이 드러난다.

4. 맺음말

이 글은 아리랑 영화가 '내셔널 시네마'의 어떤 특성을 드러내고 있는지 살피고자 하였다. 먼저 내셔널 시네마의 개념을 민족영화와 같게 보지만, 한국의 특수한 상황에서의 1980년식 민족영화로 좁히는 개념은 아니며, 이 용어가 민족 자체, 민족의 과거, 현재, 미래, 문화적 유산, 토착 전통, 공통의 정체성과 연속성에 대한 감각을 반영하면서 내부를 바라보는 내향적 시선과 다른 민족영화들과 구별되고자 하고 타자성의 의미를 강조하면서 경계들을 가로질러 밖을 바라보는 외향적 시선을 모두 가지면서 내향적 시선에서 점차 외향적으로 변화한다는 입장에서 접근하였다.

그리하여 나운규의 〈아리랑〉과 그 이후의 리메이크 영화를 모두 내셔널 영화의 기원으로 보고, 첫째로 '삼천리강산'이나 '아리랑고개'라는 국토에 대한 인식과 한이라는 정서에서 공감되는 눈물과 억압적 현실 상황에 대한 저항적 요소를 도출하였다. 이후 등장한 아리랑 영화들에서는 내셔널 시네마의 지형 변화를 도출해냈다. 〈아리랑아〉에서는 국토의 아이덴티티, 〈수잔 브링크의 아리랑〉에서는 디아스포라의 아이덴티티, 〈구로아리랑〉에서는 시대적 요소가 강조된 민중의 한의 표출 등으로 내셔널 시네마의 특성을 도출하였다. 이와 같은 집단적 한의 표출이 아니라 개인적 한의 표출이라고 볼 수 있는 김기덕 감독의 〈아리랑〉을 통해서는 국제영화제라는 장에서 내셔널 시네마의 외향적 지평이 확대된다는 것을 도출하였다.

한국 영화 내에서 민족영화로 지칭되는 내셔널 시네마를 아리랑 영화들에서 살펴본 결과, 민족 공통의 정체성과 연속성을 반영하는 관점에서 출발했지만, 전 지구적 세계화로 인해 점차 다른 나라의 영화들과는 구별되어 특수한 가치를 부여받게 된다는 관점으로 지평이 넓혀진다고 볼 수 있다.

이 글은 아리랑 영화들에서만 도출한 내셔널 시네마의 특성이다. 시대적 변화에 따라 앞으로 내셔널 시네마와 관련된 특징들도 다양하게 도출되며, 이에 따라 논의가 확대될 것으로 기대된다.

한국 영화에 나타난 다문화 양상 연구

◼ 이방인 수용 양상을 중심으로

1. 머리말

국내 체류 외국인이 100만 명을 넘어섰고 빠르게 증가하는 추세에 있는 현실은 우리 사회가 다문화사회로 진입하고 있다는 것을 말한다. 다문화사회로의 변화는 이주노동자들에 대한 차별, 다문화가정의 문제 등 법적, 제도적, 인식적 문제를 내포하고 있다. 이에 몇 년 전부터 다문화 사회에 관한 논의들이 급증하고 있다. 다문화 현상에 어떻게 대응할 것인가에 대한 접근 방식은 인식론적 접근에서부터 갈등을 해결하는 방식과 목적에 따라 다양하게 쟁점화되고 있다.

'다문화'에 대한 담론은 학계에도 상당히 진척이 되고 있다. 우한용은 "근래 다문화 논의의 핵심에 해당하는 것이 외국인 노동자의 인권과 삶의 문제, 결혼이주 여성의 한국 문화 적응의 문제, 국제결혼 가정의 자녀들이 겪는 교육상의 문화적 갈등"[1] 등의 세 가지 국면으로 요약하고

---

1 우한용, 「21세기 한국사회의 다양성과 소설적 전망」, 『현대소설연구』 40호, 한국

있다. 하지만 이외에도 탈북자가 겪는 갈등을 포함해야 이주자들의 수용양상을 포괄하여 살펴보는 것이 될 것이다.[2] 이 글은 이 네 가지 국면을 그린 영화를 중심으로 '다문화' 논의에 접근하되, 국내 외국인 수용양상을 중심으로 논의하고자 한다. "다문화담론이 급속히 확산되고 있음에도 불구하고, 차이들이 존중되고 포용되는 방식으로 우리 사회가 다원주의적으로 변화되어가고 있다는 징후를 발견하기란 그리 쉽지 않다."[3]는 분석은 현실에서는 분명 타당한 면이 있다. 그러나 현실이 반영된 것이지만 예술 장르인 영화에서는 현실과는 다른 양상을 추적가능하다고 본다.

한국 영화로 최초로 외국인 노동자 문제를 전면적으로 다룬 영화로 윤인호 감독의 〈바리케이드〉(1997)가 있다. 〈바리케이드〉 이후 2000년 초기까지 상영된 한국 영화에서는 '다문화'에 대한 인식의 방향 제시보다는 소수자 인권의 측면에서 접근되어, 주로 결혼이든 일자리든 동남아에서 온 사람들에 대한 억압이나 폄하에 대한 고발과 비판이 대부분의 주제였던 것으로 보인다. 그러나 '다문화' 담론이 TV[4]를 비롯한 다양한 매체에서 대중적 관심을 유발했을 뿐만 아니라, 학계에서도 '다문화'가 본

현대소설학회, 2009, 14쪽.

2   필자는 이에 대하여 평론으로는 분석한 바가 있다. 이 글은 이 평론을 기반으로 하여 보강된 것이다(황영미, 「한국 속 이방인 순례기 – 영화 〈파이란〉, 〈여섯 개의 시선〉 중 〈믿거나 말거나, 찬드라의 경우〉, 〈처음 만난 사람들〉」, 『너머』 3호, 해와 달, 2007, 30~41쪽).

3   , 외, 『한국에서의 다문화주의 : 현실과 쟁점』, 한울, 2007, 5쪽.

4   〈아시아, 아시아〉나 〈미녀들의 수다〉 같은 프로그램이 시청자의 관심을 끌었다. 또한 다문화에 대한 TV 드라마도 상당수 방송되었고, 필자는 이에 대해 논문을 쓴 바가 있다(「한국 다문화가족 TV 드라마의 특성 연구」, 『한국문예비평연구』 31집, 2010.4, 295~318쪽).

격적으로 연구되기 시작하는 등의 사회적 관심의 변화와 맞물려 영화 속에서도 많은 변화가 나타나고 있는 것으로 보인다.

　점점 늘고 있는 국내 외국인이 과연 어떠한 삶을 살아가고 있는지에 대해 한국 영화는 어떻게 그리고 있는가. 이 글에서 문제 삼고자 하는 것은 전술했듯이 취업을 위해 한국에 온 외국인 노동자와 한국으로 결혼해 온 여성 결혼이주자, 또는 이들이 이루는 다문화가정, 새터민을 주제로 한 영화들이다. 이들을 다룬 영화들은 영화적 완성도도 높을 뿐만 아니라 같은 한국 땅에서 살고 있음에도 이들에게 한국 사람들이 얼마나 가혹하며, 그들이 얼마나 혹독한 삶의 조건에서 살아가고 있는가에 무관심한 우리의 모습을 되돌아보게 만들고 있다. 1997년 이후 현재까지 인권위원회 제작 영화나 독립영화뿐 아니라 상업영화에서도 외국인 이주자를 그린 영화도 많아졌다. 이 글은 한국 영화에서 나타나는 외국인 이주자에 관한 수용 양상을 살펴보고자 한다. 이 글은 이주민 급증 초기였던 1997년 개봉작인 〈바리케이드〉에서부터 2010년 개봉작인 〈방가? 방가!〉까지를 대상으로 10여 년 동안 한국 영화에서 나타난 외국인 이주자들에 대한 수용 양상을 텍스트 분석을 통해 추적하고자 한다.

　이 글은 다문화의 인식론적 토대가 되는 몇 가지 핵심 개념을 적용함으로써 접근하고자 한다. 탈식민주의의 여러 이론 중 한국 영화에서 그리고 있는 유형들과 가장 적절하게 적용할 수 있는 개념들로 접근하고자한다. 첫 번째로는 외국인 노동자를 그린 영화에서 두드러지게 나타나는 양상인 자신의 정체성을 말할 수 없는 존재인 억압받는 자로서의 모습이다. 이 글은 이에 대하여 스피박의 '하위주체는 말할 수 있는가'[5]에 나타

5　스피박, 태혜숙 역, 「하위주체가 말할 수 있는가? 다원화주의의 문제들」, 『세계사상』 4호, 1998, 79~135쪽.

난 관점으로 접근할 것이다.

대상 영화는 상업영화에서부터, 인권위원회가 제작한 영화, 애니메이션, 단편영화 등을 망라하여 〈바리케이드〉(1997), 〈파이란〉(2001), 인권위원회에서 제작한 〈여섯 개의 시선〉 중 박찬욱 감독의 〈믿거나 말거나, 찬드라의 경우〉, 〈별별이야기〉 중 〈자전거 여행〉(2005), 〈처음 만난 사람들〉(2007)을 대상으로 말할 수 없는 하위 주체로서의 외국인 노동자의 양상을 살피고자 한다. 두 번째로는 데리다가 말하는 '환대'[6]이다. 데리다는 '이방인'이 존재 규정이 아니라, 위치에 따라 상대적으로 주어지는 호칭임을 주장한다. 〈별별이야기 2〉 중 〈샤방샤방 샤랄라〉(2007)와 서울국제여성영화제 상영 단편영화 〈문디〉(2008)를 통해 다문화 가정에서의 자녀 교육 문제와 결혼이주자가 어떻게 이방인으로서의 권리를 찾아가는지를 살피고자 한다. 세 번째로는 들뢰즈와 가타리가 말한 '-되기'[7]라는 개념을 통해서 살피고자 한다. 〈로니를 찾아서〉(2009), 〈반두비〉(2009), 〈방가? 방가!〉(2010) 같은 최근 영화에서 나타나는 현상들을 '이방인 되기'로 접근하고자 한다.

영화에서 나타나는 외국인에 대한 관점은 현실과는 다르게, 현실의 모순을 증거하며 현실을 개선하고자 하는 방향성이 제시되고 있다. 이 글은 이러한 방향성에 대해 중심 벗어나기, 탈영토화를 통한 재영토화의 가능성으로 접근하고자 한다. 또한 영화는 "시점 조작의 가능성을 서사물에 부여"[8]하기 때문에 카메라의 시점으로 주제화가 가능하다. 영화 안에서 인물들은 시선의 상호 관계에 의해 규정되며, 소유와 소유할 수 없

6   데리다, 『환대에 대하여』, 남수인 역, 동문선, 2004.

7   질 들뢰즈·펠릭스 가타리, 『천 개의 고원』, 김재인 역, 새물결, 2001.

8   시모어 채트먼, 『영화와 소설의 서사구조』, 김경수 역, 민음사, 1990, 192쪽.

음(이미지의 소유)의 대립 속에서 혼란에 빠지고 공포를 느낀다. 그 혼란 속에서 인물들은(혹은 우리들은) 무기로서의 시선[9]에 의해 중재된다. 따라서 카메라의 시점 분석을 통해 영화 속에 감춰진 시선이나 관점을 드러내고자 한다.

이러한 분석을 통해 국내 외국인 이주자에 대한 수용 양상의 변화가 추적 가능하리라고 본다. 이 글은 전술한 영화들을 통해 다문화 양상의 문제점을 환기시켜 한국 사회가 나아갈 방향을 모색하는 데 기여하고자 한다. 이 연구는 다문화사회의 지향점을 영화가 제시하고 있다는 것을 말하는 증거가 될 것이다.

2. 한국 영화에 나타난 다문화 양상 변화

한국 문화에 나타난 다문화 현상에 대하여 탈식민주의적 입장에서 접근하는 논의도 있고, 내부 오리엔탈리즘의 입장에서 접근하는 논의도 있다. 어떻게 접근하든 한국 사회가 그들의 문제에 대해 겉으로는 보호한다는 차원에서 진행하고 있지만, 실제로는 차별을 가중하고 있는 이중적인 시선을 지니고 있는 것에 대해서는 동일한 입장을 취하는 것으

---

9   시선은 권력의 무기로 사용될 수 있다. 카메라의 역사 역시 전쟁의 역사와 더불어 설명해야 하는데, 무기로서의 카메라는 일종의 '관찰 기계'이다. 시선의 영화적 형식은 미스터리, 공포, 의혹은 전면에 내세우면서 테러, 죽음, 파괴는 뒷면에 자리잡도록 하는 조정의 형식이다. 따라서 존 오르는 시민사회의 질서화된 세계, 그럼에도 특권적인 부르주아에게는 감시가 여전히 운명인 세계에서 우리가 갖게 되는 것은 무기-시선의 부분적인 중재라고 설명한다(존 오르, 『영화와 모더니티』, 김경욱 역, 민음사, 1999, 132~136쪽 참고).

로 보인다. 또한 대부분의 사람들이 이주 외국인들을 보는 시각에 편견을 지니고 있는 것으로 보인다. 단일민족 국가였던 한국사회는 순혈주의를 기반으로 서구 열방이 오리엔탈리즘으로 동양 사람들을 보아왔던 시각으로 재한 외국인 노동자나 결혼이민자를 보고 있는 것은 아닌가에 대한 지적은 많이 논의[10]되어왔던 바이다. 그러나 점차 한국 영화에서 소수자 입장을 대변하고, 그들의 입장을 이해하고자 하는 시각들이 나타나고 있기에, 이 글은 한국 영화에 나타난 이방인 수용 양상을 통해 한국 사회가 국내 체류 외국인들을 보는 시각의 변화에 대해 분석을 하고자 한다.

1) 말할 수 없는 이방인

에드워드 사이드는 그의 역작 『오리엔탈리즘』의 첫 장에서 "그들은 스스로 자신을 대변할 수 없고, 다른 누군가에 의해 대변되어야 한다."고 언급한 칼 마르크스를 비판하면서 마르크스의 동양관이 당대의 오리엔탈리즘에 근거하고 있다고 말했다.[11] 동양인에 대한 이와 같은 인식은 서양에 의해 만들어진 서양/동양의 이분법적 사고에 기인한 편견이라고 본 것이다. 이와 관련하여 스피박은 "사고나 사유하는 주체를 투명하게 혹은 보이지 않게 만드는 것은 타자를 동화시킴으로써 무자비하게 인정하는 태도를 은폐하는 것처럼 보인다. 데리다가 '타자(들)로 하여금 스스로

10   한건수, 「비판적 다문화주의 : 한국적 다문화주의의 모색을 위한 인류학적 성찰」, 『다문화 사회의 이해』, 동녘, 2008.
     문소영, 「한국영화에 나타난 오리엔탈리즘 연구」, 부산대학교 석사학위 논문, 2007.
11   에드워드 사이드, 『오리엔탈리즘』, 박홍규 역, 교보문고, 1991, 10쪽.

말하도록 하기'보다 (자기를 공고하게 만들어주는 타자와 다르고), 우리 안에 존재하는 타자의 목소리라는 저 내면의 목소리를 환각으로 만드는 '진정한 타자'(quite other)에 '호소'하고 그것을 '요청'하는 것도 타자를 동화시킴으로써 인정하는 태도를 경계하려는 뜻에서이다."[12]라는 데리다의 주장을 언급하면서 이러한 데리다의 타자 형성의 작업을 유용하다고 본다.[13] 그리하여 스피박은 "하위 주체가 말할 수 있는가?"[14]라는 언급을 하면서 말할 수 없는 하위 주체의 구축을 경계하기 위해 인종주의보다는 '여성' 문제에 안착한다.[15] 그러나 이 글에서는 하위 주체의 구축에 대해 여전히 인종주의적 관점에서도 바라볼 필요가 있다고 보고, 이를 우리나라의 다문화 문제에 적용하고자 한다. 즉 동남아 이주민을 우리 사회가 지속적으로 하위 주체로 구축하고 있음으로 인해, 동남아 이주민들이 여전히 '말할 수 없는 하위 주체'가 되고 있는 양상을 포착하고자 한다.

한국 문화예술계에서 다문화적 하위 주체에 대해 본격적으로 쟁점화하기 시작한 기점은 20세기가 끝나는 시점으로 볼 수 있다. 다문화적 하위 주체의 문제를 다룬 한국 영화를 찾아보자면 우선 윤인호 감독의 〈바리케이드〉(1997)를 꼽을 수 있다. 외국인 이주노동자의 문제를 본격적으로 다룬 영화가 없었기에 이 영화는 더욱 의미가 있다고 할 수 있다. 이 영화의 포스터에는 '내가 그들과 다를까'라는 문장이 태그라인으로 씌어 있음으로써, 영화 속 핍박받는 외국인 이주노동자들과 한국인 노동자가 다르지 않다는 것을 메시지로 전달하고 있다.

---

12 스피박, 앞의 책, 113쪽.
13 위의 책, 같은 곳.
14 위의 책, 같은 곳.
15 위의 책, 같은 곳.

고등학교를 졸업하고 세탁 용역 공장에 다니는 〈바리케이드〉의 주인공 한식(김의성)은 미국 이민 생활을 실패하고 돌아온 불만투성이인 아버지와 몇 년 만에 나타난 아버지를 마다 않는 어머니와 함께 살아간다. 한식의 아버지는 여전히 미국 사대주의에 빠져 양담배만 피우려 한다. 한식은 이러한 아버지에 대해 불만과 분노를 품고 있다. 한식의 공장에는 방글라데시, 필리핀 등지에서 이주해 온 동남아 불법 취업자인 칸과 자키, 부토 등이 힘겹게 일하고 있다. 그들은 일만 힘겨운 것이 아니다. 사장은 이들 이주노동자에게 욕설과 폭력을 일삼고, 함께 일하는 동료인 용승(김정균)마저 외국인 이주노동자들을 무시하며 폭력을 행사한다. 이에 대해 한식은 용승과 대립한다.

이주노동자들의 생활 태도도 구분된다. 학력이 낮은 자키는 한국의 문화에 적응하려고 노력하지만, 대학을 나온 칸은 문화적·종교적으로 한국 사회에 적응하기 어려워한다. 돼지고기를 먹지 않는 칸은 회식 자리에서도 다른 사람들에게 놀림감이 되곤 한다. 또한 필리핀에서 온 부토와 방글라데시에서 온 칸은 서로 사랑하지만, 부토가 강간을 당하는 등 여러 가지 어려운 상황이 생기게 된다. 결혼하기를 원하는 이들은 함께 한국을 떠나 고국으로 돌아가고자 여권을 찾게 된다. 그러나 사장이 압수한 여권을 찾을 길이 없다. 절망한 그들은 공항이 보이는 아파트 옥상에서 자살하게 된다. 이들이 할 수 있는 것은 말없이 죽음을 선택하는 길뿐이다. 이 영화에서는 한국인과 외국인의 대립이 분명하게 나타나며 이를 대립항으로 정리하면 다음과 같다.

한국인	외국인
이주노동자에게 폭력을 행사하는 사장과 용승	일방적으로 당하기만 하는 자키, 칸, 부토

이주노동자들 편에 선 한식의 시선이 바로 감독의 시선이다. 영화의 후반부에서는 칸과 부토가 없어지자 공장에 일손이 부족해 사장까지 함께 직접 빨래를 하며 야근을 하게 된다. 이를 계기로 사장이 3D 업종의 육체적 힘듦을 직접 체험하고, 직원들과 화해의 방향으로 나아가게 된다. 또한 미국에서 이주노동자의 삶을 살다 상처를 입고 돌아온 아버지와 자신과 함께 일하는 이주노동자의 삶이 다를 바 없다는 것을 깨달은 한식이 아버지가 좋아하는 양담배를 사 가는 것으로 엔딩이 마무리됨으로써 이들의 갈등은 잠정적으로 화해가 되는 것처럼 보인다. 그러나 이 영화에서 남은 문제는 공장 사람들이 칸과 부토가 죽은 줄도 모르고 있다는 것이다. 이로써 말할 수 없는 하위 주체로서 이주노동자의 입장이 부각된다.

그다음으로는 송해성 감독의 〈파이란〉(2001)에 대해 언급할 필요가 있다. 이 영화는 여주인공인 '파이란'(장백지)이 고아가 된 채 마지막 혈육인 이모를 찾아 한국으로 들어와 취업을 위해 위장결혼을 하는 데서 시작된다. 직업소개소 브로커인 경식(공형진)은 삼류 건달이던 이강재(최민식)와 파이란을 서류상으로 결혼시킨다.

또한 경식은 파이란을 술집에 팔아넘기고자 한다. 그러나 파이란이 술집 사장을 만나는 자리에서 심한 기침을 하고 각혈을 해 취업이 되지 않는다. 김윤아는 이 장면에서 "〈파이란〉에서는 극단적 하이 앵글의 부감 쇼트로 운명에 갇히고 세상과 단절된 파이란을 보여주었다(술집으로 팔려갈 듯한 상황에서 화장실에서 고민하다 혀를 깨물어 위기를 모면하는 장면에서 화장실에 앉아 망연자실하고 있는 파이란을 버즈 아이 뷰 (bird's eye view)로 보여주면서 꽉 막힌 그녀의 처지와 상황을 한순간에 깨닫게 해준다. 비슷한 방식으로 각혈을 하고 난 날 밤, 잠 못 이루고 뒤척이는 그녀를 역시 풀쇼트의 하이 앵글로 보여주면서 답답하고 어찌할 바 모르는 그녀의 심리를 한 쇼트로 표현한다).”[16]고 분석한 바 있다. 이처럼 위급한 상황에서 불법체류 노동자인 파이란이 할 수 있는 것이라고는 혀를 깨물어 입에 피를 흘린 것밖에 없다.

카메라는 계속해서 가난하고 불쌍하게 살아가는 파이란을 동정적인 모습으로 그리고 있다. 강원도 거진이라는 조그만 시골 마을의 초라한 세탁소에 취직하게 된 파이란이 자신이 기거하게 될 짐을 쌓아두었던 초라한 방에 실망하는 표정을 카메라는 놓치지 않는다.

문소영은 〈파이란〉에서 강재와 파이란이라는 인물이 텍스트에서 지니고 있는 속성을 한국인/외국인, 도시/시골, 문명/자연 등의 이항대립항으로 분석하면서 “주체와 타자 사이의 관계에서 남성과 여성, 한국인과 외국인이라는 요소들과 관련되어 복합적으로 나타난다.”[17]라고 분석한 바 있다. 그러나 이 글에서는 남성과 여성의 대립이나, 도시와 시골의 대립보다는 한국인과 외국인이라는 대립에 주목하여 텍스트 내에 숨어 있는 외국인 노동자에 대한 텍스트성을 읽어낼 수 있는 대립항을 찾아내어 이주노동자에 대한 시선을 읽어내고자 한다.

한국인 강재	외국인 파이란
강재의 빨간 머플러(오염이나 타락)	파이란이 빤 흰 빨래(순수)
게으르고 한심한 강재의 모습	열심히 일하는 인간 세탁기 파이란
위장결혼 사례비만 챙기고 파이란을 잊은 강재	칫솔을 두 개 사는 파이란
	강재의 사진을 보며 강재에게 편지 쓰는 파이란

16 김윤아, 「소설과 영화 사이 : 영화 〈파이란〉과 〈우리들의 행복한 시간〉을 중심으로」, 『현대비평과 이론』 제13권 제2호(통권 26호), 2006. 가을 · 겨울, 95~109쪽.
17 문소영, 앞의 글, 274~275쪽.

게으르고 한심한 강재와는 달리 파이란은 할머니 혼자서 경영하던 세탁소의 유리창을 반짝거리게 닦는 등 혼신을 다해서 일한다. 추운 바깥에서 이불을 발로 밟으며 빨래를 하는 파이란의 모습과, 새하얀 빨래가 널린 풍경은 파이란의 순진무구함을 나타낸다. 파이란을 잊은 강재와는 달리 위장결혼 서류에 있는 강재의 증명사진을 책상 앞에 놓고 남편으로 생각하며 지내는 파이란의 모습에서, 한국 사회에 편입되려는 자들과 그들에게 관심 없는 한국 사회를 대립적으로 보여준다.

이 영화는 강재와 파이란을 한 번도 직접 대면하여 대화를 하지 못하게 설정해두고 있다. 그러므로 파이란은 강재에게 한 번도 직접 '말할 수 없었다'. 남편이 되어준 강재에게 파이란이 쓴 감사의 편지는 파이란이 병들어 사망한 다음에 읽혀지게 된다. 또한 파이란의 모습은 경식이 재미삼아 찍어둔 비디오 테이프로만 볼 수 있다. 파이란은 엄연히 한국 사회에서 법적으로 강재의 아내로 존재했지만, 강재에게는 말할 수도 없었고 볼 수도 없는 지워진 존재임을 영화는 강조하고 있다. 이는 파이란의 삶이 직접 목소리를 낼 수 없었던 하위 주체로서의 삶을 상징하고 있다는 것을 보여준다.

또다른 영화로는 국가인권위원회가 제작한 〈여섯 개의 시선〉(2003) 중 박찬욱 감독의 〈믿거나 말거나, 찬드라의 경우〉를 살펴볼 필요가 있다. 이 영화에서 주인공 네팔 노동자 찬드라 구마리 구룽은 공장 근처를 배회하다 지갑을 떨어뜨린 줄 모른 채 라면을 먹고는 돈을 내지 못하게 되고, 주인과 의사소통이 되지 않자 결국 경찰에게 인수된다. 경찰은 아무런 신분증이 없는 찬드라의 이름을 물었지만, '몰라'로 일관하고 대화가 되지 않는 찬드라를 정신이 이상한 사람으로 오해하여 정신병원에 넘긴다. 의사들 역시 그녀가 외국인이라는 생각을 전혀 하지 못한 채 상담 진료를 한다.

길을 잃은 네팔 노동자가 한국 사람처럼 생겼다는 이유로 행려병자 취급을 받고 정신병원에 6년 4개월 동안 방치된 실제 사건을 다룬 이 영화는 러닝타임 20분의 짧은 단편영화지만 대부분이 찬드라의 시점쇼트로 진행되고 있어, 카메라가 찬드라가 보고 겪는 사실들을 따라가면서 그대로 보여준다.[18] 찬드라는 말을 하지만 네팔의 말은 소통되지 못하고 찬드라의 시선만으로 전달된다.

찬드라는 병원 생활을 하면서 자신의 이름마저 잃게 된다. 한 정신병자가 자신의 딸로 오인하여 찬드라를 '선미야'라고 부르는 데서 찬드라의 이름은 '선미야'가 되어버린 것이다. 아무리 자신이 '찬드라'임을 강조해도 그녀의 이름은 '선미야'로 소통될 뿐이다. 이를 대립항으로 정리하면 다음과 같다.

한국인	외국인 찬드라
찬드라를 정신병자 한국인으로 오인한 경찰	'몰라'밖에 말할 수 없는 찬드라
대화 시 눈을 맞추느냐로 정상인을 판단하는 정신과 의사	말하기와 눈맞추기를 싫어하는 찬드라
찬드라를 '선미야'로 부르는 사람들	자신이 '찬드라'임을 말하는 찬드라

위의 대립에서 밝혀지듯 한국어를 잘 못한다는 이유 하나로 외국인 노동자 찬드라의 말은 허공에 흩어질 뿐 전달되지 않았다. 정상인이지만 6년 4개월 동안 타국의 정신병원 생활을 했던 찬드라의 경우는 '말할 수 없는 하위 주체'로서의 억울한 삶을 대변한다.

---

18 황영미, 앞의 글, 36쪽 참조.

또한 국가인권위원회가 제작한 단편 애니메이션 모음 〈별별이야기
1〉(2005) 중 이성강 감독의 단편 〈자전거 여행〉에 주목할 수 있다. 이 작
품은 외국인 노동자의 시선으로 한국 사회의 행정편의주의를 비판한다.
이 애니메이션은 경찰의 불법체류자 단속을 급하게 피하려다 달려오는
트럭에 치어 사망한 외국인 노동자 메하르의 삶을 그의 사후에 되짚어본
다. 메하르가 죽기 전 타고 있던 자전거의 시점쇼트로 진행되는 이 작품
은 희생자의 입장에서 생각해보라는 문제 제기인 것이다. 여기서도 하위
주체는 죽었기에 '말할 수 없다'. 뿐만 아니라 장면은 대부분 메하르의 육
체조차 배제된 채 자전거가 진행한다.

이 작품은 장송곡을 연상시키는 처연하고 음산한 음악을 배경으로 비
오는 들판에 처박힌 빈 자전거를 비추면서 시작된다. 빈 자전거는 점차
몸체를 바로 세우고 천천히 달리기 시작한다. 달리는 자전거는 들길을
지나 공장 앞에 선다. 마치 자전거 위에 사람이 있는 듯 자전거는 서서
핸들을 움직이며 안을 들여다본다. 임금은 밀렸지만 그동안 몸담았던 공
장, 이기적인 공장주에게 폭언과 발길질을 당하는 자신의 모습, 사랑했
던 연인을 만나는 장면이 회상 형식으로 구성되어 있어 희생자의 넋을
기리고 있다. 죽은 주인공의 빈자리를 팔로 그러안고 자전거 여행을 떠
나는 메하르의 연인이 "네팔의 하늘을 보여주고 싶어."라고 속삭이는 엔
딩 장면은 이제는 더 이상 세상에 없는 그에게 하는 말이라는 점에서 희
생자의 입장을 분명히 한다. 이를 대립항으로 정리하면 다음과 같다.

한국인	외국인
메하르에게 폭력을 가하는 악덕 사주	말없이 폭력을 당하는 메하르
불법체류자 단속하는 경찰	단속을 피해 도망치는 메하르

	메하르의 넋을 기리는 빈 자전거
	메하르의 빈자리를 안고 자전거를 타는 연인

위의 대립에서 밝혀지듯, 한국인은 폭력을 가하거나 단속을 하는 입장이며 외국인 노동자 메하르는 말할 수 없는 하위 주체임이 드러난다.

이외에 새터민의 삶과 이주노동자의 만남을 소재로 한 김동현 감독의 〈처음 만난 사람들〉(2007)이라는 영화에 주목할 수 있다. 한국에는 다양한 유형의 이방인들이 살고 있다. 북한을 탈출하여 남한에 살게 된 새터민이라 불리는 탈북자들 역시 한국 사회에 적응하기 어렵기로는 외국인 이주자와 별반 다를 바 없다. 〈처음 만난 사람들〉의 새터민 진욱은 온통 외국어투성이인 간판, 서구화된 한국 문화에 적응하기 어려워한다. 또 다른 인물은 베트남 출신 외국인 노동자 텅윤이다. 텅윤과 고속버스에서 우연히 만나게 된 진욱은 텅윤이 여러 친구를 만나러 가는 길에 동행하게 된다. 어렵사리 찾아갔지만 한국의 농촌 총각과 결혼한 텅윤의 여자 친구는 이미 임신한 상태이고, 갑작스러운 텅윤의 등장에 그녀의 남편과 시집 식구들은 텅윤을 마구 때린다. "때리지 마세요, 나도 사람입니다." 라고 한국말로 외치는 텅윤의 목소리는 보는 관객에게 많은 것을 느끼게 한다.

이 영화의 하이라이트는 밤이 늦어져 차도 끊기자, 텅윤과 진욱이 함께 모텔로 가게 되면서부터이다. 둘은 서로 말은 통하지 않지만 소주잔을 기울이면서 서로의 설움에 부둥켜안고 운다. 진욱과 텅윤은 서로 각기 다른 나라 언어로 각자의 설움을 울분으로 토로한다.[19] 이들은 각자

말을 하고는 있지만, 진정한 의미에서 서로의 언어를 알아들을 수 없으므로 말할 수 없는(언어 주체로서 소통할 수 없는) 하위주체의 처지라는 것을 보여준다.

이와 같이 2000년대 중후반까지는 대체로 한국인/외국인의 대립이 뚜렷하고 억압을 받는 하위주체의 입장에 대해 동정적 시선이 주된 경향으로 나타나고 있다.

2) 이방인의 환대의 권리

데리다는 그의 저서 『환대에 대하여』에서 기존의 질서 체계에서 이방인의 개념이나 이방인의 상황에 대해 의문을 제기한다. 데리다는 소포클레스의 〈콜로노스의 오이디푸스〉 중 이제 막 콜로노스 숲에 도착한 오이디푸스가 다가오는 콜로노스인을 "이방인이여!"라고 불러 세우는 장면에서 '이방인'이 존재 규정이 아니라, 위치에 따라 상대적으로 주어지는 호칭임을 보여준다.[20] 현지에 살고 있는 콜로노스인에게는 오이디푸스가 당연히 이방이겠지만, 처음 도착한 오이디푸스 입장으로 보면 그가 이방인이 되는 것이다. 또한 데리다는 소크라테스가 법정에서 자신을 변호하면서 당시 아테네에서는 이방인을 환대했다고 하면서 자신이 이방인보다 못한 취급을 받고 있다는 것을 강조한다. 즉 이방인에게는 환대의 권리가 있다는 것이다. 사실 당연히 주장해야 될 권리면서도 이방인이 환대를 주장하기는 쉽지 않다. 그런데 의외로 이방인이 당당히 환대를 주장하는 영화가 있음에 주목하자. 국가인권위원회가 제작한 여섯 편의 단편 애니메이션을 모은 〈별별이야기 2 : 여섯 색깔 무지개〉(2007년 제작,

20 데리다, 앞의 책, 78쪽.

2008년 개봉)는 다섯 번째 인권영화 프로젝트다. 이 옴니버스 애니메이션 중 권미정 감독의 애니메이션 〈샤방샤방 샤랄라〉는 필리핀에서 온 여성 결혼이주자의 딸인 은진이를 중심으로 다문화가정 자녀의 교육 문제를 다룬 영화이다. 똑똑하고 친구들에게 인기도 많은 은진이가 언제나 쫑쫑 땋은 머리를 하는 것은 은진의 머리카락이 곱슬곱슬하기 때문이고, 그것은 필리핀에서 온 엄마를 닮았기 때문이다. 친구들에게 놀림을 받기도 하지만 당당하게 살아가는 은진이는 사랑하는 엄마지만 친구들에게는 엄마가 결혼이주자라는 것을 들키고 싶지 않다. 학부모회의 날이 다가오면서 은진은 점점 더 스트레스에 시달리게 되어, 어느날 곱슬머리가 샤방샤방 샤랄라한 긴 생머리로 변해 기뻐하지만, 엄마를 잃어버리는 악몽을 꾸기도 한다.

〈샤방샤방 샤랄라〉는 편견이 많은 현실이지만, 그래도 희망의 출구가 보인다는 것을 그리고 있다. 이 단편영화는 다문화가정이 급속도로 늘어나는 현실을 실감나게 재구성한 애니메이션이다. "돈 벌려고 시집왔다"는 핀잔과 동정 앞에서도 언제나 묵묵부답이던 엄마가 딸 은진을 위해, 은진이와 싸움을 한 아이의 학부모와 당당하게 맞서 자신의 주장을 하는 장면은 이 애니메이션에서 주목할 점이다. 은진이도 당당히 맞서는 엄마의 모습을 보고 쫑쫑 땋아서 감추려고 했던 자신의 머리를 푼다. 〈샤방샤방 샤랄라〉는 다문화가정의 한국 내 정체성이 확립되어가야 함을 당당한 결혼이주자를 통해 보여주고 있다. 그러므로 이 애니메이션에서 한국인과 외국인의 대립소를 찾는 것은 큰 의미가 없다. 다른 사람들에게 한국인으로만 보이고 싶은 은진이 다문화가정 자녀라는 것을 당당하게 생각하는 것으로 변모하기 때문이다.

또한 2008년에 제작되고 2009년 서울국제여성영화제 상영되어 아시아단편경선에서 관객상을 수상한 정해심 감독의 단편 〈문디〉(2008)는 결혼이주 며느리와 시어머니 사이의 갈등을 드러낸다. 이 영화는 15분짜리 단편영화로 시골 마을의 한옥 부엌에서 시어머니와 며느리가 음식을 장만하는 장면으로부터 시작한다. 사망한 아들의 제사 준비를 하는 시어머니는 일이 서툴기만 한 베트남 출신 며느리가 못마땅해 연신 '문디(문둥이)'라 부르며 타박을 한다. 그러나 며느리는 별반 반성하는 기미는 보이지 않고, 담벼락에 사망한 남편이 그려놓은 그림만 바라보며 남편을 그리워한다. 한편 시어머니로서는 아들이 이미 세상을 등진 마당에 시집살이를 하는 며느리가 가엽기도 하다. 그들은 고부간에 한 밥상머리에 앉아 식사를 하지만 며느리는 베트남 음식을 해서 먹고, 시어머니는 한식을 차려놓고 먹는다. 그러다 시어머니는 눈앞에 놓여 있는 베트남식 국수를 먹어본다. 물론 시어머니는 베트남식 국수를 계속해서 먹지는 못하고 다시 한식을 먹지만, 이 장면은 그들이 연대하기 시작함을 상징한다. 클라이맥스는 체한 듯 속이 답답해 바늘로 손가락 끝을 따려는 시어머니에게 결혼이주자인 며느리가 바늘을 뺏고 약상자를 앞에 놓는 장면이다. 바늘을 뺏겨도 다시 다른 바늘을 꺼내 손가락 끝을 따려고 애쓰는 시어머니를 위해 도와주는 며느리의 모습은 시어머니의 마음을 편안하게 만든다. 시어머니는 아들도 없으니 너는 이제 멀리 떠나도 될 것이라며 회한 섞인 말을 내뱉지만 그들 고부간은 아들/남편의 부재를 넘어 새로운 연대를 가지게 되는 것을 의미한다.

〈문디〉 역시 한국인/외국인의 대립을 허물고 이방인인 며느리가 서슬이 퍼런 시어머니에게 기죽지 않고 환대의 권리를 당당하게 주장하는 양상과 서로 연대하게 되는 과정을 그리고 있다. 위의 두 영화에서 볼 때, 한국 영화에서 점차 동정적 시선으로 그려지던 이방인에 대한 시선이 변화되고 있음을 알 수 있다.

3) 이방인 되기

들뢰즈와 가타리는 『천 개의 고원』에서 "서구의 이분법적 사고의 틀(남성/여성, 어른/아이, 백인/흑인, 이성적/동물적)에서 '견고한 분할선'을 뚫고 벗어나는 것으로 '되기' 혹은 '생성'이란 개념을 소개하고 있다. 그들에게 '되기'는 고정된 자아의 정체성을 거절하고 차이, 다른 것, 다양체를 인정하는 것을 뜻한다. 그들은 남성, 규범, 다수성을 주체 개념으로 보는 경직된 사고를 거부하며, 이런 규범의 틀에서 탈주하는 과정으로 '-되기', '여성-되기'를 주장하고 있다."[21] 들뢰즈와 가타리가 주장한 이러한 개념은 "생성은 소수적이며, 모든 생성은 소수자-되기이기 때문이다. 우리가 이해하기에 다수성은 상대적으로 더 큰 양이 아니라 어떤 상태나 표준, 즉 그와 관련해서 더 작은 양뿐만 아니라 더 큰 양도 소수라고 말할 수 있는 상태나 표준의 규정, 가령 남성-어른-백인-인간 등을 위미한다. 다수성이 지배 상태를 전제하는 것이지, 그 역은 아니다."[22]에 준한다. 이에 따라 한국의 다문화 영화의 양상에 주목할 수 있다. 이러한 양상은 2009 이후 개봉작인 〈반두비〉(2009), 〈로니를 찾아서〉(2009), 〈방가? 방가!〉(2010) 등에서 그 이전과는 사뭇 다르게 나타난다. 또 이 영화들에서 나타나는 '이방인 되기'는 각기 다른 과정을 통해 진행된다.

---

21   질 들뢰즈 · 펠릭스 가타리, 앞의 책.
      김진옥, 「울프의 올란도 : 들뢰즈/가타리의 "여성-되기"」, 『제임스 조이스 저널』
      제9권 2호, 2003.2, 328쪽.
22   질 들뢰즈 · 펠릭스 가타리, 앞의 책, 550쪽.

(1) 우정어린 애정을 기반으로 하는 '이방인 되기'

신동일 감독의 〈반두비〉는 우연히 알게 된 불량 여고생 민서(백진희)와 이주노동자 카림(마붑 알엄)이 서로에 대해 이해하고 우정 어린 연애 관계를 가지는 과정을 그린 영화다. 이 불량 여고생 민서는 원어민 강사가 있는 영어학원에 등록하기 위해 불법 안마시술소에서 아르바이트를 하고 있다. 이 영화가 여고생이 주인공이지만 18세 관람가 등급을 받은 것은 정치에 관한 언급 등의 여러 가지 이유가 있겠지만, 여고생의 불법 안마시술소 아르바이트라는 점이 가장 크게 작용할 것이다. 불량 여고생인 민서는 버스에 두고 내린 카림의 지갑을 슬쩍 가방에 넣기도 한다. 지갑을 찾는 카림과의 만남도 이 사건으로 인한 것이다. 카림이 민서에게 임금 체불이 된 사장 집을 함께 찾아가 밀린 임금을 받아달라고 함으로써 지갑 사건이 무마된다. 이후 카림과 민서는 짝패가 되어 서로 가까워진다. 〈반두비〉에 대한 비평에서 김소영은 '우정과 관용 그리고 환대의 문제'를 언급한다.[23] "영화 제목 반두비가 방글라어로 우정을 뜻하니 우정의 문제는 자명하게 드러나는 편이고, 관용(불관용), 환대의 문제는 논의를 필요로 한다."[24]고 언급한다. 김소영은 「이방인의 환대와 윤리」라는 김애령의 논문[25]을 인용하면서 "이방인에 대한 근대적 관용이 이방인은 '우리의 규칙, 삶에 대한 우리의 규범, 우리 언어, 우리 문화, 우리 정치

23 김소영, 「그렇게 그녀는 이방인을 '체화'했다 ─ 인종과 성, 젠더의 충돌을 통해 〈반두비〉가 보여주는 것」, 『씨네21』, 2009.07.31.(http://www.cine21.com/Article/article_view.php?mm=005004004&article_id=57252)
24 위의 글.
25 김애령, 「이방인의 환대의 윤리」, 『철학과 현상학 연구』 제39집, 한국현상학회, 2008.11, 175~205쪽.

체계 등등을 준수한다'라는 조건을 제시한다고 분석한다. 그래서 관용은 권력의 불평등에 기초하는 가부장적 덕목에 기초한다고 비판하면서 저자는 절대적 환대라는 데리다의 환대의 윤리를, 그리고 레비나스의 친밀한 타인으로서의 여성이란 존재를 비판적으로 소개한다."를 언급하고 있다. 또한 김소영은 김애령의 논문에서 언급되어 있는 데리다의 '절대적 환대의 윤리'를 소개하고 환대의 성정치적 관점으로 〈반두비〉를 분석하고 있다.

그러나 필자는 〈반두비〉의 경우 김소영이 분석한 방법론인 데리다의 '환대'보다는 들뢰즈와 가타리의 '–되기'로 분석하는 것이 더욱 적절한 방법론이라고 생각한다. 왜냐하면 영화에서 엔딩은 영화 전체를 상징하는 중요한 부분인데, 엔딩에서의 민서의 행동은 '이방인 되기'[26]이기 때문이다. 엔딩은 그 이전의 에피소드가 복선이 되고 있다. 카림이 민서가 아플 때 민서의 집에서 방글라데시 음식을 요리해주었고, 민서는 카림과 함께 방글라데시 음식을 먹었던 적이 있다. 그때 민서는 카림이 손가락으로 음식을 먹는 것을 눈여겨보게 된다. 그러나 민서와 카림이 가까워지는 것을 우려한 민서의 엄마가 불법체류자로 카림을 고발하면서 카림은 추방당한다.

엔딩에서는 카림을 그리워하던 민서가 안산의 방글라데시 음식점에 가서 함께 먹었던 음식을 앞에 놓고 카림이 했던 것처럼 손가락으로 음식을 먹는다. 이는 한국인 민서가 방글라데시인이 되는 것을 상징한다. 그야말로 '이방인 되기'를 실행하고 있는 것이다. 이 영화에서 '이방인 되기'는 우정 어린 애정 관계를 바탕으로 이루어진다.

---

26 김소영은 앞의 글에서 엔딩의 이 장면을 '이방인의 체화'라고 언급했다.

(2) 원수가 친구로 변한 '이방인 되기'

이방인 되기와 관련하여 심상국 감독의 〈로니를 찾아서〉(2009)에 주목할 수 있다. 이 영화는 '안산 국경없는 마을' 근처 원곡동에서 태권도장을 운영하는 인호(유준상)가 늘어가는 이주노동자들 때문에 불안해하던 동네 사람들이 조직한 자율방범대원을 하다가 방글라데시 출신 이주노동자인 로니(마붑 알엄)가 벌여놓은 좌판을 뒤엎어버린 데서 발단이 된다. 태권도장을 되살리고자 시범대회를 야심차게 준비했지만, 그에게 앙심을 품었던 로니가 나타나 방문객들 앞에서 인호를 한 방에 넉다운시키게 된다. 이후 태권도장에 아이들이 모이지 않아 도장도 넘기고 졸지에 실업자가 된 인호는 자신을 이렇게 만든 로니를 찾아 나선다. 이때 로니를 찾게 해주겠다며 인호 앞에 나타난 외국인 노동자 뚜힌은 믿음직스럽지 않았지만 오직 로니를 찾아 복수하겠다는 맹목적인 열정에 사로잡힌 인호는 그와 기이한 동행을 시작한다. 그러나 뚜힌과 함께하는 시간 속에서 우여곡절을 겪으며 인호는 외국인 노동자들에 대한 자신의 편견을 깨닫고 그들을 친구로 받아들인다.

〈로니를 찾아서〉의 엔딩 장면 역시 '이방인 되기'의 전형을 보여준다. 로니를 찾아 헤매던 인호는 로니가 방글라데시에 갔다는 것을 알게 되고 그를 만나기 위해 방글라데시를 방문한다. 기차의 천장까지 빼곡하게 올라탄 방글라데시 사람들 속에서 인호는 이방인에 불과했다. 그리고 인호는 어떤 집을 찾아가 문을 두드린다. 문이 열리자 환하게 웃는 인호의 얼굴이 클로즈업되는 것이 엔딩이다. 이 엔딩에 대해 '열린 결말이다', '인호가 찾아간 집은 로니의 집이 아니라 뚜힌의 집이다. 그렇지 않고서는 인호가 그렇게 환하고 반갑게 웃을 리가 없다' 등 여러 분석이 난무한다. 그러나 필자는 인호가 찾아간 집은 로니의 집이며, 인호가 로니를 만나

반갑게 웃는 모습이라고 분석한다. 그래서 이 장면은 바로 '이방인 되기'를 보여준다고 분석될 수 있다. 즉 타자의 고통에 무관심하던 주체였던 인호가 이방인과 친구가 되어, 스스로 방글라데시에 가서 '이방인 되기'를 실행한 것이다. 〈로니를 찾아서〉의 이방인 되기는 〈반두비〉의 우정 어린 애정을 바탕으로 자연스럽게 진행된 것과는 달리 원수 사이가 친구로 변화되는 과정을 통해 진행되었다는 점에서 더욱 특별해진다.

(3) 경제적 문제해결을 위한 '이방인 되기'

취업을 위해 한국인임을 포기하고 자진해서 이방인이 된 케이스가 있다. 바로 육상효 감독의 〈방가? 방가!〉(2010)라는 영화다. 주인공 방태식(김인권)은 공장, 막노동 등 안 해본 것 없이 살아왔던 백수이다. 방태식은 친구 용철(김정태)의 조언에 따라 평소 동남아라는 별명으로 불릴 만큼 이국적인 자신의 외모를 바탕으로 중앙아시아 부탄 출신 노동자 '방가'로 가장한 뒤 의자 생산 공장에 취직한다. 태식은 공장에서 알 반장(칸), 찰리(피터 홀밴), 마이클(팔비스), 라자(나자루딘) 등의 외국인 노동자들을 만나고, 베트남 출신의 애 딸린 미녀 장미(신현빈)에게 연정을 느끼게도 된다. 어떻게든 잘 살아보겠다며 국적을 속이고 일하던 태식은 얼떨결에 이주노동자들의 인권을 찾는 일에 앞장서게 된다. 이주노동자들을 단속하는 경찰에 붙잡혀 가기도 하고, 이주노동자들의 파티에서 부탄 대사를 만나 도망가기 바쁜 태식은 이방인이 되어서 직업도 얻고 연인도 생기게 되어 좋기만 하다. 〈방가? 방가!〉는 한국인이 역으로 이방인 행세를 하면서 '이방인 되기'를 실행한 코미디지만, 이주노동자들의 문제를 대중영화에서 다룬 의미 있는 영화가 되었다. 진지하게 이주노동자들의 인권을 다루지는 않았다고 하더라도 100만이 넘은 관객이 관람했고, '제2회 다문화영화제' 개막작으로 상영되고, 김인권이 '다문화영화제' 홍보대사로 임명되는 등 사회적 환기성은 꽤 있었다고 볼 수 있다. 이 영화에서의 '이방인 되기'는 취업이라는 경제적 문제가 깔려 있다.

〈반두비〉, 〈로니를 찾아서〉, 〈방가? 방가!〉 등에서 보여주는 '이방인 되기'는 과정은 조금씩 다르지만 중심 벗어나기, 탈영토화를 통한 재영토화의 가능성을 엿볼 수 있다. 이는 물론 완전한 재영토화가 된 것이라고 보기는 어렵지만, 이방인과의 문제를 어떻게 해결해야 하는지의 방향을 제시해준다고 볼 수 있다.

4. 맺음말

다문화 담론은 급증하고 있지만, 한국 사회는 여전히 다문화에 대해 이중적 시선을 지니고 있고, 이에 대한 사회적 관심이나 학계의 연구는 여전히 부족하다고 볼 수 있다. 이 글은 한국 영화에서 나타난 외국인 노동자와 여성 결혼이민자의 인권과 다문화가정 자녀 교육 문제 등에 관해 살펴보았다.

이 글은 이주민 급증 초기였던 1997년 상영된 〈바리케이드〉로부터 2010년 개봉작인 〈방가? 방가!〉까지를 대상으로 10년 동안 한국 영화에서 나타난 다문화에 대한 인식 양상을 텍스트 분석을 통해 추적하였다.

이 글은 다문화의 인식론적 토대가 되는 여러 개념을 적용함으로써 접근했다. 첫 번째로는 스피박의 '하위 주체는 말할 수 있는가'라는 개념이다. 외국인 노동자를 그린 영화에서 두드러지게 나타나는 양상은 자신의 정체성을 말할 수 없는 존재인 억압받는 자로서의 모습이다. 〈바리케이드〉(1997), 〈파이란〉(2001), 인권위원회에서 제작한 〈여섯 개의 시선〉 중 박찬욱 감독의 〈믿거나 말거나, 찬드라의 경우〉, 〈별별이야기〉 중 〈자전거 여행〉(2005), 〈처음 만난 사람들〉(2007)에서 그러한 양상이 나타난다. 이들 영화에서는 착취하는 자로서의 한국 사회의 무관심과 냉정함이 착취당하는 자로서의 그들과 분명하게 대립을 이룬다. 두 번째로는 데리다가 말하는 '환대'이다. 데리다는 '이방인'이 존재 규정이 아니라, 위치에 따라 상대적으로 주어지는 호칭임을 주장한다. 〈별별이야기 2〉 중 〈샤방샤방 샤랄라〉(2007), 정해심 감독의 〈문디〉(2008)는 이방인이 기죽지 않고 당당한 자기 권리를 주장하는 양상을 보여준다. 그러므로 이들 영화에서는 분명한 대립보다는 이방인과의 연대가 강조된다. 세 번째로는 들뢰즈와 가타리가 말한 '-되기'이다. 〈로니를 찾아서〉(2009), 〈반두비〉(2009), 〈방가? 방가!〉(2010) 같은 최근 영화에서는 한국인의 '이방인 되기'의 양상이 나타난다.

정리하면 한국 다문화 영화의 변화 추이는 '말할 수 없는 하위 주체'로서 동정적 시선으로 표현되었던 이방인이 점차 환대의 권리를 당당하게 주장하는 양상이 나타나고 주체도 점차 '이방인 되기'의 양상도 표현되는 것으로 변화하고 있다는 것이다.

영화에서 나타나는 외국인에 대한 관점은 현실과는 다르게, 현실의 모순을 증거하며 현실을 개선하고자 하는 방향성이 제시되고 있다. 2000년 중반기를 넘어가면서 점차 한국인/이방인이라는 대립 구도보다는 다수자의 소수자 되기의 방향이 나타난다는 것이다. 이 방향성은 중심 벗어나기, 탈영토화를 통한 재영토화의 가능성까지 엿볼 수 있다. 이 연구는 다문화사회의 지향점을 영화가 제시하고 있다는 것을 말하는 증거가 될 것이다.

이 연구는 한국 영화에 나타난 다문화 양상을 살피는 데 있어, 텍스트 분석 위주로 전개된 탓으로 변화의 원인에 대한 사회문화적 환경 변화를 함께 짚어내지는 못하는 한계를 보일 수밖에 없다. 영화와 현실은 직간접적으로 영향 관계는 있지만, 직결시키기에는 또다른 논증이 필요한 까닭이다. 다문화 영화와 사회문화적 환경 변화의 관련성에 대해서는 다음 연구로 미룬다.

제4부

영화와 철학

영화와 문학에서 표현하는 양상을 동양과 서양의 철학적 관점으로 읽어냈다. 자연과 본성
이라는 코드로 동양적 사유, 사회철학적 코드로 서양적 사유에 접근하였다.

literacy

영화와 소설 『상실의 시대』의
사유 체계 연구

1. 머리말

소설 『상실의 시대(Norwegian Wood)』는 출간 당시부터 일본뿐만 아니라 한국에서도 베스트셀러였으며, 최근 발간된 『1Q84』에 대한 세계적인 관심으로 무라카미 하루키는 명실공히 세계적 베스트셀러 작가가 되었다고 볼 수 있다. 지금까지 국내에서의 무라카미 하루키 작품에 대한 연구는 적지 않다. 그러나 대부분 인물이나 상징을 분석하는 데 그치고 있고, 인물이나 상징이 어떤 사유 체계에서 비롯되었는지를 추적한 논문은 많지 않다. 한 작가의 작품은 작가가 세계를 어떤 방식으로 바라보고 인식하는지에 따라 달라진다. 이 글은 하루키의 대표작인 『상실의 시대』에 나타나는 하루키의 사유 체계에 대해 접근하고자 한다. 『상실의 시대』를 비롯한 하루키 작품은 대체로 연애나 사랑의 욕망 같은 것으로 구조화되어 있지만, 반드시 죽음에 대한 성찰이나 삶에 대한 깊은 관조적 시선이 언급되어 있다는 알 수 있다. 하루키 작품에서 나타나는 자연 친화적 상징성과 인간의 본성을 중시하는 시각은 서구의 사유 체계와는 다른 동아시아 사유 체계적 특성을 지닌다고 볼 수 있다.

또한 2010년에는 영화 〈상실의 시대〉가 베트남 출신 감독 트란 안 훙[1]에 의해 만들어졌고 2011년 4월에 한국에서 개봉한 바 있다. 하루키의 작품이 영화화된 것은 데뷔작인 『바람의 노래를 들어라』와 「토니 타키타니」뿐이었다. 특히 『상실의 시대』의 경우 많은 감독들이 영화화하기를 원했지만, 트란 안 훙 감독에게만 그 행운이 떨어졌다. 영화 〈상실의 시대〉는 원작자인 하루키의 서사적 특성을 상당히 많이 살렸다고 볼 수 있지만, 트란 안 훙 감독의 색채가 당연히 가미될 수밖에 없다. 트란 안 훙 감독은 12살 때부터 프랑스에서 교육을 받았지만 그의 영화에는 서구와는 다른 동아시아적 특징이 나타난다고 볼 수 있다. 이 글은 소설과 영화 〈상실의 시대〉를 함께 아울러 논의하면서 일본과 베트남을 아우를 수 있는 동아시아적 사유의 특징에 접근하고자 한다.

〈상실의 시대〉의 원작자로서 일본 작가인 무라카미 하루키와 베트남 출신 트란 안 훙 감독의 사유 체계를 논하고자 하는 이 글에서는 가라타니 고진의 다음과 같은 언급을 근거로 삼는다. "일본이 예로부터 한국, 베트남, 몽골 등과 마찬가지로 중국 '문화'에 속해 있었다는 것은 틀림없는 사실이다. '문화'란 중국에서는 문자(한자)를 사용하는 것을 의미한다. 그리고 이것을 동아시아에 공통된 것으로 인정하지 않는다면 일본의 독자성은 생각할 수도 없다."[2]

한자문화권에서 생활한 원작자와 감독의 사상 안에 중국의 사유 체계

---

1   트란 안 훙은 장편 데뷔작 〈그린 파파야 향기〉로 칸영화제에서 황금카메라상을 수상하였으며, 두 번째 작품 〈씨클로〉로 1995년에 베니스영화제에서 황금사자상을 수상했던 베트남 출신 감독이다. 영화 〈상실의 시대〉는 2010년 제67회 베니스영화제 경쟁 부문에 진출하였다.

2   가라타니 고진, 『네이션과 미학』, 조용일 옮김(도서출판b, 2004), 221쪽.

와 맞닿은 점을 찾을 수 있을 것이다. 물론 한자문화권의 모든 작가와 감독이 공통적으로 중국의 사상 안에 있다고 볼 수는 없지만, 무라카미 하루키의 경우는 중국의 사상과 상당히 근접한 특성을 지닌다.

"우리가 발 디디고 있는 과학과 문명, 이 세계를 경험하고 사유하는 중심이 인간이라 믿게 한 이성, 그리고 중심, 이 모든 것을 노자는 '非(또는 不)로써 송두리째 회의하게 만들고 비판하게 한다. '非' 또는 '不'을 통한 회의와 부정이 궁극적으로 도달하는 지점은 '빈 중심(無·虛)이다."[3] 서구에서 탈중심사상이 대두되고, 동시에 동양에 대한 관심이 고조되면서 노장사상은 현대의 위기를 극복할 수 있는 하나의 패러다임으로 새롭게 조명되고 있다.[4]

이 글은 이러한 맥락에서 일본의 포스트모던 작가라고 불리는 무라카미 하루키와 트란 안 홍 감독의 세계관에 공통적으로 발견되는 사유 체계 중 도가적 특성을 도출하고자 한다. 이를 위해 이 글에서는 서구의 포스트모던 관점을 노자와 접목한 김형효의 해석이 추가된 『사유하는 도덕경』[5]을 기반으로 하여 분석을 시도하였다.

이 글에서는 영화와 소설을 구분하여 서술하고자 한다. 영화에는 소설의 축약본이라고 할 만큼 추가변형이 많지는 않지만, 소설에서 나타나는 내면 심리나 상징은 극히 제한되어 있고 연애담과 사랑의 상처를 중심으로 재구성되었기 때문이다. 이 글에서는 소설『상실의 시대』와 도가적 사유와의 관련성을 먼저 살핀 후, 일본 문화의 특성 측면에서 분석하고 영

---

3 강동우, 「한국현대시에 나타난 노장사상적 특성」, 『도교문화연구』 18, 한국도교
   문화학회, 2003, 155쪽.
4 위의 글, 156쪽.
5 김형효, 『사유하는 도덕경』, 소나무, 2011, 41~43쪽.

화 〈상실의 시대〉와 도가적 사유와의 관련성을 살피고자 한다.

2. 소설 『상실의 시대』의 사유 체계

1) 도가적 사유와의 관계

(1) 언어의 이중성과 전달 불가능성

문학을 대상으로 한 노장 사상에 관한 논의는 대부분 "동양적 자연관의 탐색이나 자연 친화, 깨달음을 통한 달관의 실현에 초점을 맞춰 진행되어 왔다."[6] 그러나 노자가 언어에 대하여 특히 역점을 두어 말한 것 중의 하나는 언어의 진리와의 관계라는 것이다."[7] 그러나 우리는 유한한 일상 언어로 진실한 세계를 다 담아낼 수 있는 듯이 착각한다. 그리고 그러한 언어의 범위 속에 머물러 있으면서 항상 자기 방식대로 이해하는 경향이 있다.

하루키 소설의 언어는 상징성이 강하다. 특히 인물이 사용하는 언어 표현 자체뿐만 아니라 말하는 방식에서도 인물의 특성을 보여주고 있으

---

6   강동우, 앞의 글, 155쪽.
7   말로 표현할 수 있는 도는 진실한 도가 아니다(道可道非常道)"라고 말하는 것은 노자가 일상 언어의 한계성을 지적한 것이다. 왜냐하면 이른바 언어로 표현되어지는 개념은 의미의 범위를 한정시키는 것이다. 그런데 그러한 유한한 언어로는 진실한 도를 다 담아낼 수 없다. 유한은 무한을 담을 수 없는 것이기 때문이다. 김상대, 「언어의 진실성에 대하여-노자의 언어관을 중심으로」, 『국어교육연구』, 서울대학교 국어교육연구소, 1998, 60쪽.

며, 그것에 바로 하루키의 세계관이 배어 있다. 『상실의 시대』에서는 '말 찾기병'에 걸려 있다고 와타나베에게 고백한 나오코나 와타나베의 룸메이트인 돌격대가 말을 더듬는 데서 언어의 전달 불가능성이 드러난다.

> "제대로 말 할 수가 없는 거야." 하고 나오코는 말했다.
> "요즘 계속 이런 상태가 계속되고 있어, 뭔가 말하려 해도 언제나 빗나가는 말밖에 떠오르질 않아. 빗나가거나 전혀 반대로 말해. 그래서 그걸 정정하려고 하면 더 헷갈려서 빗나가버리고 그러면 맨 처음에 내가 무엇을 말하려 했었나 하는 것을 모르게 되어버려. 마치 내 몸이 둘로 나뉘어져서 술래잡기를 하고 있는 느낌이 들어. 한복판에 아주 굵은 기둥이 서있고, 그 주위를 빙빙 돌면서 술래잡기를 하는 거야. 제대로 된 말은 언제나 또 하나의 내가 가지고 있고, 이쪽의 나는 절대로 그걸 따라잡지 못해."[8]

위의 인용문에서처럼 나오코는 타인과 소통 과정에서 언어가 장애가 되며, 자신이 하고 싶은 적당한 말을 찾기 어려워한다. 이는 기즈키가 자살한 이후에 나오코가 갖게 된 양상이다. "나오코와 기즈키의 관계는 서로가 굳이 말 속에 담긴 참뜻을 설명하지 않아도 모든 진실을 꿰뚫을 수 있고, 이해할 수 있는 기표와 기의가 완전히 일치된 관계"[9]라고 볼 수 있다. 이러한 나오코와 기즈키의 관계는 사회화가 되지 않은 인간관계라고 할 수 있다. 사회 안에서의 언어 소통은 기표와 기의가 일치를 이루지 못하게 되는 세계라는 것을 기즈키가 죽은 이후에 나오코가 처음으로 깨달

8 　무라카미 하루키, 『상실의 시대』, 유유정 역, 문학사상사, 1987, 42쪽(이후 인용은 이 책에서 하며 인용문 옆에 페이지를 쓰고 인용문의 각주는 달지 않는다).
9 　배기정, 「무라카미 하루키의 『노르웨이의 숲』―주인공의 작중인물들과의 관련 양상을 중심으로」, 고려대학교 교육대학원 석사학위 논문, 1998, 24쪽.

게 되는 것으로 볼 수 있다. 이에 대해 "나오코가 '말찾기병'에 걸렸다는 것은, 그 증세로 보아 마음의 혼란을 겪고 있다는 뜻인데, 나오코의 발병 시기가 와타나베를 만난 후부터였다는 점에서, 그 병의 원인이 와타나베와 깊은 관계가 있어 보인다."[10]는 분석은 나오코가 아미료라는 요양원에 가게 된 것과 마찬가지로 우울증이거나 정신병이 생겼기 때문으로 보는 것이다. 이는 대부분의 기존 연구에서 언급하는 내용이다. 교토의 정신병원에 입원한 적이 있는 나오코에 대해 자폐증이라는 분석이 완전히 틀렸다고 말하기는 어렵다. 하지만 이 글에서는 나오코를 자폐증으로만 볼 것이 아니라, 타인과의 관계는 적절하게 맺지 못하지만, 자신의 본성과 내면을 들여다보면서 성찰하는 캐릭터로 보고 접근하고자 한다. "정상적인 정신 활동과 신경증에 걸린 정신 활동 사이에 원칙적 차이가 아닌 양적인 차이만 시인한다."는 프로이트의 관점[11]에 바탕을 두고 접근할 수 있다고 본다. 즉 '뭔가 말하려 해도 언제나 빗나가는 말밖에 떠오르질 않고, 빗나가거나 전혀 반대로 말'하게 되는 '말찾기병'은 나오코의 자폐증 자체보다 언어의 부조리성을 인식한 하루키의 언어관을 나타내는 것으로 볼 수 있다. '내 몸이 둘로 나뉘어져서 술래잡기를 하고 있는 느낌'이라는 나오코의 대사 역시 하루키의 언어관에서 비롯된 것이며, 이는 노자의 언어관과 통하는 면이 있다. 『도덕경』 본문에는 언어와 관련된 내용이 여러 차례 제시된다.[12] 이 글에서는 그중에서도 1장의 서두인 '道可道非常道'에서처럼 말로 표현할 수 있는 도(道)는 항상 도(道)가 아닌 것

---

10 유은경, 「『노르웨이의 숲』론」, 『일본어문학』 20, 일본어문학회, 2003, 293쪽.

11 지그문트 프로이트, 『꿈의 해석』, 김인숙 역, 열린책들, 1997, 477쪽.

12 ■唯之與阿, 相去幾何(제20장), ■希言自然(23장), ■知者不言, 言者不知(56장) (김상대, 앞의 글, 62~67쪽 참조)

이다. 즉 도(道)는 불변적인 상도(常道)와 가변적인 비상도(非常道)로 구분될 수밖에 없다는 것과 관련된다. 이는 하이데거의 언어관과도 맞닿아 있다. "하이데거가 말하는 존재자는 일반적으로 사람들이 말하는 '있음'의 이해 방식을 뜻한다. 사람들은 있음을 집, 강, 구름, 바위, 사람, 자동차 등과 같이, 있는 '어떤 것'으로 간주한다. 이러한 이해방식은 '있음'을 늘 대상처럼 '있는 것'과 동일하게 생각하는 태도에서 생겨난다. 하이데거는 이런 사고방식을 두고, 존재를 존재자로 혼동하고 있는 것이라고 비판"[13]했는데, 이에 따르면 나오코의 '말찾기병'은 '말'이라는 '존재자'와 '말하고자 하는 내용'인 '존재'가 다르다는 것을 인식하는 과정에서 생긴 병으로 볼 수 있다. 또한 '빗나가는 말'이라는 것은 데리다가 말하는 차연(차이와 연기, différance)과도 관련이 있으며, 라캉의 '미끄러짐'과도 관련이 있다.

이는 노자와 포스터모더니즘이 만나는 지점이다. 하루키의 언어관 역시 하이데거나 데리다의 이러한 언어에 대한 인식 체계와 상당히 밀접하다고 볼 수 있다. 그러므로 나오코의 '말찾기병'이라는 상징은 하루키의 언어관을 노자의 언어관과 연관시켜 해석할 수 있는 지점인 것이다.

나오코 외에도 돌격대라 불리는 와타나베의 룸메이트도 말을 더듬는 증세가 있다.

> "그건 안 돼. 하나만 뺀다는 건 말도 안 돼. 10년을 두고 하루 같이 해왔기 때문이야. 시작을 했다 하면 무, 무의식중에 전부 하게 되거든. 한 대목만 빼면 저, 전, 전부 못하게 돼."(36쪽)

---

13 김형효, 앞의 책, 44쪽 참조.

돌격대의 말 더듬는 증상 역시 나오코의 '말찾기병'과 유사한 상징이라고 볼 수 있다. 하루키는 언어라는 것이 본질적으로 타인과 자신의 내면이 소통불가능하다고 생각했기 때문에, 돌격대가 말을 할 때 유독 긴장이 되고 말을 더듬게 되는 것으로 설정한 것으로 보인다. 이는 노자가 '知者不言, 言者不知'[14]라고 말한 것, 즉 아는 자는 말이 없고, 말하는 자는 알지 못한다는 것과 관련이 있다. 말은 택일의 논리 이외에 다른 것을 수용하기가 어려운 생리를 지니고 있기 때문이다.[15]

나오코와 돌격대라는 캐릭터의 언어장애는 하루키가 언어의 전달불가능성에 대해 인식한 결과다. 이로써 하루키의 사상이 도가적 사유 체계와 만난다는 것을 알 수 있다.

(2) 감성적 · 본능적 사유

『상실의 시대』는 소설의 제목으로 사용되는 비틀스의 〈노르웨이의 숲〉[16]뿐 아니라, 클래식에서부터 대중가요까지 수많은 음악을 인용하고 있다. 음악 중에서도 대중가요가 주류를 이루고 있는데 48곡이나 되며 비틀스 곡이 15곡이다. 그중 〈노르웨이의 숲〉 가사 내용은 '예전에 나에게 여자친구가 있었네'로 시작되어 '그녀가 나를 유혹하여 그녀의 방에 들어가는데, 그녀는 섹스의 기회를 주지 않고 새처럼 날아가버렸다'는 것이다. "결국 섹스의 찬스를 잃은 서운함과 사람과 사람 사이에서 방해가 되는 전달 불가능성에 대한 불안을 노래하고 있다고 볼 수 있다."[17] 등장인물들은 음악을 듣고, 연주하기도 한다. 김화영은 본 논문의 앞 장에서 살펴본 언어의 전달 불가능성을 극복하기 위한 도구로 인물들이 노래를 부르거나 듣는다고 분석하였다. 즉, 노래로 등장인물은 언어 전달의 가능성에 대한 시도를 하는 것이라고 보았다.[18] 그러나 왜 노래로 언어의 전달 불가능성에 대한 극복을 시도하는 인물을 하루키가 설정했는지에 대해서는 분석하지 않고 있다. 이 절에서는 이 점에 대해 접근해보고자 한다.

소설의 제목과 내용이 노래의 가사와 일맥상통하며, 작품의 제목을 노래 제목에서 따왔다는 것은 하루키가 "음악은 니체가 말하듯이 디오니소스적 예술이며, 도취뿐만 아니라 해체를 의미"[19]한다고 보는 데서 기인하고 있는 것으로 보인다. 소설의 서두부터 비행기 안에서 비틀스의 〈노르웨이 숲〉을 듣는 것으로 나오코와의 추억을 회상하는 것으로 설정되어 있다. 이는 하루키의 다른 작품에도 유사하게 진행된다. 『1Q84』에서도 '야나체크의 신포니에타'를 화두로 소설이 시작되는데, 이는 하루키의 사유 체계의 근원이 감성적이며 본능적 사유에 근거하고 있다는 것을 증명한다.

> "그녀는 〈노웨어 맨〉과 〈줄리아〉를 쳤다. 이따금 기타를 치면서 그녀는 눈을 감고 고개를 흔들었다. 그리고 또 포도주를 마시고 담배를 피웠다.

으로」, 『중앙대학교 일본연구』 제17집, 중앙대학교 일본연구소, 2002, 124쪽.

18 위의 글, 128쪽.

19 김창준, 「토마스 만의 『베니스의 죽음』에 나타난 로고스 · 에로스 · 타나토스」, 『세계문학비교연구』 17, 세계문학비교학회, 2006, 245쪽.

"〈노르웨이의 숲〉을 부탁해" 하고 나오코가 말했다." (177쪽).

이 소설에서 레이코의 연주가 자주 나오는 것은 하루키의 사유 체계가 이성적 사유를 넘어서는 감성적 · 본능적 사유에 기반하고 있다는 것을 말해준다. 이는 이성적 사유보다는 본능적 사유를 지향하는 도가적 사유와 일맥상통한다고 볼 수 있다. 이는 노자가 무위법(無爲法)을 말하고 무욕(無慾)을 설파하면서 '세상을 본능이나 본성의 자연적 욕망에 맡겨두라'는 것[20]과 상통하는 면이 있다.

도가악론의 연구자들은 대체로 2장에 나오는 음(인간의 소리)와 성(자연의 소리)가 서로 조화를 이룬다는 '성음상화(聲音相和)'와 41장에 나오는 큰 소리는 소리가 들리지 않는다는 '대음희성(大音希聲)'에 관해 많이 연구[21]하고 있다. 특히 음(音)에 대해서는 "사람의 소리뿐만 아니라 소리의 일반 법칙 혹은 음률체계"[22] 같은 것으로 연구되고 있다. "성과 음이 서로 대립적인 관계인 것 같지만, 음과 성이 태생부터 서로 불가분의 관계를 지니고 있다는 점을 이해하면 서화 화해해야 할 관계인 것이다."[23]

(3) 상관론적 사유

하루키 작품에 관한 논문은 많지만 하루키의 세계관에 관해 접근한 논문은 국내에서는 의외로 많지 않다. 이에 대해서는 하루키의 사유의 깊

---

20 김형효, 앞의 책, 8쪽.
21 박소정, 「노자 철학의 음, 성 개념 연구－도가 악론 연구의 출발점으로서」, 『한국음악사학보』, 한국음악사학회, 2006.
22 위의 글.
23 위의 글.

이가 드러나는『1Q84』가 발표된 이후 다시 접근되고 있다. 김청균은「무라카미 하루키의『1Q84』론 - '균형'과 '끌어당김'의 의미를 중심으로」에서 작품 속 인물인 리더의 말을 통해 "절대적 선도 절대적 악도 없으며, 선악은 가변적이라는 것, 그러므로 이 세계 내지는 우주의 레벨에서는 선악은 쉽사리 논하기 어렵다는 것, 대신에 우주적 레벨에서 중요성을 갖는 것은 균형이라고 하는 세계관·우주관이 전개된다"[24]고 하며, 또한 "'균형'의 원리만으로 설명되지 않는 또 하나의 원리, '끌어당김'의 원리가 존재한다는 것이다. 그리고 사랑이란 서로를 끌어당기는 인력작용"[25]이라고 분석했다. 소설 본문 내에서 '균형'과 '끌어당김'의 원리를 잘 찾아내기는 했지만 그것이 어떤 세계관에서 비롯되고 있는지는 언급하고 있지 않다.

이 글에서는『상실의 시대』에서 보이는 하루키의 세계관이 노자의 상관론적 사유에서 비롯되고 있다는 것을 밝히고자 한다. '균형'과 '끌어당김' 모두 이 원리에서 설명 가능하다. 상관론적 사유는 치우치지 않는 '균형'을 함의하고 있으며, 차이에 의해 서로 얽히는 그물망과 같은 상관적 차이가 상호성에 의해 쌍방이 생기며 균형이 맞춰진 것이라고 볼 수 있는 것이다.[26] 또한 '끌어당김'의 원리도 '有物混成'[27]과 관련하여 고찰할 수 있다. "유물혼성은 이 우주의 허공에 만물이 서로 상관적 차연의 관계로 존재의 그물망을 형성하고 있는 것을 일컫는 의미로 이해"[28]할 수 있

24 김청균,「무라카미 하루키의『1Q84』론 - '균형'과 '끌어당김'의 의미를 중심으로」,『일본학보』87, 한국일본학회, 2011, 86쪽.
25 위의 글, 90쪽.
26 김형효, 앞의 책, 27쪽.
27 노자, 앞의 책, 25쪽.
28 김형효, 앞의 책, 225쪽.

다고 본다면 유와 무가 서로 끌어당기면서 이중적으로 차연되고 있는 양상과 '끌어딩김'과는 같은 맥락이라고 할 수 있다. "인과론적 사유는 만유(萬有)가 신(神)으로부터 나온 것이라는 전제에서 출발하고 있는 반면, 상관론적 사유는 만유가 이미 무(無) 속에 내포되어 있다는 것을 함의하고 있다. 무와 유는 인과관계가 아니라, 이미 자연의 자기 질서 속에 무와 유의 상관관계가 설정되어 있다는 것이다. 그래서 상관론적 사유는 제조적 · 이성적 · 유위적 사유가 아니라 자연적 · 본성적 · 무위적 사유를 뜻한다. 유무(有無)는 다 자연스러운 자연의 자기 모습이라는 것이다."[29]

이를 소설에서의 인물관계에서 살펴보자. 등장인물들의 관계는 이자적(二者的) 관계로 맺어지지 않는다. 나오코와 기즈키, 와타나베의 삼각관계뿐만 아니라, 미도리와 와타나베, 나오코의 삼각관계, 레이코와 와타나베, 나오코의 삼각관계뿐만 아니라 미도리를 중심으로 보면 미도리의 옛 애인과 와타나베의 삼각관계 등 여러 관계들이 중첩되어 있다. 하루키는 노자의 상관론적 사유로 인간관계를 보고 있기에, 연인 관계에 있어서도 서구에서의 '한 여성/ 한 남성'이라는 이분법적 사유 체계에 따르는 이자적(二者的) 관계를 넘어서 차연되면서 삼각관계 혹은 사각관계로까지 중첩된다고 볼 수 있다. 이러한 『상실의 시대』에서의 연인 관계는 다소 복잡하지만 열려져 있는 관계라고 볼 수 있다.

또한 이 소설은 죽음에 관련된 성찰이 많이 나오는데, 아래의 인용문처럼 죽음을 삶과 대립으로 보지 않는다.

> 죽음은 삶의 반대편 극단에 있는 것이 아니라, 그 일부로서 존재하고 있다.

---

29 김형효, 앞의 책, 39쪽.

말로 해버리면 평범하지만, 그때의 나는 그것을 마로서가 아니라 하나의 공기덩어리로서 몸 안쪽에서 느꼈던 것이다. 당구대 위에 나란히 놓여 있는 네 개의 빨간색과 하얀색 공 안에도 죽음은 존재하고 있었다. 그리고 우리는 그것을 마치 미세한 티끌처럼 폐 속으로 들이마시면서 살고 있는 것이다.

그때까지도 나는 죽음이라는 것을, 삶으로부터 완전히 분리된 독립적인 존재로 파악하고 있었다. 즉 '죽음은 언젠가는 확실히 우리들을 그 손아귀에 거머쥐게 된다. 그러나 거꾸로 말하면, 죽음이 우리들을 사로잡는 그날까지 우리들은 죽음에 붙잡히는 일이 없는 것이다' 하고. 그것은 나에겐 지극히 당연하고 논리적인 명제로 생각되었다. 삶은 이쪽에 있으며, 죽음은 저쪽에 있다. 나는 이쪽에 있고, 저쪽에는 없다.

그러나 기즈키가 죽은 밤을 경계선으로 하여, 나로선 이제 그런 식으로 죽음을 (그리고 삶을) 단순하게 파악할 수는 없게 되어 버렸다. 죽음은 삶의 반대편 저쪽에 있는 존재 따위가 아니었다. 죽음은 '나'라는 존재 속에 본질적으로 내재되어 있는 것이며, 그 사실은 아무리 노력한다 해도 망각할 수가 없는 것이다.(49쪽).

죽음이라는 무(無)와 삶이라는 유(有)를 상관론적 관계로 보는 관점이 이러한 지문에서 명확하게 드러난다. 유가 무에서 나온다는 "반개념적 유무의 이중성을 하이데거와 데리다를 거쳐 현대 해체 철학은 차연(差延)이라는 용어로 표현한다. 차연이란 용어는 차이와 연기라는 두 개념이 하나로 통합한 조어이다. '무명이 천지의 시작'이라는 구절도 바로 차연의 상관성을 지시한 것이다."[30]

이처럼 무명이 유명의 시작이며, 삶이 죽음에서 나온다는 상관론적 사유가 바로 하루키가 삶과 죽음을 바라보는 사유 체계라고 할 수 있다.

도가적 사유 체계와 관련하여 캐릭터의 특성과 사건, 저자 하루키의

---

30   김형효, 『마음 나그네』, 소나무, 2010, 50쪽.

세계관에 접근해보았다. 그러나『상실의 시대』는 도가적 사유 체계로 환원되지 않는 반드시 고려해야 할 사유 체계가 있다. 바로 일본 문화 고유의 사유 방식이다.『상실의 시대』에는 주요 인물의 친인척 중에도 자살한 인물이 많이 나오지만, 주목해야 할 주요 인물의 자살은 기즈키와 나오코, 하츠미이다. 소설 속에서 기즈키의 자살의 이유에 대해서는 별반 언급이 없다. 그러나 특히 나오코의 자살의 이유는 이 작품에서 중요한 부분을 이룬다. 나오코의 자살에 대해 연구된 논문에 따르면, "나오코는 '아미료'에 들어간 후에 위와 같이 자신의 마음의 병의 근원을 깨닫게 된다. 나오코가 기즈키를 잃고 난 후에 느낀 상실감을 '나'에게서도 채우려고 노력했지만, 현실 세계의 어디에서도 채워지지 못한다는 것을 '아미료'의 생활을 통해서 이해한 후에 결국 나오코는 자살로 생을 마감한다. 그리고 '나'와 나오코와의 선명한 기억은 나오코가 마음의 안정을 찾은 '아미료'의 공간 안에서만 가능한 것이 된다."[31] 하지만 이들 인물의 자살은 일본 문화적 특성과도 무관하지 않다. 일본 문화에 대해 객관적으로 기술했다고 정평이 나 있는 루스 베네딕트의『국화와 칼』에는 "일본인은 실패나 비방, 배척 때문에 상처받기 쉽다. 따라서 타인을 괴롭히기보다는 너무도 쉽게 자기 자신을 괴롭히는 일이 많다. 최근 수십 년간 일본 소설 중에는 교양 있는 일본인이 빈번히 자아를 잃고 분노를 폭발시키기도 하고, 반대로 극단적인 우울에 빠져들기도 하는 모습이 거듭 묘사되고 있다."[32] 또한 "일본인 특유의 권태는 과도하게 상처받기 쉬운 국민 공통의 병이다. 그들은 배척받지 않을까 하는 두려움을 그들 내부로 돌려

31 이은례, 『노르웨이의 숲』에 그려진 도시와 이공간」, 『국제학술대회 발표논문집』, 한국일본어문학회, 2010, 420쪽.
32 루스 베네딕트, 『국화와 칼』, 김윤식 · 오인석 역, 을유문화사, 1974, 202쪽.

스스로를 괴롭힌다."[33] 두려움을 내부로 돌려 스스로를 괴롭힐 뿐 아니라, 극단적으로 자살을 미화하기도 한다. "현대 일본인이 자기 자신에게 대하여 행하는 가장 극단적인 공격 행위는 자살이다. 그들의 신조에 따르면 자살은 만일 적절한 방법으로 행해지면 자신의 오명을 씻고, 죽은 후 평판을 회복하는 구실을 한다. 미국에서는 자살을 죄악시하여 절망에의 자포자기적인 굴복으로 치부하지만, 자살을 존경하는 일본인에게는 명확한 목적을 지니고 행해지는 훌륭한 행위가 된다."[34]는 것이다.

나오코의 자살은 일본 문화의 이러한 특성에서 살펴볼 필요가 있다. 자기 내면의 목소리를 들으려 애쓰며 존재론적 성찰을 하고자 했던 나오코는 와타나베와의 관계를 통해 기즈키와의 관계처럼 밀착된 관계를 가져보고자 시도했지만, 결국 이루지 못하고 자살을 선택하게 된다.

하츠미는 자유분방하여 심지어 방탕하기까지한 나가사와인데도 그를 원망하지 않고 사랑하는 인물이다. 나가사와가 하츠미와 결혼에 대한 어떤 말을 하지 않은 채, 독일로 가버리자 하츠미는 다른 사람과 결혼했지만, 결국 자살을 선택한다. 나오코와 하츠미는 '타인을 괴롭히기보다는 너무도 쉽게 자기 자신을 괴롭히는 일이 많'은 일본인의 특징을 보여주는 인물이다.

『상실의 시대』는 1967년 즈음의 주인공인 와타나베의 대학 시절을 배경으로 하고 있다. 이 중 젠쿄토(全共闘) 시위하는 장면이 자주 나온다. 그렇지만 저자 무라카미 하루키는 전공투에 대해 긍정적이지도 부정적이지도 않게 묘사한다. 친구들의 단체 행동에는 무관심한 듯 지극히 개인적인 일에 관심을 두는 와타나베라는 인물을 통해 하루키의 혁명에 대

---

33 위의 책, 204쪽.
34 위의 책, 205쪽.

한 관점을 살펴볼 수 있다. "실패한 혁명을 그 열정 이상의 상실감으로 표현히는 것이 하루키의 습관적 화법"[35]이라고 볼 수 있다. 이러한 하루키의 사회적 상실감으로 인해 "등장인물들은 이 어두운 시대의 유산인 '투쟁'이라든지 '이데올로기'와는 무관한 일상을 살면서 자아확인을 위해서 방황하는 모습을 보인다."[36]고 볼 수 있다. 이러한 현상에 대한 오에 겐자부로의 아래와 같은 언급은 하루키 문학에서 현실이 제거되었음을 비판하는 것이다.

> 무라카미 하루키 문학의 특질은, 사회에 대해 혹은 개인의 생활과 가장 가까운 환경에 대해서조차, 일체 능동적인 자세를 취하지 않겠다는 각오를 바탕으로 성립되어 있습니다. 그리고 통속적인 환경으로부터의 영향을 저항하지 않고 수동적으로 받아들이면서, 그것을 배경음악이라도 듣듯이 들으며 자신의 내적인 몽상의 세계를 엮어내는 것이 그의 방법입니다.[37]

이처럼 하루키 문학이 직접적으로 현실 문제를 다루지 않는다고 해서 하루키의 문제의식이 결코 가볍다고 볼 수는 없다. 현실에 대한 인간의 태도나 반응보다는 보다 근원적인 차원에서 인간이 본성에 보다 큰 관심을 가지고 있기 때문이다. '노르웨이의 숲'이라는 원제가 우리나라에서는 부제가 되고, 제목이 '상실의 시대'로 번역이 된 것은 이 소설에 나타난 시대적 상실감이 개인적 상실감으로 환원되는 일본 문학의 하나의 경

35 김응교, 「하루키 시뮬라크르, 일회용 호모 사케르」, 『자음과 모음』 제6편, 자음과 모음, 2009, 233쪽.
36 서정완, 「일본문학의 현 상황─'무라카미 하루키 현상'과 현대일본인의 자아」, 『리토피아』 4, 리토피아, 2001, 214쪽.
37 김응교, 앞의 글, 237쪽에서 재인용.

향에서 기인하고 있는 것으로 보인다.

가라타니 고진은 『근대문학의 종언』에서 "30년 전 『일본 근대문학의 기원』을 썼을 때, 나는 일본 근대문학의 종언을 느끼고 있었다. 그러나 그것은 문학의 종언은 아니었다. 그것은 다른 문학의 가능성을 품은 것이었다. 실제 근대문학의 지배적 형태에서 배제된 것처럼 보이는 형식의 소설이 많이 씌어졌다. 이름을 들자면, 나카가미 겐지, 쓰시마 유코, 무라카미 류, 무라카미 하루키, 다카하시 겐이치로 등이 등장한 것이었다. 그들은 포스트모던이라고 불렸다."[38] 가라타니 고진은 무라카미 하루키의 포스트모던적 특성에 대해 『역사와 반복』에서도 "무라카미의 작품에서는 이런 초월론적 주관에 의해 항상 통제되어 있다. 언어는 어지러이 흐트러진 것처럼 보이지만, 그것은 그저 이런 초월론적 주관의 확실함을 역으로 증명하기 위한 것에 불과하다."[39]는 것과 "무라카미는 항상 특정 날짜 속에 작품을 위치시키고 있다. 그러나 그것은 역사의식의 표현이 아니라 그것의 공무화(空無化)를 노리는 것"이라며 하루키의 포스트모던 특성을 분석하고 있다.

이 같은 하루키의 포스트모던한 사유 체계가 『상실의 시대』에서도 여전히 나타나고 있다.

> 1968년 봄부터 1970년 봄까지 2년 동안 나는 그 수상쩍은 기숙사에서 지냈다. 어째서 그런 수상쩍은 곳에서 2년 동안이나 지냈냐고 물어도 대답할 수가 없다 일상생활이라는 차원에서 본다면, 우익이든 좌익이든, 위선이든 위악이든 그다지 대단한 차이가 있는 건 아니다.(28쪽)

---

38 가라타니 고진, 『근대문학의 종언』, 조용일 역, 도서출판b. 2006, 39~40쪽.
39 가라타니 고진, 『역사와 반복』, 조용일 역, 도서출판b. 2008, 143쪽.

위의 인용문에서도 정확한 연도를 규정하고 있다. 이는 이 시기 대학에서 진공투 시위가 있었다는 것을 시대적 배경으로 하기 위한 밑거름으로 볼 수 있다. 전공투에 있어서 좌익이냐 우익이냐는 상당히 중요한 지표이다. 하지만 바로 다음 문장에는 '대단한 차이가 있는 것은 아니다'라고 하면서 가라타니 고진이 지적한 것처럼 이러한 의식을 공무화하고 있다. 또한 '위선이든 위악이든 그다지 대단한 차이가 있는 것은 아니'라는 것은 "악도 선과 함께 또는 선 안에 동반되거나 수반되기 때문"[40]이라는 노자의 사유 체계와 만나고 있다.

이처럼 무라카미 하루키의 사유 체계는 노자의 사상을 바탕으로 한 포스트모던한 사유 체계를 기반으로 하고 있는 것을 알 수 있다.

3. 영화 〈상실의 시대〉의 사유 체계

영화 〈상실의 시대〉는 장편소설을 두 시간의 러닝타임의 영화로 축약한 탓도 있겠지만, 소설에서 나타나는 인물의 내면을 모두 그리지 못해 스토리 연결이 자연스럽게 연결되지 않는가 하면, 사건이 툭툭 끊어지는 느낌이 들 정도로 편집 구성에 흠이 많이 드러나게 보인다. 그러나 꼼꼼하게 살펴보면 영화화할 때 여러 가지 디테일을 살린 부분도 많다.

트란 안 홍 감독이 쇼트를 구성할 때 인물의 내면이나 주제를 풍경에 투사시켜 자연풍광이라는 공간적 요소와 함께 주제를 전달하는 점은 노자의 자연친화적 사유 체계와도 만나는 점이다. 트란 안 홍 감독은 인터뷰에서 "나오코의 고백 장면은 매우 중요했기 때문에 로케이션 장소를

---

40 김형효, 『사유하는 도덕경』, 118쪽.

신중하게 찾았다. 긴장감을 주면서도 아름다움을 유지할 수 있는 공간, 둥글고 부드러운 인상을 주는 공간. 우리가 찾아낸 초원은 에로틱하기보다는 관능적이었다. 대신 나오코의 고백이 매우 터프하고 격렬한 것이기 때문에 그 긴장감과 밸런스를 맞추기 위해서는 매우 빠르게 부는 바람이 필요했다. 바람과 빠른 보폭의 걸음이야말로 관객이 몸으로 느낄 수 있는 실질적인 감각을 줄 수 있다고 생각했다. 나는 정신적인 고통을 이야기하더라도 관객에게 육체적이고 실질적인 감각을 전달하길 원했다."[41]는 것이다. 그래서 초원과 나오코의 에로틱한 고백은 마치 하나가 된 듯하다.

특히 나오코의 요양원 풍광을 보여줄 때는 자연풍광을 중심으로 한 익스트림 롱쇼트가 많다. 예를 들면 요양원 뒤 숲에서 개미처럼 조그맣게 나오코와 와타나베가 등장하기도 하는가 하면, 그들을 조그맣게 남겨두고 화면이 산과 숲으로 옮겨가 롱테이크로 풍광만을 비춰주기도 한다. 이는 서구에서 인간 중심으로 자연을 바라보는 시선과는 전혀 다른 방식이다. 동아시아 사유 체계에서의 인간은 자연 속의 일부로 생각하기 때문에 동양화에서도 인간이 중심이 아니라 자연이 중심으로 그려진다.

뿐만 아니라 와타나베가 나오코가 있는 요양원에 갔을 때 풀밭에서 대화를 하는 장면에서 강한 바람 때문에 흔들리는 풀들을 통해 와타나베와 나오코의 심경을 표현하는 장면이 있다. 이는 자연풍광과 인물의 내면을 하나로 전달하는 것인데, 자연을 인간이 지배하는 대상으로 보는 서구적 관점이 아니라, 인간을 자연의 일부로 보는 관점에서 비롯된 것이다.

---

41 김용언, 「사랑을 상실하고 우린 어떻게 슬퍼할까」, 『씨네21』, 2010.4.19(http://www.cine21.com/do/article/article/typeDispatcher?mag_id=65657&page=1&menu=&keyword=&sdate=&edate=&reporter=).

장편소설을 영화화할 때는 생략되는 사건과 선택되는 사건이 있기 마련이다. 영화 〈상실의 시대〉는 성관계 이외의 사건과 내면심리는 축약되고, 성관계 중심으로 스토리가 재배치되어 있다고 볼 수 있다. 미도리나 나오코가 와타나베와 나누는 대화는 주로 성관계에 관한 대화이다. 그들의 관계를 표현할 때도 주로 성관계가 잘되거나 아니거나 하는 것이 중요하게 표현된다. 그래서 영화는 소설의 아름다움을 버렸다는 비판도 많다. 그러나 그렇게 볼 것은 아닌 것이다. 유교적 도덕중심주의로 굳어진 우리의 편견이 그렇게 인식할 뿐인 것이다. '물'이 지니고 있는 성(性)적 상징성을 고려하여 소설과는 다르게 남녀 주인공을 수영장에서 만나게 한다. 영화의 초반 부분에서 기즈키와 나오코가 만나는 장소를 수영장으로 하여 기즈키가 나오코 서로 몸을 맞대고 있는 장면을 보여주는가 하면, 중반 이후에는 와타나베와 미도리가 수영장에서 같은 자세로 마주 보고 웃는 장면으로 유사한 구도를 보여줌으로써 둘 사이의 관계를 복선으로 깔기도 한다.

이 두 장면에서의 남녀의 거리는 그들의 밀착도를 표현하는 것으로 읽기기도 한다. 나오코와 기즈키는 미도리와 와타나베가 나오는 장면보다 더 가까이에서 얼굴을 만지는 모습으로 장면화되어 있어 더욱 밀착된 관계라는 것을 보여주는 것으로 보인다.

『도덕경』 2장에는 "천하의 아름다움이, 아름다움이 되는 것으로만 다 안다면, 이것은 역겨운 추함일 뿐이다. 선(善)이 선이 되는 것으로만 다 안다면, 이것은 불선일 뿐이다."[42]라는 말이 있다. 이에 비추어볼 때 서구의 철학사는 성결학(agiologie)을 진리의 성역으로 간주하고 성결학의 지대에 들지 못하는 비성결적 영역을 외설학(scatologie)이나 오물학으로

42   김형효, 『사유하는 도덕경』, 58쪽.

치부하여 버림받게 했으며, 그래서 성결학은 이상주의의 초월학이고, 인간의 현실은 외설스럽고 오물로 가득 찬 더러운 세계로 간주했다고 비판한 바타유의 포스트모던한 생각과 만나는 것이다.[43] 그리하여 노자는 추함의 세계와 배설물의 세계가 늘 아름다움과 선의 동화 가능성의 세계 곁에 가까이 있다는 것이다. 이것이 노자가 주장했던 빛과도 화합하며 먼지와도 함께 하는 화광동진(和光同塵)의 사유 체계인 것이다. 바로 이러한 인식이 하루키의 원작소설에서도 내재되어 있었지만, 트란 안 홍 감독이 영화화하는 과정에서 더욱 강조되었다고 할 수 있다. 그러므로 김용언이 『씨네21』에서 "영화 〈상실의 시대〉에서 가장 아쉬운 지점은, 청춘들이 겪는 고통을 표현하는 방식이 단적으로 육체적인 접촉으로만 한정된다는 것"이라고 해석한 것은 문제가 있는 것으로 볼 수 있다.

트란 안 홍은 주인공의 감성이나 감각적 화면을 중시하는 감독이다. 그래서 미학적 장면과 등장인물의 내면심리를 집중하여 표현하는 특징이 있다. 트란 안 홍의 다른 영화 〈그린 파파야 향기〉에서도 쿠엔이 주인공 무이에게 관심을 보이지만 적극적으로 표현하지 못했던 과정을 대사가 아닌 음악과 집의 공간 구조를 통해 표현함으로써 보다 세련된 미장센을 보여준 바 있다. 그리고 무이가 세수하는 장면에서 튕겨지는 물의 모습을 느린 화면으로 섬세하게 잡아낸 바 있는데, 이는 〈상실의 시대〉에서도 와타나베와 미도리가 수영장에서 물 위로 올라올 때 느린 화면으로 튕겨지는 물의 모습을 장면화한 데서도 나타난다. 그래서 순간의 느낌을 포착하여 관객도 함께 그 시공간에서 함께 호흡하게 만들면서 잔잔한 감동과 전율을 느끼게 해준다.

공간으로서의 자연을 중시하고 이성보다 감성의 세계를 중요하게 포

---

43 위의 책, 77쪽.

착하여 화편화(flaming)하는 트란 안 홍 감독의 미장센은 노자의 사유 체계와 만나는 점이 많다. 그간의 트란 안 홍 감독의 영화에서 나타난 감성적 · 본능적 사유 체계의 유사한 점이 하루키로 하여금 트란 안 홍에게 〈상실의 시대〉 영화화를 허락하게 했는지도 모르겠다.

4. 맺음말

이 글은 하루키의 대표작인 『상실의 시대』의 인물이나 사건 구성 내에서 하루키의 사유 체계적 특성이 드러난다고 보고 하루키의 세계관에 대해 접근하였다. 하루키 작품에서 나타나는 자연친화적 상징성과 인간의 본성에 대한 탐구는 도가적 특성과 그 맥을 함께하고 있다고 볼 수 있다.

2010년 영화 〈상실의 시대〉가 베트남 출신 감독 트란 안 홍에 의해 만들어졌는데, 이 글은 소설과 영화 〈상실의 시대〉를 함께 아울러 논의하면서 도가적 특징을 살폈다. 먼저 언어의 이중성과 전달 불가능성을 노자의 『도덕경』과 관련하여 살펴보았다. 이는 하이데거와 데리다가 말하는 '차연(différance)'과도 일맥상통한 포스트모던한 것이다. 그 외에 작품 속 많은 음악의 인용은 감성적 · 본능적 사유에서 비롯된 것이며, 삶과 죽음을 분리하여 보지 않고 상관적 차이로 보는 노자의 상관론적 사유가 하루키의 작품에도 나타난다는 것을 밝혔다. 또한 이 작품에 나오는 자살에 관한 인물들의 선택이나 태도는 일본 문화에서 특징적으로 나타나는 현상이라고 볼 수 있다. 하루키가 묘사하는 전공투조차 개인적 상실감으로 환원되는 특징이 나타났다. 이러한 특징으로 인해 『상실의 시대』는 포스트모던한 특성을 지니게 된다. 이점에서 노자의 사유 체계와 만나게 되는 것이다.

영화 〈상실의 시대〉에서도 노자의 사유 체계를 찾아볼 수 있었다. 나오코의 요양원 장면에서 인물보다 자연풍광을 중심으로 장면화된 쇼트가 그러하며, 성관계를 중심으로 재구성하여 영화화한 것 역시 인간의 본성을 중심으로 본 도가적 사유 체계에서 비롯된 것이라고 볼 수 있다.

이 글을 통해 하루키의 사유 체계가 노자의 사상을 바탕으로 하고 있으며, 『상실의 시대』에서 포스트모던하게 표현되고 있다는 것을 알 수 있었다. 이러한 사유 체계는 트란 안 홍의 영화 〈상실의 시대〉에서도 그리 다르지 않게 나타났음을 알 수 있었다. 이는 그동안 『상실의 시대』가 '청춘이 성장하기 위한 아픔과 사랑의 상처를 기록한 비망록'이라는 타이틀로 불리던 것을 넘어서서 자연과 인간의 바라보는 좀더 깊은 사유 체계 속에서 창작되었음을 밝히는 작업이며, 역사와 시대를 무화시킨 것이라기보다는 현실을 넘어서는 보다 근원적인 사유에서 비롯되었음을 밝히는 작업이기도 하다.

이 글은 영화 〈상실의 시대〉에 관한 첫 논문이며, 하루키 작품에 노자의 사유 체계를 적용한 첫 논문이라는 의의를 지닌다.

이강백의 희곡 「파수꾼」에 나타난 시뮬라크르 양상 연구

▣ 영화 〈빌리지〉와의 비교를 중심으로

1. 머리말

'진실은 언제나 그 너머에 있다'는 말은 오늘날 새삼스럽지 않다. 진실이 권력을 지닌 누군가에 의해 조작되었다는 것이 공공연하게 되어버린 현대, 이러한 양상에 대한 연구의 필요성이 절실하다. 보드리야르의 저서 『시뮬라시옹』[1]에서는 어떤 사회나 분야든 기존의 가치나 권력 체계가 유지되기 위해서 위장해놓은 허상인 시뮬라크르에 주목하여, 현실과 허구에서 시뮬라크르가 어떻게 생산되고 수용되는지를 분석하고 있다. 보드리야르는 "오늘날의 시뮬라시옹은 원본도 사실성도 없는 실재, 즉 파생실재를 모델들을 가지고 산출하는 작업"[2]이며, "갖지 않은 것을 가진 체하기"[3]라고 언급하고 있다. 시뮬라시옹은 시뮬라크르의 동사적 의미

---

1   장 보드리야르, 『시뮬라시옹』, 하태환 역, 민음사, 2001.
2   위의 책, 12쪽.
3   위의 책, 19쪽.

로 '시뮬라크르를 하기'[4]라고 규정된다. 보드리야르는『시뮬라시옹』초반부에 시뮬라크르의 작동 원리를 제시한다. 또한 이 원리를 문화와 사회 현실의 제반 현상에 적용하여 대중에게 시뮬라크르 이미지를 주입하고 조정하는 권력의 메커니즘을 여러 사례를 통해 논증하고 있다.

"보드리야르의 시뮬라크르 개념은 이미 개인 연구실에서 빠져나와 시장에서 유통 · 소비되고 있으며 회화, 애니메이션, 영화, 게임 등 문화상품이라는 가면을 쓰고서 그를 추종하는 자들에 의해 이론 면에서는 물론 현실적인 측면에서도 재생산되기를 거듭하고 있다."[5]는 분석은 상당히 유의미하다. 이에 이 연구는 먼저 현실의 사회질서나 권력 유지에 시뮬라크르가 어떤 메커니즘으로 형성되며, 어떤 폐해가 있는지를 시뮬라시옹에 대한 기존 연구를 바탕으로 이론적 점검을 하고자 한다.

현실에서도 시뮬라크르 양상이 야기되지만, 시뮬라크르 양상을 구현한 문화상품도 많다. 이 글에서는 그중 스토리가 있는 이야기인 서사체[6]를 중심으로 살피고자 한다. "이는 이야기란 것이 하나의 문화를 존립시키는 의미들을 구조화하기 때문이다."[7] 즉 서사체를 통해 시뮬라크르가 생산되고 수용되는 과정의 구조가 논리적으로 설명 가능할 것이다. "서사체란 용어는 또한 이야기하기를 수반하는 시각적인 매체에도 적용된다고 확신한다. 예를 들면, 영화에서 카메라는 기록성 때문에 장편소설

---

4   시뮬라크르는 실제로는 존재하지 않는 대상을 존재하는 것처럼 만들어놓은 인공물을 지칭한다(위의 책, 9쪽~10쪽, 역주 부분).

5   박치완, 「J. 보드리야르의 시뮬라크르, 시뮬라시옹 개념에 대한 일 반역」,『해석학연구』제21집, 한국해석학회, 2008, 140쪽.

6   스티븐 코핸 · 린다 샤이어스,『이야기하기의 이론 : 소설과 영화의 문화 기호학』, 임병권 · 이호 역, 한나래, 1996, 7쪽.

7   위의 책, 3쪽.

못지않게 사건들을 이야기한다고 볼 수 있다"[8]는 측면에서 문학 서사체 뿐 아니라 영회 서사체를 통해서 시뮬라크르가 사건화되는 과정을 설명할 수 있을 것으로 본다.

이 글에서는 시뮬라크르에서 있어서 권력이 어떤 현실을 어떤 목적으로 어떻게 연출하는지에 따라 시뮬라크르의 유형이 조금씩 달라진다는 점에 주목하고자 한다. 시뮬라크르의 유형은 시뮬라크르 생산자의 목적에 따라 크게 세 가지로 대별된다고 볼 수 있다. 첫째는 공포감을 인위적으로 조작함으로써 아무런 위협이나 공포가 없는 사실이나 현실을 왜곡하여 권력을 유지하는 도구로 사용하는 경우이다. 두 번째로는 피지배자나 기존의 권력을 추종하는 자들에게 사실은 지배를 받을 만하거나 추종할 만한 아무것도 없다는 사실을 은폐하여 본질을 보지 못하게 하는 경우이다. 이런 경우는 권력에 따른 지배나 추종을 유지시키고자 함이 목적이며, 추종자들이 아무런 문제의식 없이 기존의 상태를 유지하도록 만든다. 세 번째 유형으로는 내부에 비리나 위험이 있는데도 불구하고 이를 감추기 위해, 다른 위험을 상정해 허상의 시뮬라크르를 상정한 후 덮어씌우거나 환상을 만들어 내부에는 아무런 문제가 없다고 만드는 경우이다. 이 글에서는 첫 번째 유형 즉 공포나 위협을 인위적으로 조작하는 유형에 초점 맞추어 시뮬라크르의 작동원리를 밝히고자 한다. 왜냐하면 첫 번째 유형이 한국 사회와 문화에서 가장 주의를 요하기 때문이다.

시뮬라크르 양상에 대한 연구는 외국문학이나 영화를 대상으로 한 연구[9]는 있었으나, 한국문학을 대상으로 시뮬라크르 양상을 연구한 논문

8   위의 책, 14쪽.
9   김경애, 「김기덕의 '시간'과 시뮬라크르」, 『문학과 영상』 2007 여름, 문학과영상학회, 2007.

은 찾아보기 어려웠다. 한국문학 연구 분야에 있어서 제목과 목차에 '시뮬라크르'나 '시뮬라시옹'이 나오는 연구는 검색되지 않았다.[10] 이에 이 글에서는 전술한 첫 번째 유형인 존재하지도 않는 가상의 이리떼를 위협의 도구로 삼아 질서와 권력을 유지하는 이야기를 구현한 이강백의 희곡 「파수꾼」(1974)[11]에 주목하고자 한다. 「파수꾼」은 한국 서사체 중 권력 유지를 위한 허상으로 인한 시뮬라크르 메커니즘이 가장 압축적으로 묘사된 작품으로 보인다. 이강백의 희곡 「파수꾼」에 관한 기존의 연구[12]에서 극의 특성이나 인물의 특성에 관한 연구는 있었지만, 시뮬라시옹의 관점에서 연구된 논문은 없었다. 그동안 「파수꾼」은 70년대 정치적 상황과

이종한, 「영화 '매트릭스'에서 보이는 보드리야르의 가상 세계와 시뮬라시옹」, 『만화애니메이션연구』 통권 제8호, 2004.

이종한, 「시뮬라크르의 전형으로서 매트릭스의 가상세계」, 『디자인학연구』 통권 제55호, 2004.

박치완, 앞의 글.

이효석, 「윌리엄 골딩의 '파리대왕' : 현대정치와 시뮬라시옹」, 『현대영미소설』 제14권 1호, 현대영미소설학회, 2007.

윤종범, 「장 보드리야르 연구」, 『한국프랑스학논집』 제29집, 한국프랑스학회, 2000.

김종엽, 「포스트모던 사회이론과 비판」, 『세계의문학』 67, 1993 겨울.

10 한국문학연구 분야에서 키워드에는 '시뮬라크르'가 검색되는 논문이 다소 있었지만, 제목과 목차에 드러나 있는 논문은 없었다.

11 이강백, 「파수꾼」, 『現代文學』 236, 1974, 317~333쪽(이 글에서의 인용은 『이강백 희곡전집』 1, 평민사, 1982에서 인용하며, 이후 작품 인용의 경우 인용문 끝에 쪽수를 밝히기로 한다).

12 정일, 「이강백의 희곡연구 : '다섯', '셋', '알', '파수꾼' 에 대한 기호학적 분석」, 조선대학교 교육대학원, 1999.

이영미, 『이강백 희곡의 세계』, 시공사, 1998.

관련된 알레고리라는 측면에서 많이 논의되어왔다.[13] 그러나 「파수꾼」을 70년대 정치적 알레고리로 보는 관점은 지배자들이 권력을 유지하기 위해 어떻게 허상을 만들어 피지배자를 위협하며, 그 정치적 도구로 사용된 허상의 메커니즘이 어떻게 작동되는지에 대해서는 밝히기 어려울 뿐만 아니라 정치적 알레고리가 결국 어떻게 확대재생산되는지 그 과정에 대해서 접근하기 어렵다. 즉 알레고리 기법에 주목한다면 「파수꾼」은 하나의 시대에 대한 우화로 머물 수밖에 없을 것이다. 또한 "「파수꾼」에서의 우화적 기법은 1970년대의 정치적 시대상을 드러낸 문학적 장치라기보다는 부조리한 현실이 순환될 수밖에 없는 인간 존재의 보편적인 비극성을 표현할 때 작가와 독자는 원활히 소통할 수 있으며 텍스트를 독자 자신의 삶과 연계하여 하나의 문학작품으로 이해할 수 있을 것"[14]이라는 김미선의 논의는 알레고리로 분석한 기존의 논의를 비판하고 새롭게 읽어내고자 한 점은 돋보이지만, 작품의 비극성을 부각시킬 뿐 「파수꾼」에 나타나는 권력이 사용하는 허상의 메커니즘을 밝혀내지는 못하고 있다. 이에 이 글에서는 「파수꾼」에 나타나는 시뮬라크르 양상을 밝힘으로써 권력 유지를 위해 촌장이 가짜 이리떼를 어떻게 사용하는지 그 메카니즘에 접근하고자 한다.

「파수꾼」과 관련하여 또 하나 주목할 점은 나이트 샤말란 감독이 연출

---

13 "〈파수꾼〉은 남북분단이라는 한국의 현실이 가져다주는 정치적 위기의식의 조작의 알레고리를 쉽게 간파할 수 있는 작품이다."(이영미, 『이강백 희곡의 세계』, 시공사, 1998, 58~59쪽)

"이강백이 선택한 것은 알레고리였다. 알레고리를 통해서 작가는 정치와 권력을 다루었던 것이다."(배봉기, 「이강백론 – 정치 알레고리를 중심으로 초기 희곡 연구」, 『현대 문학의 연구』 10호, 한국문학연구학회, 1998, 311쪽)

14 김미선, 「수용 미학의 관점에서 본 희곡 '파수꾼'」, 『한국극예술연구』 29호, 한국극예술학회, 2009, 210쪽.

한 영화 〈빌리지〉(2004)가 스토리뿐만 아니라 여러 가지 측면에서 상당히 유사하다는 점이다. 이 두 작품은 희곡과 영화라는 장르상의 차이는 있지만, 시뮬라크르 양상을 살피는 데는 서사체라는 측면에서 장르상의 차이는 문제가 되지 않기 때문이다. 왜냐하면 시뮬라크르 양상은 스토리와 인물이 어떻게 구조화되는가가 중요하지 담론 양식의 차이는 문제가 되지 않을 것으로 본다. 「파수꾼」과 〈빌리지〉 두 작품은 첫째로 모두 마을의 질서와 권력 유지를 위해 가상의 적을 만들어 공포감을 조성하는 줄거리를 지녔다는 공통점을 지니고 있다. 둘째로 파수꾼들이 망을 보는 망루가 주요한 공간적 배경이 된다는 점이다. 셋째로 괴물이나 이리떼가 나타난다며 마을 사람들에게 공포감을 줄 때 사용되는 종이나 양철북 등의 장치도 유사하다. 넷째로 실재하지도 않는 괴물이나 이리떼가 나타난다고 위협을 주는 무리들과 이에 공포감을 느끼는 마을사람들이 있으며, 인물의 구도에 있어서 숲속의 괴물 또는 이리떼가 나타날 것을 보고하는 임무를 지닌 파수꾼이 있다는 인물군의 구성이 같다. 다섯째로 이들 마을 모두 다른 마을과의 교류 없이 고립되어 있다는 점도 유사하다.

이에 이 글은 희곡과 영화라는 장르는 다르지만 「파수꾼」과 영화 〈빌리지〉의 서사적 특성에서 나타나는 시뮬라크르 양상을 비교해보고자 한다. 비교란 유사점을 기준으로 차이점을 살피는 방식이다. 이 글은 보드리야르가 『시뮬라시옹』에서 말한 실재보다 더 실재처럼 보이는 파생실재(Hyperreal)[15]가 실재를 지배하는 양상과 그 특징을 두 작품을 통해 살펴보고자 한다.

또한 이 글은 「파수꾼」과 〈빌리지〉의 분석을 통해 시뮬라크르 서사를

---

15 'Hyperreal'의 번역인 '파생실재'는 다른 연구에서는 '과도실재'로 번역되기도 한다.

구성하는 인물 구성의 특징과 서사구조를 특징지을 수 있다고 본다. 이러한 분석을 통해 시뮬라크르가 어떻게 형성되며 어떠한 의미를 지니는지를 살펴보고자 한다.

2. 시뮬라크르의 원리

권력이나 질서를 유지하기 위해서 지배층이 피지배층을 속이는 전략이 유사 이래로 행해져왔다. 또한 이는 사회의 어느 방면에도 있을 수 있다. "임계치를 넘어서는 순간 그것이 유지되기 위한 역학은 집단의 윤리체계에서 용인될 수 없어 은폐되어야만 수준으로 발전될 수 있다. 여기서부터는 사회적 담론의 생성과정에서 대중들은 절대 참여할 수 없다. 바로 이 지점이 음모론이 생성되는 지점이며 그 논의의 신빙성이 재고되어야 하는 근거가 되기도 한다."[16] 이러한 점에서 권력이 무엇을 은폐하고 있으며, 은폐를 위한 메커니즘이 어떻게 작동되는지에 대해 접근할 필요성이 대두된다.

이러한 메커니즘을 밝히고자 들뢰즈는 보드리야르보다 먼저 플라톤의 『국가』편에 나오는 '동굴의 비유'에서 나오는 시뮬라크르라는 개념을 차용하였다. 들뢰즈는 "플라톤주의에서의 시뮬라크르 개념을 전복시켜 자신의 차이(생성)의 사유모델을 정초하기 위해 이를 모든 사유 구조, 위계

16 고규흔, 「음모론, 진실에 접근하는 변칙 경로―'루스체인지', '누가 전기자동차를 죽였나? 음모론을 다룬 두 편의 영화를 중심으로」, 『공연예술저널』 15호, 성균관대학교 공연영상문화연구소, 2008.7, 108쪽.

밖에 위치시켜 그것을 긍정적이고 즐거운 사건으로 의미 부여"[17]하였다. 그러나 보드리야르는 들뢰즈와는 달리 "시뮬라크르를 전통의 동일성의 논리 내에 위치시켜 놓고 기존의 세계를 와해시켜 하나의 새로운 이성의 제국을 건설하고자 한다"[18]고 볼 수 있다. 즉 보드리야르가 파악한 현대 사회의 특성은 "시뮬라크르들로 구성된 세계엔 들뢰즈가 말한 차이도, 생성마저도 무의미하다는 것"[19]이다. 이 글은 보드리야르의 이러한 관점에 동의하며 보드리야르의 관점을 지지하는 입장에서 이를 문화 양상에 적용하고자 한다.

보드리야르는 시뮬라크르 현상을 여러 분야에서 찾아 예리하게 분석하고 있다. 그에 따르면 시뮬라크르가 아무리 강화되어 있다고 하더라도 현실의 조각이 가상 안으로 침투해 들어오는 돌발사태가 벌어지는 것을 피할 수는 없다. 미리 프로그램화되지 않은 상태에서 가상 세계로 치고 들어온 현실은, 그것이 아무리 사소한 조각이라 하더라도, 가상성이 폭로되기 마련이다. 이를 보드리야르는 함멸 또는 내파(implosion)[20]라고 하였다. 그렇기 때문에 만들어진 가상을 보호하려면 권력은 이를 신속히 제거해야 한다. 이렇게 현실이 가상으로 들어오지 못하게 막는 것을 '저지 전략'이라고 한다. 보드리야르에 따르면 오늘날의 조작, 즉 시뮬라크르의 제작은 세계를 통째로 날조해놓고 그 안으로 실재가 들어오는 것을 차단하는 저지 전략을 통해 이루어진다고 한다.

---

17 박치완, 앞의 글, 143쪽.
18 위의 글, 141쪽.
19 위의 글, 142쪽.
20 내파(implosion)는 '내부적 요인에 의한 폭발'을 말하는 신조어이다. 하태환은 이를 '함멸'이라고 번역했지만 배영달 외 많은 보드리야르 연구에서 내파로 번역되므로 이 글에서는 '내파'로 통일한다.

정치권력에 있어서도 권력과 질서 유지를 위해 사실과는 관계없는 시뮬라크르에 의해 조작된다.

> 이탈리아에서 일어난 이러저러한 폭탄투척 테러행위는 좌익 극단주의자들이 저지른 일인가 또는 극우에 의해 자극된 것인가 또는 모든 극단주의자들을 격하하여 자신들의 흔들리는 권력을 쇄신하기 위한 중립주의자들의 작품인가 또는 경찰의 작품으로 공공의 안녕에 대한 협박인가? 이 모든 것은 사실이며 증거, 즉 사실들의 객관성에 대한 조사는 해석의 현기증을 끝나게 하지 않는다. 그것 우리가 더 이상 사실들의 논리 그리고 이성의 질서와는 관계없는 시뮬라시옹의 논리 속에 있기 때문이다.[21]

이러한 보드리야르의 해석은 현대를 특징짓는 뚜렷한 양상이라고 볼수 있다. 보드리야르는 저서의 여러 곳에서 시뮬라크르 현상을 분석해내고 있다. 가상과 현실의 위계가 뒤집히면서 조작의 의미도 변했다. 과거에는 조작이 사실의 날조나 해석의 왜곡이었지만, 이제는 시뮬라시옹의 붕괴를 막는 저지전략이 되었다.[22] 이에 "권력은 현실을 연출하고 위기를 연출하며, 사회적, 경제적, 정치적인 인위적 목표들을 재생산하는 연기를 한다"[23]는 것은 이제 누구나가 공공연하게 입에 올릴 수 있는 현실이 되었다.

머리말에서 전술한 바처럼 시뮬라크르의 유형은 시뮬라크르 생산자의 목적에 따라 크게 세 가지로 대별된다고 볼 수 있다. 보드리야르가 분석한 내용에서 공포감을 인위적으로 조작함으로써 아무런 위협이나 공포

21   장 보드리야르, 앞의 책, 47쪽.
22   진중권, 『미학오디세이 3』, 휴머니스트, 2004, 325쪽.
23   이종한, 앞의 책, 345쪽.

가 없는 사실이나 현실을 왜곡하여 권력을 유지하는 도구로 사용하는 경우인 첫 번째 유형의 원리에 접근해보자. 핵이나 전쟁의 위협도 시뮬라크르 원리로 작동된다고 보드리야르는 분석하고 있다. "우리 삶을 마비시키는 것은 원자폭탄에 의한 파괴의 직접적인 위협이 아니라, 우리 삶을 백혈병 걸리게 하는 저지이다. 그리고 이 저지는 실제적인 핵 충돌 자체가 실재의 우발적 가능성으로서 기호 시스템에서는 미리 배제되어 버림으로부터 온다. 모든 사람들은 이 위협의 사실성을 믿는 척한다."[24] 즉 핵폭발의 가능성이 없는데도 권력은 여전히 시뮬라크르인 핵폭발의 공포를 제작하고 관리함으로써 권력을 유지하고 있다고 보드리야르는 지적한다.

두 번째 유형은 피지배자나 기존의 권력을 추종하는 자들에게 사실은 추종할 만한 아무것도 없다는 사실을 은폐하여 본질을 보지 못하게 하는 경우다. 이에 대해 보드리야르는 "신 자신이 보증을 서주는 기호들의 하나로 축소될 수 있다면 어떻게 될까? 그러면 모든 체계는 무중력 상태로 들어가서, 신은 단지 하나의 거대한 시뮬라크르가 될 따름이다."[25]라고 하면서 신도 시뮬라크르일 수 있으며, 성상 숭배자들은 이미 이를 알고 있으면서 신의 현현을 유지시키고자 한 자들임을 분석하고 있다.

또한 보드리야르의 이론을 적용한 이종한의 논문은 영화 〈매트릭스〉에서 나타나는 가상세계의 원리에 대해 다음과 같이 설명하고 있다.

> '매트릭스'의 가상 세계는 이렇게 현실의 대상이 이미지의 기술적인 프로그래밍 안으로 자취를 감추면서 본질이 사라진 경우이다. 순수 인

---

24 보드리야르, 앞의 책, 80쪽.
25 위의 책, 25쪽.

공물들인 이미지로 채워진 가상 세계는 어떠한 실재를 반영하지 않은, 상징과 상상이 살해된 이미지 폭력의 장이다. 말 그대로 이미지가 현실 그 자체로 100% 전이된 셈이다. 현실보다 더 현실적인 재현, 원본보다 더 원본의 행세를 하는 세계에서 새로운 질서를 지배하고 신사회를 구성하게끔 된 것이다.[26]

위의 인용문의 분석을 바탕으로 볼 때, 〈매트릭스〉는 두 번째 유형에 속한다고 할 수 있다.

세 번째 유형은 내부에 비리나 위험이 있는데도 불구하고 이를 감추기 위해, 다른 위험을 상정해 허상의 시뮬라크르를 상정한 후, 내부에는 아무런 문제가 없다고 덮어씌우는 경우이다. 이에 대해서 보드리야르는 '워터게이트 스캔들'[27]이라는 정치적 양상에서 찾아내고 있다. 보드리야르는 워터게이트 사건을 "인위적 표면 이상 너머에 어떤 사실성도 없다는 것을 감추기 위한 상상적 효과"[28]라고 보았다. 즉 "워터게이트는 워터게이트 그 자체가 하나의 스캔들이었다는 생각을 주입하는 데 성공했다"[29]는 것이다. 보드리야르는 CIA 요원들과 『워싱턴포스트』 기자들이 일방적인 여론을 조성하여 '워터게이트' 자체를 하나의 파생실재인 스캔들로 주입하는 데 성공했다는 것이다. 보드리야르에 의하면 워터게이트는 스캔들이 아니라는 것이다. 즉 정치적 부패는 너무 만연해 있어서 굳

---

26 이종한, 앞의 글, 173쪽.

27 워터게이트 스캔들은 1972년 닉슨 대통령이 재선을 목적으로 비밀 공작반을 조성하여 워싱턴의 워커게이트 빌딩에 도청장치를 설치하려다 발각, 체포된 정치적 사건으로 닉슨 정권은 선거 방해, 정치현금의 부정, 탈세 등이 드러났으며, 1974년 대통령직에서 사임한 사건이다(위키백과 요약).

28 장 보드리야르, 앞의 책, 43쪽.

29 위의 책, 43쪽.

이 스캔들이라고 치부할 것도 없는 일이라는 것이다. 워터게이트 사건은 스캔들화됨으로써 닉슨 개인의 부패와 부도덕성으로 일축된 사건이 되었다. 미국의 정치적 부패와 민주주의의 부도덕성이라는 실재는 '워터게이트' 사건 너머로 사라져버리고, 워터게이트라는 시뮬라크르가 그 자리를 대체하여 '도청', '선거 방해', '탈세' 등의 정치적 부도덕이 닉슨 하나로 사라지고 깨끗한 정치만 남았다는 환상을 주게 되었다는 것이다. 사실 정치적 부도덕은 닉슨 한 사람만 저지른 것이 아니지만, 모든 사람들이 이를 감추기를 원했으며, CIA 요원들과 『워싱턴포스트』 기자들이 나서서 워터게이트라는 시뮬라크르를 제작했다는 것이다. 워터게이트 사건은 미국식 정치권력의 사건이다. 그러나 시뮬라크르를 제작하고 관리하는 사람은 이것이 밝혀지는 내파의 가능성을 성공적으로 저지하고, 이것이 단지 스캔들이었을 뿐, 권력 내부에는 여전히 도덕성이 있다는 이미지로 포장하게 된 것이라고 보드리야르는 분석하고 있다. 즉 워터게이트 스캔들을 통해 미국사회의 정의감과 자유민주주의가 건재한다는 시뮬라크르를 형성하게 된다는 것이다. 또한 보드리야르는 디즈니랜드라는 시스템 역시 문제가 있는 현실을 덮어버리고 시뮬라크르가 된 디즈니랜드의 환상과 공상이 이를 대치한다는 것을 지적한다.[30]

이처럼 세 유형으로 구분되는 시뮬라크르 원리 중 이 글에서는 첫 번째 유형에 속하는 서사체를 분석하고자 한다.

---

30 위의 책, 39~43쪽.

이강백의 희곡 「파수꾼」에 나타난 시뮬라크르 양상 연구

3. 희곡 「파수꾼」과 영화 〈빌리지〉에 나타난 시뮬라크르 양상 비교

1) 시뮬라시옹의 장치들 — 시뮬라크르의 실재 대체

실재를 대체하는 시뮬라크르가 제작되고 관리되기 위해서는 현실뿐만 아니라 서사에서도 여러 가지 장치들이 필요하다. 이강백의 「파수꾼」에 있어서 시뮬라크르인 이리떼의 설정은 진실을 가리기 위한 질서들을 필요로 하게 된다. 이 마을의 실재는 흰 구름만이 존재하는 평화로운 모습이지만, 시뮬라크르인 이리떼의 존재를 유지하기 위해, 즉 마을 사람들에게 공포감을 조성하기 위해 '이리떼가 나타났다'는 파수꾼 가의 소리침과 이에 따라 양철북을 치는 파수꾼 나에 의해서 이루어지는 또 다른 시뮬라크르들이 존재하게 되는 것이다. 이렇게 촌장이라는 권력자에 의해 생겨난 파생실재는 실재 대신 확대, 재생산되어간다. 공포를 조장하는 규칙은 파수꾼 가가 '이리떼가 나타났다'라고 외치거나 파수꾼 나가 두드리는 양철북 소리가 나면, 마을 사람들이 피해야 한다는 규칙이다. 「파수꾼」에 있어서 실재인 '흰 구름만 있는 현실'은 이리떼가 나타나서 공포를 준다는 개념과는 전혀 관계가 없다. 즉 이리떼가 나타난다는 현실에는 있지도 않은 개념이 실재의 현실을 대체하고 있는 양상이다. 파생실재는 대기가 없는(현실이 아닌) 파생공간에서 조합된 모델들로부터 만들어진 합성물이다.[31] 실재나 진실이 더 이상 그 자체로 있지 않고 휘어지는 (파생)공간으로 이동함으로써 모든 원래 실체(지시 대상)가 소멸되고 시뮬라크르가 제작된다. 권력 유지를 위해 촌장은 가상의 적인 이

---

31 위의 책, 16쪽.

리떼인 파생실재를 만들어내고 마을 사람들에게 그것을 실재로 인식하게 만들기 위해 파수꾼 가와 나를 이용하는 것이다.

> 해설자　(…) 망루 위의 파수꾼이 이리떼를 발견했다 외치면, 그들은 양철북을 두드릴 겁니다. 그 소린 황야에 울려져서 우리가 살고 있는 마을에 전달되고, 그럼 주민들은 이리떼의 내습에 대항할 준비를 갖추게 됩니다. 여러분이 잘 아시듯이 이리떼는 무척 교활하죠. 그들의 습격이 탄로 난 걸 알아채면 일단 뒤로 물러납니다. 그리고선 다음 기회를 노리는 거죠. 이러한 반복이 끊임없이 계속되고 있습니다. (99쪽)

위의 인용문의 '이러한 반복이 끊임없이 계속되고 있다'는 대사는 상당히 유의미하다. 파생실재가 계속됨으로써 흰 구름만 떠 있는 진실은 사라지고, 마을 사람들을 공포에 몰아넣고 있다는 것이다.

나이트 샤말란의 영화 〈빌리지〉에서도 유사하게 시뮬라크르가 제작·관리되고 있다. 이 영화의 배경은 1897년, 펜실베이니아 주의 코빙턴 마을이다. 사방이 숲으로 둘러싸인 코빙턴은 인구가 60명에 불과한 조그만 시골 마을이다. 코빙튼에는 평화로운 삶을 위해 이곳에 모여든 소수의 사람들이 그들만의 부락을 이루며 살아가고 있다. 겉으로 보면 완벽할 정도로 평화롭고 목가적인 마을이지만, 주민들은 그들의 보금자리를 둘러싸고 있는 숲 속에 정체불명의 생명체인 괴물이 존재한다고 믿고 있다. 불안과 공포에 휩싸인 마을 사람들은 숲 속 생명체의 존재 자체가 너무나 두렵기 때문에 누구도 입 밖에 내지 않는다. 하지만 그 괴물은 마을의 존속을 위해 원로들이 만들어낸 이미지일 뿐 실재하지 않는다. 그들에게는 지켜야 할 조건이 있다. 숲속에는 영화 속에서 '그들'로 지칭되는 괴물이 있으므로 괴물과 마을 주민들 사이에 서로의 영역을 침범

하지 않는다는 불문율이 존재한다. 첫 번째로 금기시되는 것은 그들이 기나리고 있으므로 숲 속에 발 들이지 말라는 것이며, 두 번째로 금기시되는 것은 그들을 불러오기 때문에 불길한 색인 붉은색을 봉인하라는 것이다. 세 번째로는 그들이 오는 경고의 종에 귀를 기울이라는 것이다. 이러한 조건들을 지키면서 마을 사람들은 겉으로는 평화를 유지하며 살아가고 있다.

〈빌리지〉에서 숲에 괴물이 산다는 개념 역시 코빙튼이라는 마을의 실재 상황과는 관련이 없다. 마을의 가축을 잔인하게 잡아먹고 대문에 피를 묻히는 괴물이라는 시뮬라크르가 실재를 대체하고 있는 형국이다. 마을의 원로들 중 하나가 괴물의 가죽을 뒤집어쓰고 나타나면 '괴물이 나타났다'는 다급한 종소리에 의해 공포에 사로잡힌 사람들이 마치 괴물이 실재인 양 알게 되는 시뮬라크르가 형성되고 있다.

2) 내파(함멸) 과정의 두 유형

시뮬라크르를 제작하고 관리하는 자들의 고민은 미리 예상하지 않은 돌발 사태가 시뮬라크르 세계로 들어와 현실의 실재성을 주장하는 것이다. 현실이 실재성을 주장함으로써 시뮬라크르의 세계가 위협을 받게 되고, 시뮬라크르임이 폭로될 위험에 처한다. 전술했듯이 이것이 바로 내파 과정이다. 시뮬라크르 관리자들은 이를 저지하고자 한다.

"내파는 기호와 정보가 과잉으로 증식하는 과정에서 발생하는 일종의 재난이다. 이는 말하자면 기호와 정보의 증식이 마치 암의 증식에서처럼 통제할 수 없을 정도로 발생하는 의미의 내파이다."[32] 이 글에서는 보드

---

32 배영달, 『보드리야르와 시뮬라시옹』, 살림, 2005, 101~102쪽.

리야르가 주장하는 내파를 두 가지 양상으로 구분한다. 정보가 증식됨으로써 자연스럽게 내적인 폭발을 일으키게 되는 내파 과정과 폭로자에 의해 폭발되는 경우가 바로 그것이다. 전자의 내파 유형은 내부에서 자연스럽게 폭발하는 단계를 말한다. 아래의 인용문은 포스트모던 사회에서는 제도들이 내부에서 폭발할 수밖에 없다는 것을 증명한다.

> 대중은 제도를 파멸시키고 폭발시켜, 제도 자체를 위기에 빠뜨린다. 『보부르 효과』를 통해, 보드리야르는 대중문화를 끝장내는 것은 대중 자신임을 보여준다.
> 이러한 유형의 대중의 행동은, 우리의 새로운 세계에 대응하는 새로운 형태의 폭력을 분명하게 드러내준다. 그것은 '내파 l'implosion', 즉 메시지, 기호, 다량의 정보의 포화에 의한 내적인 폭력이다. 그의 포스트모던 사회이론의 핵심적인 요소인 '내파' 라는 개념을 사용하여, 보드리야르는, 포스트모던 사회에서 이미지나 모사와 현실간의 경계는 파괴되고, 그와 함께 '현실' 의 경험과 지반은 사라진다고 주장한다. 보드리야르에게 있어서, 극도로 세분화되고 대단히 혼잡하며 과도하게 통제되고 있는 우리 세계의 특징은, 제도들이 내부에서 폭발하고 무너진다는 것이다.[33]

그러나 자연스럽게 진행될 수밖에 없는 내파와는 다르게 후자의 내파 유형은 집단이나 개인에 의해 내파되는 경우를 말한다. 보드리야르는 "68년 5월의 프랑스 학생혁명은 틀림없이 함멸적인 첫 번째 에피소드, 즉 혁명적이라 하는 과장되고 격렬한 수사학적 용어 속에서 다시 쓰이는 것과는 반대로, 사회적인 것의 포화에 대한 첫 번째의 격렬한 반응, 수

---

33   윤종범, 「장 보드리야르 연구」, 『한국프랑스논집』 제29집, 한국프랑스학회, 2000, 28쪽.

축, 사회적인 것의 패권에 대한 도전이다."[34] 이처럼 학생들에 의해 폭발된 패권에 대한 도전으로 그동안의 시뮬라크르는 내파 과정을 겪게 되기도 한다.

〈빌리지〉에서는 내부 구성원에 의해 자연스럽게 내파되는 전자의 유형으로 볼 수 있다. 지적 장애를 지닌 마을 청년 노아 퍼시가 숲에 들어가면 안 된다는 규칙을 알지 못한 채, 마을에서 불길한 색으로 규정된 색인 붉은색 딸기를 숲에서 따서 먹고 있는 것을 루시우스 헌트가 알게 되면서 내파의 조짐이 시작된다. 루시우스는 숲 속의 괴물이 노아 퍼시를 해치지 않은 것으로 미루어보아, 숲 속의 괴물이 착한 사람들은 해치지 않는다면 자신도 착한 사람이므로 그들이 해치지 않을 것이라고 생각한다. 그는 마을 원로들의 극심한 반대에도 불구하고 숲 너머 마을에서 노아 퍼시를 고칠 수 있는 약을 구해올 목적으로 숲 안으로 들어가기를 원했고, 숲에 혼자 갔다가 공포에 눌려 돌아오게 된다. 이는 그동안의 저지작용의 효과이다. 이는 대부분의 사람들이 내파의 조짐을 느끼면서도 감히 사회제도나 규칙이 뭔가를 속이고 있다는 생각으로 결론내지를 못한다는 것을 말해준다. 스스로 이를 폭로할 엄두를 내지 못하고, 내파를 위한 저항 의지는 좌절된다. 원로들의 허락 없이 마을을 벗어나려고 했던 루시우스는 마을 원로 중 가장 지도력이 있는 에드워드 워커로부터 혹독한 질책을 받는다.

희곡 「파수꾼」의 경우는 후자의 유형으로, 시뮬라크르 제작자가 아닌 폭로자에 의해 내파 과정이 이루어진다. 「파수꾼」에서 마을사람들은 촌장의 권력에 기만당하며 살아가고 있지만, 이와 조금 다른 양상을 보이는 것이 파수꾼 다이다. 소년 파수꾼인 다는 이리떼가 허상의 존재임을

---

34 장 보드리야르, 앞의 책, 136쪽.

깨닫고 진실을 밝히려 한다.

가 　북소리 중지! 이리떼는 물러갔다!

다 　흐유! (망루 위를 향하여) 이리뗀 정말 다 물러갔나요? 대답
　　해 주세요. (침묵) 왜 말이 없으시죠? 잠드셨나요? 파수꾼님,
　　당신은 또 잠드셨군요?

　　(파수꾼 다는 망루 위에 올라간다.)

다 　이리떼만 없다면 이곳은 얼마나 평화로운 곳일까? 지평선 저
　　멀리 하늘가를 좀 봐. 하얀 구름이 흘러가네.

　　(사이)

가 　이리떼다, 이리떼! 이리떼가 몰려온다!

　　(파수꾼 다는 황급히 망루 아래로 내려와 엎드린다. 그러나
　　어떤 의아로움이 두려움 속에서 생겨난다. 그는 망설이듯 일
　　어나 망루 위에 올라가서 사방을 바라본다.)

가 　북소리 중지! 이리떼는 물러갔다!

　　(파수꾼 다는 망루 아래로 내려온다. 심한 충격을 받은 표정
　　이다.)

다 　이리떼라구요? 황야 저쪽에는 흰구름뿐이었어요.(114~115
　　쪽)

　처음 사실을 알게 된 파수꾼 다는 촌장에게 망루에 가서 외치겠다고
주장한다.

다 　왜 제가 헛된 짓을 해요? 제가 본 흰 구름은 아름답고 평화
　　로웠어요. 저는 그걸 보여 주려는 겁니다. 이제 곧 마을 사람
　　들이 온다고? 잘 됐어요. 저는 망루 위에 올라가서 외치겠어
　　요.(121쪽)

「파수꾼」에서 파수꾼 다는 '망루 위에 올라가서 외치겠다'며 폭로자가

내파하는 유형으로 나타난다. 그러나 이러한 유형의 경우, 오히려 저지 작용에 의해 폭로가 좌절되는 결과를 낳을 뿐이다.

3) 저지 과정과 결과의 두 유형

시뮬라크르 제작자와 관리자들은 내파가 일어났을 경우, 내파를 저지하고자 한다. "그 작용은 변화를 감지할 수 없으며 실재의 모든 기호를 제공하는 기계에 의해 모든 실재 과정이 저지된다. 그 기계는 완벽하게 설명할 수 있으며, 실재의 조작적 분신이며, 안정됐으며, 시스템화 되어있다."[35] 자연스럽게 내파되는 과정과 폭로자에 의해 내파되는 과정은 모두 내부적 원인에 의해 파괴된다는 점에서는 같다. 그러나 전자와 후자의 차이점이 중요한 이유는 저지 과정에 대한 결과와 반응이 다르게 나타난다고 볼 수 있기 때문이다. 즉 자연스럽게 내파되는 과정에서는 시뮬라크르가 약화되는 위기에 봉착하게 되지만, 폭로자에 의해 내파되는 과정은 시뮬라크르 제작자에 의해 내파가 저지되는 결과를 빚게 된다. 후자의 경우를 먼저 언급하자면 「파수꾼」에서 파수꾼 다에 폭발에 의해 내파된 파생실재는 촌장의 회유로 인해 실패로 끝나게 된다.

촌장   애야 이리떼는 처음부터 없었다. 없는 걸 좀 두려워 한다는
       것이 뭐가 그렇게 나쁘다는 거냐? 지금까지 단 한사람도 이
       리에게 물리지 않았단다. 마을은 늘 안전했어. 그리고 사람
       들은 이리떼에 대항하기 위하여 단결했다. 그들은 질서를 만
       든 거야. 물론 저 충직한 파수꾼에겐 미안해, 수천 개의 쓸모
       없는 덫들을 보살피고 양철북을 요란하게 두들겼다. 허나 말

---

35 위의 책, 18쪽.

이다. 그의 일생이 그저 헛되다고만 할 순 없어. 그는 모든 사람들을 위해 고귀하게 희생한 거야. 난 네가 이러한 것들을 이해하여 주기 바란다. 만약 네가 새벽에 보았다는 구름만을 고집한다면, 이런 것들은 모두 허사가 된다. 저 파수꾼은 늙도록 헛북이나 친 것이 되구, 마을의 질서는 무너져버린다. 애야, 넌 이렇게 모든 걸 헛되게 하고 싶지 않겠지?(120~121쪽)

촌장 　(…) 사람들은 망루를 부순 다음엔 속은 것에 더욱 화를 낼 거야! 아마 날 죽이려고 덤빌지도 몰라. 아니 꼭 그럴 거다. 그럼 뭐냐? 지금까진 이리에게 물려 죽은 사람은 단 한 명도 없었는데, 흰 구름의 첫날 살인이 벌어진다.(122쪽)

　파수꾼 다를 회유하고 협박하는 이 같은 촌장의 대사는 시뮬라시옹이 반복적으로 이루어지고 강화되고 있다는 것을 증명한다. 촌장은 진실을 밝힐 경우 발생할 수 있는 여러 가지 문제를 들어가며 치밀하고도 용의주도하게 소년을 회유한다. 이 갈등에서 승리하게 된 촌장은 소년 파수꾼에게 평생 망루에서 지낼 것을 명령하게 된다. 파수꾼 다가 다시 망루에 올라가서 마을 사람들에게 "이리떼다, 이리떼! 이리떼가 몰려온다."고 외치게 되는 결말부의 대사는 진실에 다가서는 것이 좌절되었음을 보여주는 동시에 현실에 순응할 수밖에 없는 인간의 나약함을 잘 보여주는 것이다. 이는 권력 구조가 질서화된 현대사회에서 권력자가 생산해낸 시뮬라크르에 저항하는 것이 어렵기 때문에 진실은 회복되기 어려우며 결국 좌절될 가능성이 크다는 것을 시사한다. 이처럼 후자의 유형은 시뮬라시옹에 의해 실재는 다시 생산될 수 없게 된다[36]는 것을 말해준다.

36　위의 책, 19쪽.

그러나 전자의 내파 과정 유형인 〈빌리지〉에서는 다르다. 〈빌리지〉에
시도 중반까지는 시뮬라크르 제작자들의 저자 전략이 작동된다. 루시우
스가 숲에 들어갔다가 도망쳐온 다음부터 집집마다 현관에 붉게 칠해진
피가 발견되고, 생가죽이 벗겨진 여우의 사체들도 곳곳에서 발견되는 것
이다. 이에 마을 주민들은 공격적 위협으로부터 불안과 공포에 휩싸이게
됨으로써 시뮬라크르의 저지 작용은 효과적으로 작동되는 듯하다. 그러
나 노아가 휘두른 칼에 루시우스가 찔려 아이비가 그의 약을 구하러 숲
바깥으로 가기를 간절히 원하자, 아이비의 아버지가 스스로 빗장을 풀고
아이비에게 괴물은 조작된 것이며, 실제로 숲 속의 괴물은 없다는 진실
을 아이비에게 말하게 된다. 바로 이것이 자연스럽게 일어나게 되는 내
파이다. 〈빌리지〉에서 나타나는 자연스러운 내파 과정은 딸을 사랑하는
아버지의 부성애에 의해 촉발된다. 아이비를 바깥마을로 보낸 워커에게
원로들은 그동안의 노력이 물거품이 될지도 모른다고 워커의 행동을 비
난하자, 아이비의 아버지인 워커는 "이런 생활을 언제까지 유지할 수 있
을 것 같나요? 우리가 영원히 삽니까? 우리의 미래는 아이들에게 있어
요."라고 하면서 스스로 시뮬라크르를 해체하기를 원한다. 이러한 자연
스러운 내파에 의한 유형은 시뮬라크르가 내파되고 해체되는 조짐을 보
여준다. 그러나 시뮬라크르가 완전히 해체되는 것은 아니다. 눈먼 소녀
아이비가 숲을 통과할 때, 자신을 공격하는 괴물을 죽이고 약을 구해왔
다고 하자, 마을 원로들은 아이비가 루시우스의 약을 가져오지 못하게
방해하려고 괴물 옷을 입었던 노아가 죽었다는 것을 알게 된다. 그러나
마을의 질서 유지를 위해 노아가 괴물의 공격을 받아 죽었다고 말을 맞
추는 원로 모임에서는 여전히 시뮬라크르를 유지하는 쪽으로 결론을 맺
게 된다는 것을 알 수 있다. 세상에서 공격받고 사랑하는 사람을 잃고 많
은 상처를 입은 사람들인 원로들이 다시는 세상과의 접촉을 하지 않겠다

는 결심이 흔들리면서도 지킬 수밖에 없는 시뮬라크르 제작자로서의 입장을 상징하는 것이기도 한다. 전자의 유형이 후자의 유형과 차이가 나는 것은 시뮬라크르 제작자 측에서 발생된 내파이기 때문이다. 시뮬라크르의 내파 과정은 어느 측에서 내파가 촉발되었느냐에 따라 이처럼 달라진다.

4. 시뮬라크르 서사의 인물과 서사구조적 특성

1) 시뮬라크르 제작과 수용의 인물 유형

시뮬라크르 서사는 인물의 역할과 구도가 명확하다. "인물의 특성을 추출하는 목적이 성격의 확정에 있다면, 그것은 환원론적이긴 하지만, 결국 인물의 행동의 동기나 이유에 대한 합당한 인과관계를 발견하기 위한 것"[37]이라고 본다면 시뮬라크르 서사에 있어서는 인물의 행동의 이유로 인해 시뮬라크르 제작자와 수용자, 폭로자 등으로 구분될 수 있다. 「파수꾼」에 있어서 시뮬라크르 제작자는 촌장이다.

> 촌장 뭐라구? (잠시 동안 굳은 표정으로 침묵) 사실 우습기도 해. 이리떼? 그게 뭐냐? 있지도 않는 그걸 이 황야에 가득 길러 놓고, 마을엔 가시 울타리를 둘렀다. 망루도 세웠고, 양철북도 두들기고, 마을 사람들은 무서워서 떨기도 한다. 아하, 언제부터 내가 이런 거짓놀이에 익숙해졌는지 모른다만, 나도

---

37 이호, 「인물 및 인물 형상화에 대한 이론적 개관」, 한국소설학회 편, 『현대소설인물의 시학』, 태학사, 2000, 19쪽.

알고는 있지. 이 모든 것이 잘못되어 있다는 걸 말이다.(121
쪽)

위의 인용문에서처럼 촌장이 시뮬라크르 제작자며, 수용자는 폭로자
인 파수꾼 다를 제외한 대부분의 마을 사람들이다. 물론「파수꾼」에는 이
모든 것이 시뮬라크르임을 알지만 시뮬라크르를 유지시키는 데 기여하
는 파수꾼 가와 나 같은 인물도 있다. 흰 구름을 보고도 '이리떼가 몰려
온다'와 '북소리 중지! 이리떼는 물러갔다'를 주문처럼 외치는 파수꾼 가
와 양철북을 치는 파수꾼 나는 "촌장과 공모하여 진실을 은폐함으로써
권력의 그늘에 안주하려는 지극히 현실적인 인물"[38]로 볼 수 있으며, 시
뮬라크르를 관리하고 유지하는 데 힘쓴다는 점에서 이들 역시 시뮬라크
르 제작자군에 속한다. 이들은 시뮬라크르라는 것을 모른 채 공포감에
의해 시뮬라크르를 수용하는 마을 사람들과는 차이가 있다. 또한「파수
꾼」에는 이러한 상황을 악용하는 운반인 같은 유형도 있다.

나   아까 그 운반인 말이다. 못된 놈이다. 오늘 밤에도 어두운 거
     리에 숨었다가 몹쓸 재미를 노렸겠지. 나의 양철북 소리를 그
     런 놈들이 악용하고 있다니, 마음 상한다.(108쪽)

이 운반인 유형은 사실상 시뮬라크르 제작자에게 동조하여 이득을 취
하는 자로 이 역시 시뮬라크르 제작자군에 속한다고 볼 수 있다. 즉 시
뮬라크르 수용자군에는 시뮬라크르임을 모르고 수용하는 자만이 속한
다고 할 수 있다. 그러나 파수꾼 다의 경우는 처음에는 폭로자의 역할을
맡았지만 결국은 시뮬라크르 제작에 동조하는 제작자군으로 전환하게

---

38 김미선, 앞의 글, 192쪽.

된다.

〈빌리지〉에서 시뮬라크르 제작자군은 마을의 원로들이다. 시뮬라크르 유지에 함께 힘쓰는 루시우스의 어머니와 노아의 부모 역시 제작자군에 속한다. 물론 수용자는 마을 사람들이다. 〈빌리지〉에서는 폭로자가 원로 중 한 사람인 아이비의 아버지라는 점이 「파수꾼」과 차이나는 점이다. 즉 〈빌리지〉는 폭로자가 제작자군에 속해 있음으로써 시뮬라크르가 약화되는 결말 구조가 된다.

이처럼 시뮬라크르 서사의 유형은 시뮬라크르 제작자, 수용자, 폭로자로 뚜렷이 구분될 뿐만 아니라, 폭로자가 어떠한 인물군에서 발생하는지에 따라 결말 구조도 달라진다는 것을 알 수 있다. 폭로자가 시뮬라크르 제작자군에서 나온 〈빌리지〉의 경우 시뮬라크르가 약화되지만, 제작자군이 아닌 단순 폭로자의 경우는 시뮬라크르는 저지 전략에 의해 더욱 강화되는 양상으로 나타난다.

2) 정보의 지연과 내파와 저지의 대결구조

시뮬라크르 서사의 가장 특징적인 점은 시뮬라크르가 밝혀지기까지 정보가 지연된다는 점이다. 바흐친은 『문예학의 형식적 방법』에서 스토리란 플롯의 기초를 이루는 사건을 의미하며 플롯은 이러한 스토리 전개에 이탈, 제동, 지연, 우회의 선을 그려가는 비뚤어진 길[39]이라고 하였다. "내적인 구조는 긴장과 이완의 반복을 통하여 '정보' 자체를 지연시키면서 작가가 혹은 텍스트가 궁극적으로 전달하고자 하는 의미와 주제를

---

39 미하일 바흐친, 『문예학의 형식적 방법』, 이득재 역, 문예출판사, 1992, 177~181쪽.

함께 지연시키는 기능을 한다. 이 정보의 지연으로 텍스트의 의미는 한 층 더 심도 있게 전달되는 것"[40]이라는 정보 지연은 시뮬라크르 서사에 있어서 중요한 기법으로 작동된다. 「파수꾼」에서 시뮬라시옹 양상은 전 술했듯이 이리떼가 나타난다는 파생실재 때문에 빚어진다. 그런데 흰 구 름뿐인 진실은 중반 이후에야 밝혀진다. 「파수꾼」의 주인공은 파수꾼 다 로 「파수꾼」의 구조는 진실을 밝히려는 파수꾼 다와 시뮬라크르 제작자 인 촌장의 대결 구도로 진행된다. 파수꾼 다가 진실을 알게 되기까지 시 뮬라크르는 실재를 대체하여 지연된다.

① 파수꾼 다는 이리떼가 나타나는 상황이 두렵지만 파수꾼의 임무에 적응 하고자 한다.
② 파수꾼 가와 나가 잠든 사이 파수꾼 다는 흰 구름뿐인 진실을 알고 폭 로하고자 한다.
③ 시뮬라크르 제작자인 촌장의 저지 전략에 내파는 좌절된다.
④ 시뮬라크르는 유지 강화된다.

위의 구조에서 ①은 시뮬라크르가 유지되는 과정이며, ②는 내파 과정 이다. ③에서 내파와 저지의 대결 구조를 형성하다가 ④에서 저지 전략 이 성공하게 된다. 「파수꾼」의 구조와 마찬가지로 〈빌리지〉의 구조도 정 보는 지연되며, 내파와 저지의 대결 구조가 핵심 갈등을 이룬다.

① 겉으로는 평화로운 마을에 공포가 엄습하고 망루에서 파수꾼들이 마을 을 지키고 있다.

---

40 최성실, 「'만무방'의 지연의 플롯」, 한국소설학회 편, 『현대소설 플롯의 시학』, 태 학사, 1999, 164쪽.

② 루시우스는 노아가 숲에 들어가고도 괴물에게 공격을 받지 않았음을 알고 숲을 통과하여 다른 마을로 가고자 하지만 좌절된다.

③ 루시우스가 사경을 헤매자 그를 사랑하는 아이비의 아버지가 아이비에게 숲 속 괴물이 거짓임을 알려준다.

④ 아이비가 괴물로 알고 죽인 자가 노아임을 알지만, 원로들은 여전히 괴물이 존재하는 것으로 유지한다.

위의 구조에서도 중반까지는 「파수꾼」에서처럼 ①은 시뮬라크르가 유지되는 과정이며, ②는 내파 과정이다. ③에서의 내파와 저지의 대결 구조는 「파수꾼」에서보다 더 강하게 원로 모임 내부에서 빚어진다. ④에서 저지전략이 성공은 하게 되지만, 원로 모임 내에서 조만간 시뮬라크르가 유지되지 못하게 될 수도 있다는 것을 암시한다.

〈빌리지〉를 연출한 나이트 샤말란 감독은 〈식스 센스〉에서 보듯 반전의 귀재이며 이를 위한 지연플롯을 잘 활용하는 감독이다. 그러나 〈빌리지〉에서는 아이비의 아버지가 아이비에게 진실을 말하고 아이비가 숲을 건너는 그 순간부터 반전보다는 시뮬라크르의 내파와 저지 과정의 갈등 양상에 더 중점을 두고 있다.

5. 맺음말

이 글은 보드리야르가 『시뮬라시옹』에서 접근한 시뮬라크르 개념의 관점에서 문화 현상을 살펴본 것이다. 이 글은 보드리야르가 말한 시뮬라크르에서 있어서 권력이 어떤 현실을 어떤 목적으로 어떻게 연출하는지에 따라 시뮬라크르의 유형이 조금씩 달라진다는 점에 주목하여 시뮬라크르 생산자의 목적에 따라 크게 시뮬라크르 유형이 세 가지로 대별된다는 점에 주목하였다. 첫째는 공포감을 인위적으로 조작함으로써 아무런 위협이나 공포가 없는 사실이나 현실을 왜곡하여 권력을 유지하는 도구로 사용하는 경우이며, 두 번째로는 피지배자나 기존의 권력을 추종하는 자들에게 사실은 지배를 받을 만하거나 추종할 만한 아무것도 없다는 사실을 은폐하여 본질을 보지 못하게 하는 경우이며, 세 번째 유형으로는 내부에 비리나 위험이 있는데도 불구하고 이를 감추기 위해, 다른 위험을 상정해 허상의 시뮬라크르를 상정한 후 덮어씌우거나 환상을 만들어 내부에는 아무런 문제가 없다고 만드는 경우이다. 이 글에서는 첫 번째 유형 즉 공포나 위협을 인위적으로 조작하는 유형에 초점 맞추어 시뮬라크르의 작동 원리를 밝혔다.

이 연구는 먼저 시뮬라크르와 권력 유지가 어떤 관련성이 있는지를 기존의 연구를 바탕으로 현실이나 문화현상에서 나타난 시뮬라시옹의 원리를 살펴보았다.

이강백의 희곡 「파수꾼」과 영화 〈빌리지〉는 모두 마을의 질서와 권력 유지를 위해 가상의 적을 만들어 공포감을 조성하는 줄거리를 지녔다는 공통점을 지니고 있다. 이 글은 첫 번째 유형에 속하는 이 두 작품으로 보드리야르가 『시뮬라시옹』에서 말한 실재보다 더 실재처럼 보이는 파생 실재(Hyperreal)가 실재를 지배하는 양상을 살펴보았다.

시뮬라크르는 내부적 요인에 의해 내파될 수밖에 없는데, 시뮬라크르 제작자들은 시뮬라크르를 유지하기 위해 이러한 내파를 저지하게 된다. 「파수꾼」과 〈빌리지〉는 유사점이 많음에도 불구하고 내파와 저지 과정에서 조금 다른 양상을 보인다.

「파수꾼」은 이리떼가 나타난다는 것이 거짓이라는 것을 알게 된 주인공 파수꾼 다가 촌장에게 설복당해 마을을 질서와 평화 유지를 위해 여전히 가상의 적인 이리떼가 나타난다는 것을 보고하는 일을 하기로 결정함으로써 시뮬라크르가 강화되는 결말로 끝맺는다. 그러나 영화 〈빌리지〉에서는 숲 밖을 나가지 못하도록 숲에 괴물이 산다는 시뮬라크르가 형성되었지만, 눈먼 소녀가 마을을 탈출하여 약을 가져옴으로써 마을의 원로와 어른들이 반성하는 계기가 되어, 시뮬라크르가 약화되는 결말로 끝맺는다는 차이점이 있다.

이 글은 이들 두 작품에서 어떻게 시뮬라크르를 활용하는지를 살펴보기 위해 서사론적 측면에서 등장인물의 기능과 서사구조로 시뮬라크르 양상에 접근하였다. 우선 「파수꾼」과 〈빌리지〉의 등장인물을 시뮬라크르 제작자군과 수용자군, 폭로자군으로 구분하여 이들 인물의 기능을 살폈다. 또한 서사구조적 특성을 밝혀 정보의 지연과 내파와 저지의 대결 구조로 플롯이 구성되어 있음을 밝혀 시뮬라크르가 어떻게 형성되며 어떠한 의미를 지니는지를 살펴보았다.

이 글은 그동안 희곡 「파수꾼」이나 영화 〈빌리지〉를 대상으로 시뮬라크르 양상으로 연구한 논문이 전무하기에 시뮬라크르 적용 연구의 지평을 넓혔다고 할 수 있다.

예술학부 글쓰기 교육 사례

1. 기본 자료

빈센트 반 고흐, 신성림 편역, 『반 고흐, 영혼의 편지』, 예당, 2005.
빈센트 미넬리, 〈열정의 랩소디〉, 워너브러더스, 1956
핌 반 호브, 〈반 고흐, 위대한 유산〉, 캔들미디어, 2013.

2. 논문 및 단행본

권정임, 「문학과 교육 : 숭고 이미지의 예술철학적 의미」, 『인문학연구』 41호, 조선대학교 인문학연구원, 2011.
김종희 · 정민석 외, 『글쓰기의 이론과 실제 · 예술 계열 글쓰기』, 경희대학교 출판국, 2004.
미학대계 간행위원회, 『미학대계2 예술과 교육, 미학의 문제와 방법』, 서울대학교출판부, 2007.
중앙대학교 교양학부 글쓰기교육위원회, 『미의식과 인간 · 예 · 체능계열 글 읽기』, 경진, 2010.
김주현, 「미술대학 글쓰기 교육 체계 ─ 교양 교과 예술계열 글쓰기와 전공 교과 글쓰기 연계」, 『미술교육논총』 29권 4호, 한국미술교육학회, 2015.
노경실, 「천재와 절망은 같은 형제이리라!, 『반 고흐, 영혼의 편지』」, 『새가정』 53권 574호, 새가정사, 2006.
이미정, 「예체능 계열 글쓰기 교육 방안 연구 : 디자인학과를 중심으로」, 『교양교육연구』 7권 6호, 한국교양교육학회, 2013.

이영민·이수영·임정연, 「4년제 대학 예체능계열 졸업생의 취업준비행동과 취업성과 결정요인 분석」, 『사회과학연구』 52권 1호, 강원대학교 사회과학연구원, 2013.

이원숙, 「인식의 확장을 유도하는 예술계열 글쓰기」, 『대학작문』 6호, 대학작문학회, 2013.

이은주, 「대학 글쓰기의 이론과 실제-예술대 글쓰기 사례를 중심으로」, 『이화어문논집』 26, 이화어문학회, 2008.

전지니, 「계열별 글쓰기 교육의 방향성에 대한 재고-E여대 교재 및 수업 개편 사례를 중심으로」, 『교양교육연구』 10권 3호, 한국교양교육학회, 2016.

아서 단토, 『앤디 워홀 이야기』, 이혜경·박선령 역, 명진출판사, 2016.

읽기와 쓰기의 상호텍스트성 교육의 한 사례 연구

1. 기본 자료

마이클 커닝햄, 『세월』, 정명진 역, 생각의나무, 1999.

스티븐 달드리 연출, 데이비드 헤어 각본, 〈디 아워스〉, 2002.

2. 논문 및 단행본

김상률, 「울프와 함께 춤을-세 예술가의 텍스트에 나타난 죽음의 문제와 상호텍스트성」, 『문학과영상』 제6권 2호, 문학과영상학회, 2005.

김성곤, 「포스트모더니즘과 포스트리얼리즘-현대미국소설과 유럽소설의 〈상호텍스트성〉을 중심으로」, 『미국학』 제12호, 서울대학교 미국학연구소) 1989.

김연주, 「읽기와 쓰기의 통합 모형 연구-〈명저읽기와글쓰기〉를 중심으로」, 『교양교육연구』 제7권 제3호, 한국교양교육학회, 2013.

나병우, 『댈러웨이 부인』에 나타난 서사 기법 연구」, 『인문학논총』 제33호, 경성대학교 인문과학연구소, 2013.

박인영, 「〈디아워스〉의 오프닝 시퀀스 연구」, 『영화연구』 제59호, 한국영화학회, 2014.

숙명여자대학교 의사소통센터,『세상을 바꾸는 글읽기와 쓰기』, 경문사, 2010.

윤재연,「대학 글쓰기에서 읽기와 쓰기 통합 방안 모색 – 설득 텍스트의 읽기–쓰기 통합지도를 중심으로」,『한민족어문학』제66호, 한민족어문학회), 2014.

이지아,「Stephen Daldry의 The Hours에 나타난 페미니즘」, 부산외국어대학교 석사학위 논문 2004.

정덕애,『『일반독자』와『댈러웨이부인』의 대화적 글쓰기 : "의사소통은 진실이다"』,『영미문학교육』제9집 2호, 한국영미문학교육학회, 2005.

정명희,『『댈러웨이 부인』: 해체적 글쓰기와 사회 비판」,『語文學論叢』제16호, 국민대학교 어문학연구소, 1997.

정현숙,「영화로 이해하는 윌리엄 포크너와 버지니아 울프 – 〈시민 케인〉과 〈디 아워스〉」,『영미어문학』제82호, 한국영미어문학회, 2007.

진희숙,『영화 속 클래식』, 청아출판사, 2013.

최숙기,「읽기와 쓰기의 통합적 교수 학습 방안 탐색」,『독서연구』제28호, 독서학회, 2012.

한래의,「대학 교양 고전 교육과 상호텍스트성의 활성화 – 읽기, 토론, 쓰기의 연계를 중심으로」,『현대문학의 연구』제50호, 한국문학연구학회), 2013.

환경영화를 활용한 융합적 사고와 표현 교육모형 연구

1. 기본 자료

그레고르 쉬니츨러, 〈클라우드(Die Wolke)〉, 2006(2013, UEK).

2. 논문 및 단행본

박이문,『환경철학』, 미다스북스, 2002.

옥현진,「국제 문식성 평가 분석을 통한 문식성 교육 시사점 탐색 – PIRLS, PISA, PIAAC을 중심으로」,『청람어문교육』제49호, 2014,

이재형,「국어과 교과서에서의 비판적 문식성 수용 양상」,『청람어문교육』제44호, 2011.

한상철,「비판적 사고와 토론―아카데미식 토론을 중심으로」,『철학사상』별책 제4권『비판적 사고의 이론적 토대와 그 활용에 대한 철학적 연구』, 서울대학교 철학사상연구소, 2004.

홍일희,「인간과 자연의 관계정립의 문제 : 니체철학을 중심으로」,『철학논총』제37집, 새한철학회, 2004.

황영미,『영화와 글쓰기』, 예림기획, 2009.

―――,「융합학문으로서의 '영화공학'의 학적 성립과 방향」,『영화연구』제61호, 한국영화학회, 2014.

한국사고와표현학회 영화와 의사소통연구회,『영화로 읽기 영화로 쓰기』, 푸른사상사, 2015.

제임스 러브록,『가이아의 복수』, 이한음 역, 세종서적, 2008.

찰스 D. 퍼거슨,『원자력 재난을 막아라』, 주홍렬 역, 생각의 힘, 2014.

Len Unsworth, *Teaching multiliteracies across the curriculum*, Open University Press : Buckingham UK, Philadelphia USA, 2001.

Marianna Ryshina-Pankova, "Understanding "Green Germany" through Images and Film : A Critical Literacy Approach", *Die Unterrichtspraxis/Teaching German*, vol.46, issue 2(the American Accociation of Teachers of German). 2013,

Swaffar, J. & Vlatten, A, 1997, "A sequential model for video viewing in the foreign language curriculum". The Modern Language Journal, 81(1).

한국전쟁기 양민학살사건을 그린 영화와 소설을 활용한 성찰적 글쓰기 교육방안

1. 기본 자료

김원일,『겨울 골짜기』, 도서출판 강, 2014(초판 : 민음사, 1987).

김재수,〈청야〉, 꿈꿀 권리 · 거창군 · (사)거창사건희생자유족회 제작, 2013.

윤영수,「도묘」,『사랑하라 희망없이』, 민음사, 2008(최초 게재 :『현대문학』, 현대문학사, 1991.5).

2. 논문 및 단행본

강영안, 「레비나스의 철학에서 주체성과 타자−후설의 자아론적 철학에 대한 레
비나스의 대응」, 『철학과 현상학 연구』 4호, 한국현상학회, 1990.

구모룡, 「화해를 위한 서사적 질문」, 『외국문학』 15호, 열음사, 1988.

김성철, 「자기 성찰적 글쓰기 교육의 방법과 운영 사례 연구−경희대학교 글쓰
기 교육을 중심으로」, 『우리어문연구』 44, 우리어문학회, 2012.

김연숙, 「타자를 위한 책임으로 구현되는 레비나스의 양심」, 『윤리교육연구』 25
집, 한국윤리교육학회, 2011.

노민영·강희정 기록, 『거창양민학살−그 잊혀진 피울음』, 온누리 신서, 1988.

박용익, 「자기 표현적 글쓰기의 교육적 함의」, 『텍스트 언어학』 24호, 텍스트언어
학회, 2008.

정연희, 「교양교육으로서의 대학 글쓰기 교육에서 자기 성찰적 글쓰기의 의미」,
『우리어문연구』 43, 우리어문학회, 2012.

최진석, 「타자 윤리학의 두 가지 길−바흐친과 레비나스」, 『노어노문학』 21권 3
호, 한국노어노문학회, 2009.

한래희, 「자아 이미지와 서사적 정체성 개념을 활용한 자기 성철적 글쓰기 교육
연구」, 『작문연구』 20, 한국작문학회, 2014.

홍경실, 「키에르케고어와 레비나스의 주체성 비교−우리 시대의 새로운 인간 이
해를 위하여」, 『철학연구』 27집, 고려대학교 철학연구소, 2004.

황영미, 「영화에 나타난 한국전쟁기 미군과 민간인의 관계−〈작은 연못〉, 〈웰컴
투 동막골〉, 〈아름다운 시절〉을 중심으로」, 『현대영화연구』 18호, 현대영
화연구소, 2014.

─────, 『 영화와 글쓰기』, 예림기획, 2009.

Emmanuel Levinas, *Etique et Infini*, Fayard, 1982.

영화를 통한 이과생 대학 글쓰기 교육방법 연구

김인경, 「이공계 대학생 글쓰기 상담 연구 : 제안서를 중심으로」, 『돈암어문학』 제
23호, 돈암어문학회, 2010.

김중철, 「영화에 나타난 '글쓰기'의 의미」, 『한국사고와표현학회 학술대회 논문집』, 한국사고와표현학회, 2011, 15~25쪽.

김혜경, 「공학적 글쓰기의 교수방법 연구」, 충남대학교 박사학위 논문, 2010.

김희정 · 박은진, 『비판적 사고』, 아카넷, 2008.

박만엽, 「비판적 사고와 논증 분석」, 『사고와 표현』 4호, 한국사고와표현학회, 2011.

박상민, 「이공계 글쓰기 교육의 특징과 과제」, 『배달말』 제45호, 배달말학회, 2009.

박선양, 「이공계 글쓰기 교육의 효과적 교수방안 연구 : 전북대학교 사례를 중심으로」, 『국어문학』 제49집, 국어문학회, 2010.

배원병 외, 『이공계가 한다!! 글쓰기와 발표하기』, 북스힐, 2010.

변지선, 『이공계열 학생을 위한 글쓰기 교육방법』, 한국학술정보, 2010.

황성근, 「이공계 글의 특징과 글쓰기 교육 방향 모색」, 『사고와 표현』 제3집, 한국사고와표현학회, 2010.

황영미, 『영화와 글쓰기』, 예림기획, 2009.

박범신 소설 『은교』의 영화화 연구

1. 기본 자료

박범신, 『은교』, 문학동네, 2010.

정지우, 〈은교〉, kd media, 2012.

2. 논문 및 단행본

김병덕, 「환멸의 세계와 탐미적 서사-박범신론」, 『한국문예창작』8, 한국문예창작학회, 2009.

안의진, 「감각과정을 통한 갈등경험과 서스펜스 : 서스펜스패러독스의 해결」, 『인문연구』 65호, 영남대학교 인문과학연구소, 2012.

유영희, 「영화 〈은교〉를 보는 한 가지 시선」, 『사고와표현』 5권 1호, 한국사고와표현학회, 2012.

이채원, 「(대중) 소설과 (대중) 영화가 당대의 사회 규범과 소통하는 방식」, 『문학과영상』 13권 4호, 문학과영상학회, 2012.

조정래, 「소설과 영화의 서사론적 비교 연구 — 이미지와 서술」, 『현대문학의 연구』 22호, 한국문학연구학회, 2005.

최시한, 「〈기묘한 직업〉의 기호론적 분석」, 『어문논집』 5, 숙명여대 한국어문학연구소, 1995.

황영미, 「『완득이』의 서술전략과 영화화연구」, 『돈암어문학』 24집, 돈암어문학회, 2011.

들뢰즈, 『차이와 반복』, 김상환 역, 민음사, 2004.

소쉬르, 『일반언어학 강의』, 스티븐 코헨·린다 샤이어스, 『이야기하기의 이론』, 임병권·이호 역, 한나래, 1007.

수잔 스나이더 랜서, 『시점의 시학』, 김형민 역, 좋은날, 1998.

존 오르, 『영화와 모더니티』, 김경욱 역, 민음사, 1999.

3. 기사

「정지우 감독과의 인터뷰」, 『무비위크』 527, JES중앙엔터테인먼트앤드스포츠, 2012.(http://www.movieweek.co.kr/article/article.html?aid=28896)

차우진, 「영화를 지배하는 음악」, 『씨네21』 No.853, 2012.5.(http://www.cine21.com/news/view/mag_id/69877).

홍정원, 「박범신 작가 "영화 '은교', 원작 뛰어넘었다..원작자 밝힌 3가지 나은 점은?"」, 뉴스엔, 2012.5.2.(http://movie.daum.net/movieinfo/news/movieInfoArticleRead.do?articleId=1638107)

소설의 영화화에 있어서의 시점 연구

1. 기본 자료

최윤, 『저기 소리 없이 한 점 꽃잎이 지고』, 문학과지성사, 2003.

영화진흥공사 편, 〈꽃잎〉, 1996년도 『한국 시나리오 선집』 제14권, 집문당, 1999.

장선우, 〈꽃잎〉, 미라신코리아, 1996.

2. 논문 및 단행본

김경수, 「소설의 인물지각과 서술태도-오정희의 〈별사〉」, 한국소설학회 편, 『현대소설 시점의 시학』, 새문사, 1996 : 486~509.

김병익, 「고통의 아름다움 혹은 아름다움의 고통」, 『저기 소리 없이 한 점 꽃잎이 지고』, 문학과지성사, 1992.

김성진, 「영화《피바다》연구」, 『語文論集』 제35집, 中央語文學會, 2006.

박성수, 「영화적 화자와 이데올로기의 문제-〈꽃잎〉에 대한 서사 이론적 접근」, 『오늘의 문예비평』, 책읽는사람, 1996.9.

이덕화, 「〈저기 소리 없이 한 점 꽃잎이 지고〉와 영화 〈꽃잎〉의 비교연구」, 『현대문학의 연구』 제35호, 2008.

이수현, 「〈꽃잎〉에 나타난 영상미학과 각색의 원리」, 『문학과영상』 제10권 1호, 문학과영상학회, 2009.4.

이정하, 『영화와 글쓰기』, 부키, 1997.

이채원, 「소설과 영화의 표현양식 연구」, 『문학과영상』 제8권 2호, 문학과영상학회, 2007.8.

조미숙, 「소설의 영화화 연구」, 『통일인문학논총』 제43집, 건국대학교 인문학연구원, 2005.12.

황혜진, 「〈꽃잎〉의 맥락, 역사적 사건의 대중문화적 수용」, 『영화연구』 14호, 한국영화학회, 1998.

수잔 스나이더 랜서, 『시점의 시학』, 김형민 역, 좋은날, 1998.

슈탄젤, 『소설의 이론』, 김정신 역, 탑출판사, 1994.

시모어, 채트먼, 『영화와 소설의 서사구조』, 김경수 역, 민음사, 1990.

웨인, C 부우드, 『소설의 수사학』, 이능우·최재석 역, 한신문화사, 1987.

토마스 소벅·비비안 C. 소벅, 『영화란 무엇인가』, 조창규 외 역, 거름, 1998.

Seymour Chatman, *The Rhetoric of Narrative in Fiction and Film*, Cornell, Univ. Press, 1990.

『완득이』의 서술 전략과 영화화 연구

1. 기본 자료

김려령, 『완득이』, 창비, 2008.
이한, 〈완득이〉, (주)유비유필름·어나더무비스(제작), 2011.

2. 논문 및 단행본

강영안, 『타인의 얼굴－레비나스의 철학』, 문학과 지성사, 2006.
김경수, 「소설의 인물지각과 서술태도－오정희의 〈별사〉」, 한국소설학회 편, 『현대소설 시점의 시학』, 새문사, 1996.
김미영, 「다문화 사회와 소설교육의 한 방법－김려령의 《완득이》를 중심으로」, 『한국언어문화』 제49호, 한국언어문화학회, 2010.
김성진, 「영화 《피바다》 연구」, 『語文論集』 제35집, 中央語文學會, 2006.
김지형, 「순진함으로서의 "학생" 표상 고찰－『완득이』, 『열일곱 살의 털』을 중심으로」, 『한국아동문학연구』, 한국아동문학학회, 2009.
김화선, 「청소년 문학에 나타난 '성장'의 문제」, 『아동청소년문학연구』 제3호, 한국아동청소년문학학회, 2008.
이수정, 「'믿을 수 없는' 일인칭 서술－1920~30년대 단편소설」, 한국소설학회 편, 『현대소설 시점의 시학』, 새문사, 1996.
이은희, 「다문화 시대의 성장소설로서 『완득이』 읽기 교육 방안」, 아주대학교 교육대학원 석사학위 논문, 2011.
보리스 우스펜스키, 『소설구성의 시학』, 김경수 역, 현대소설사, 1992.
수잔 스나이더 랜서, 『시점의 시학』, 김형민 역, 좋은날, 1998.
슈탄젤, 『소설의 이론』, 김정신 역, 탑출판사, 1994.
시모어 채트먼, 『영화와 소설의 서사구조』, 김경수 역, 민음사, 1990.
웨인 C. 부우드, 『소설의 수사학』, 이능우·최재석 역, 한신문화사, 1987.
제라르 주네트, 『서사담론』, 권택영 역, 교보문고, 1992.
토마스 소벅·비비안 C. 소벅, 『영화란 무엇인가』, 조창규 외 역, 거름, 1998.

1인칭 소설의 영화화

김숙경, 「1980년대 한국 문예영화 연구」, 중앙대학교 석사학위 논문, 1992.

김중철, 『소설의 영상화 과정에 관한 연구』, 한양대학교 박사학위 논문, 1999.

김태관, 「소설의 영화화 과정에 관한 서사학적 요소의 연구」, 동국대학교 석사학위 논문, 1990.

민병기 외, 『한국의 영상문학』, 문예마당, 1998.

박종홍, 「이문열 소설의 권력, 애정, 예술」, 『현대소설연구』 6호 현대소설학회, 1997.

백연희, 「영화의 서사화법 연구 및 분석」, 한양대학교 석사학위 논문, 1994.

서정남, 「영화─음영서사에서 초점화와 서술의 문제」, 『내러티브』 창간호, 한국 서사연구회, 2000.

성민엽, 「개인과 자유를 위한 열망」, 『이문열론』, 삼인행, 1991.

임승용, 「소설의 시나리오 각색 연구」, 연세대학교 석사학위 논문, 1997.

데이비드 보드웰 · 크리스틴 톰슨, 『Film Art』, 주진숙 · 이용관 역, 1992.

슈탄젤, 『소설의 이론』, 김정신 역, 탑출판사, 1994.

롤랑 바르트, 「이야기의 구조적 입문」, 『구조주의와 문학비평』, 김치수 편역, 홍성사, 1984.

시모어 채트먼, 『영화와 소설의 서사구조』, 김경수 역, 민음사, 1990.

─────────, 「영화각색의 새로운 유형」, 한용완 역, 『내러티브』 제2호, 2000 가을 · 겨울.

수잔 랜서, 『시점의 시학』, 김형민 역, 좋은날, 1998.

스티븐 코핸 · 린다 M. 샤이어스, 『이야기하기의 이론』, 임병권 · 이호 역, 한나래, 1997.

토마스 소벅 · 비비안 C. 소벅, 『영화란 무엇인가』, 조창규 외 역, 거름, 1998.

영화에 나타난 한국전쟁기 미군과 민간인의 관계

1. 기본 자료

이광모, 〈아름다운 시절〉, 1998.
박광현, 〈웰컴 투 동막골〉, 2005.
이상우, 〈작은 연못〉, 2010.

2. 논문 및 단행본

강성률, 「영화로 보는 우리 역사 ⑤ 〈웰컴 투 동막골〉과 한국전쟁 : 민족의 이상 향과 과도한 민족주의의 함정」, 『내일을 여는 역사』 22호, 내일을 여는 역사, 2005.

고동연, 「전후 한국 영화에 등장하는 주한 미군의 이미지」, 『미국사연구』 30호, 한국미국사학회, 2009.

김권호, 「한국 전쟁영화의 발전과 특징」, 『지방사와 지방문화』 9집 2호, 역사문화 학회, 2006.

───, 「전쟁 기억의 영화적 재현 : 한국 전쟁기 지리산권을 다룬 영화들을 중 심으로」, 『사회와 역사』 68집, 한국사회사학회, 2005.

김연숙, 「타자를 위한 책임으로 구현되는 레비나스의 양심」, 『윤리교육연구』 25 집, 한국윤리교육학회, 2011.

김태우, 「영화 〈작은 연못〉을 통해 본 한국전쟁 다시쓰기」, 『작가세계』 87호, 세 계사, 2010.

남다은, 「전쟁기억의 표상들」, 『황해문화』 Vol.67, 새얼문화재단, 2010.

서희경, 「한국전쟁에서의 인권과 평화 : 피난민 문제와 공중폭격 사례를 중심으 로」, 『한국정치연구』 21호, 서울대학교 한국정치연구소, 2012.

신영덕, 「한국전쟁기 남북한 소설과 미국·중국군의 형상화 양상」, 『한중인문학 연구』 10호, 중한인문과학연구회, 2003.

이만열, 「노근리사건과 평화」, 제1회 노근리국제학술대회자료집, 2007.

이영민, 「관객동원 기록 갱신하는 반한, 반미영화들 (7) : 공산주의적 유토피아를 미군이 박살낸 것으로 묘사한 〈웰컴 투 동막골〉」, 『한국논단』 210호, 한 국논단, 2007.

지명혁, 「한국영화에서 나타난 한국전쟁의 양상과 시각의 변화」, 『영화교육연구』 제7집, 한국영화교육학회, 2005.

최득진, 「한국전쟁 중 미군에 의한 민간인 학살사건」, 『법전논총』 35호, 중앙대학교 법과대학, 2000.

최진석, 「타자 윤리학의 두 가지 길－바흐친과 레비나스」, 『노어노문학』 제21권 3호, 한국노어노문학회, 2009.

충북 발전연구원 편집부(편집자), 「노근리와 영화 〈작은 연못〉」, 『앞, 뒤 바라보다』 No.4, 충북발전연구원, 2010.

데리다, 『환대에 대하여』, 남수인 역, 동문선, 2004.

레비나스, 『존재와 다르게－본질의 저편』, 김연숙 · 박한표 역, 인간사랑, 2010.

3. 사이트

『무비위크』 홈페이지(http://www.movieweek.co.kr/article.html?aid=22998)

〈작은 연못〉 제작 노트 다음 홈페이지(http://movie.daum.net/moviedetail/movie-detailStory.do?movieId=42110&t__nil_main_synopsis=more)

'아리랑' 영화들에 나타난 내셔널 시네마적 특성 연구

김수남, 「나운규의 민족영화 재고」, 『영화연구』 7호, 한국영화학회, 1990.

―――, 「나운규의 〈아리랑 그 후의 이야기〉에 대한 비평적 고찰」, 『영상예술연구』 8호, 2006.

김태준, 「〈아리랑〉이란 무엇인가」, 국제문화재단 편, 『한국의 아리랑 문화』, 박이정, 2011.

김려실, 「상상된 민족영화 〈아리랑〉」, 『사이』 창간호, 국제한국문학문화학회, 2006.

김연갑, 「아리랑, 그 길고 긴 내력」, 국제문화재단 편, 『한국의 아리랑 문화』, 박이정, 2011.

김영찬, 「나운규 〈아리랑〉의 영화적 근대성」, 『한국문학이론과 비평』 제30집(10권 1호), 한국문학이론과비평학회, 2006.3.

김종원, 「차명된 민족영화 〈아리랑〉의 사료적 평가」, 『영화연구』 13호, 한국영화 학회, 1997.

김한상, 「냉전 체제와 내셔설 시네마의 혼종적 원천」, 『영화연구』 47호, 한국영화 학회, 2011.

남궁옥, 『중외일보』, 1930.2.18.

미츠요 와다−마르시아노, 「블라디보스톡에서 생각하는 일본 : '초민족적 영화에 서 민족 찾아내기」, 『트랜스 : 아시아 영상문화 컨퍼런스』, 트랜스 : 아시 아영상문화연구소, 2006.

유현목, 「나운규의 민족적 낭만주의고찰」, 『연극학보』 15호, 동국대학교 연극영 상학부, 1984.

이숙영, 「영화 〈구로아리랑〉에 나타난 노동쟁의 연구」, 『영화교육연구』 3호, 한 국영화교육학회, 2001.

이지연, 「내셔널 시네마의 유통과 '작가' 감독의 브랜드화에 대한 비판적 성찰− 기타노 타케시와 임권택의 경우를 중심으로」, 『영화연구』 30호, 한국영 화학회, 2006.

이효인, 「민족영화운동의 몇 가지 제안」, 『보운』 18호, 충남대학교 교지편집위원 회, 1989.

주유신, 「민족 영화 담론, 그 지형과 토픽들」, 한국영화학회 학술대회 발표자료 집, 2008.

Andrew Higson, "The limiting imagination of national cinema, Matte Hjrot & Scott MacKenzie, eds., *Cinema and Nation*, London& NY, R outledge.

——————, The Concept of National Cinema, Catherine ed., *The European Cinema Reader*, London and New York : Routledge, 2002.

한국 영화에 나타난 다문화 양상 연구

1. 기본 자료

〈바리케이드〉(1997)

〈파이란〉(2001)

〈여섯 개의 시선〉 중 〈믿거나 말거나, 찬드라의 경우〉

〈별별이야기〉 중 〈자전거 여행〉(2005)
〈처음 만난 사람들〉(2007)
〈별별이야기 2〉 중 〈샤방샤방 샤랄라〉(2007)
〈문디〉(2008)
〈로니를 찾아서〉(2009)
〈반두비〉(2009)
〈방가? 방가!〉(2010)

2. 논문 및 단행본

김소영, 「그렇게 그녀는 이방인을 '체화'했다 – 인종과 성, 젠더의 충돌을 통해 〈반두비〉가 보여주는 것」, 『씨네21』, 2009.07.31.(http://www.cine21. com/Article/article_view.php?mm=005004004&article_id=57252)

김애령, 「이방인의 환대의 윤리」, 『철학과 현상학 연구』 제39집, 한국현상학회, 2008.11.

김윤아, 「소설과 영화 사이 : 영화 〈파이란〉과 〈우리들의 행복한 시간〉을 중심으로」, 『현대비평과 이론』 제13권 제2호(통권 26호), 2006. 가을·겨울.

김진옥, 「울프의 올란도 : 들뢰즈/가타리의 "여성-되기"」, 『제임스 조이스 저널』 제9권 2호, 2003.2.

김 효, 「들뢰즈/가타리의 '되기' 이론으로 살펴 본 장쥬네의 〈하녀들〉」, 『한국연극학』 제36호, 2008.

문소영, 「한국영화에 나타난 오리엔탈리즘 연구」, 부산대학교 석사학위 논문, 2007.

박종성, 『탈식민주의에 대한 성찰 – 푸코, 파농, 사이드, 바바, 스피박』, 살림출판사, 2006.

박종수, 「다문화현상에 대한 한국개신교의 인식과 대응」, 『종교문화연구』 제14호, 2010.6.

오경석 외, 『한국에서의 다문화주의 : 현실과 쟁점』, 한울, 2007.

우한용, 「21세기 한국사회의 다양성과 소설적 전망」, 『현대소설연구』 40호, 한국현대소설학회, 2009.

한건수, 「비판적 다문화주의 : 한국적 다문화주의의 모색을 위한 인류학적 성찰」, 『다문화 사회의 이해』, 동녘, 2008.

홍원표, 「탈식민주의와 교육과정 연구 : 다문화 시대의 새로운 인식론적 기반을
찾아서」, 『교육과정연구』 제28호, 2010.3.

황영미, 「한국 다문화가족 TV드라마의 특성 연구」, 『한국문예비평연구』 31집,
2010.4.

────, 「한국 속 이방인 순례기 – 영화 〈파이란〉, 〈여섯 개의 시선〉 중 〈믿거
나 말거나, 찬드라의 경우〉, 〈처음 만난 사람들〉」, 『너머』 3호, 해와 달,
2007.

데리다, 『환대에 대하여』, 남수인 역, 동문선, 2004.

스피박, 「하위주체가 말할 수 있는가? 다원화주의의 문제들」, 태혜숙 역, 『세계
사상』 4호, 1998.

스티븐 코헨·린다 샤이어스, 『이야기하기의 이론』, 임병권·이호 역, 한나래,
1997.

시모어 채트먼, 『영화와 소설의 서사구조』, 김경수 역, 민음사, 1990.

에드워드 사이드, 『오리엔탈리즘』, 박홍규 역, 교보문고, 1991

존 오르, 『영화와 모더니티』, 김경욱 역, 민음사, 1999.

질 들뢰즈·펠릭스 가타리, 『천 개의 고원』, 김재인 역, 새물결, 2001.

영화와 소설 『상실의 시대』의 사유 체계 연구

1. 기본 자료

무라카미 하루키, 『상실의 시대』, 유유정 역, 문학사상사, 1987.

트란 안 훙, 〈상실의 시대〉, 2010.

2. 논문 및 단행본

강동우, 「한국현대시에 나타난 노장사상적 특성」, 『도교문화연구』 18, 한국도교
문화학회, 2003.

김병수, 「무라카미 하루키의 『노르웨이의 숲』 소고 – 연애의 불모와 사랑의 공
허」, 『일본문화산책』 6, 한국외국어대학교 대학원 일본근대문학회,

2005.

김상대, 「언어의 진실성에 대하여 – 노자의 언어관을 중심으로」, 『국어교육연구』,
　　서울대학교 국어교육연구소, 1998.

김용언, 「씨네 리뷰 – 상실의 시대」, 『씨네21』, 20011.4.19.(http://www.cine21.
　　com/do/movie/detail/review?movie_id=29047)

──, 「사랑을 상실하고 우린 어떻게 슬퍼할까」, 『씨네21』, 2010.4.19.(http://
　　www.cine21.com/do/article/article/typeDispatcher?mag_id=65657&page=1
　　&menu=&keyword=&sdate=&edate=&reporter=)

김응교, 「하루키 시뮬라크르, 일회용 호모 사케르」, 『자음과 모음』 6. 자음과모
　　음, 2009.

김창준, 「토마스 만의 『베니스의 죽음』에 나타난 로고스 · 에로스 · 타나토스」,
　　『세계문학비교연구』 17, 세계문학비교학회, 2006.

김청균, 「무라카미 하루키의 『1Q84』론 – '균형'과 '끌어당김'의 의미를 중심으로」,
　　『일본학보』 87, 한국일본학회, 2011.

김형효, 『사유하는 도덕경』. 소나무, 2011.

──, 『마음 나그네』. 소나무, 2010.

김화영, 「무라카미 하루키의 작품에 나타난 음악의 수용 – 『노르웨이 숲』을 중심
　　으로」, 『중앙대학교일본연구』 17, 중앙대학교 일본연구소, 2002.

배기정, 「무라카미 하루키의 『노르웨이의 숲』 – 주인공의 작중인물들과의 관련양
　　상을 중심으로」, 고려대학교 교육대학원 석사학위 논문, 1998.

서정완, 「일본문학의 현 상황 – '무라카미 하루키 현상'과 현대일본인의 자아」,
　　『리토피아』 4, 리토피아, 2001.

유은경, 『『노르웨이의 숲』론』, 『일본어문학』 20, 일본어문학회, 2003

이영욱, 「무라카미 하루키의 『노르웨이의 숲』론 – 나오코와 미도리의 인물분석과
　　비교를 중심으로」, 계명대학교 대학원 석사학위 논문, 2007.

이은례, 『『노르웨이의 숲』에 그려진 도시와 이공간」, 『국제학술대회 발표논문집』,
　　한국일본어문학회, 2010.

최재목, 『동아시아의 양명학』. 예문서원, 1996.

가라타니 고진, 『네이션과 미학』, 조용일 역. 도서출판b, 2004.

──, 『근대문학의 종언』, 조용일 역, 도서출판b, 2006.

—————, 『역사와 반복』, 조용일 역. 도서출판b, 2008.

노자, 『노자 도덕경과 왕필의 주』, 김학목 역, 홍익출판사, 2000.

루스 베네딕트, 『국화와 칼』, 김윤식 · 오인석 역, 을유문화사, 1974.

지그문트 프로이트, 『꿈의 해석』, 김인순 역, 열린책들, 1997.

이강백의 희곡 「파수꾼」에 나타난 시뮬라크르 양상 연구

1. 기본 자료

이강백, 「파수꾼」, 『이강백 희곡전집』 1, 평민사, 1982.

나이트 샤말란, 〈빌리지〉, 터치스톤 픽처스 제작, 2004.

2. 논문 및 단행본

고규흔, 「음모론, 진실에 접근하는 변칙 경로 – '루스체인지', '누가 전기자동차를 죽였나?' 음모론을 다룬 두 편의 영화를 중심으로」, 『공연예술저널』 15호, 성균관대학교 공연영상문화연구소, 2008.7, 108쪽.

김경애, 「김기덕의 '시간'과 시뮬라크르」, 『문학과 영상』, 문학과영상학회, 2007 여름호.

김미선, 「수용 미학의 관점에서 본 희곡 〈파수꾼〉」, 『한국극예술연구』 29호, 한국극예술학회, 2009.

김종엽, 「포스트모던 사회이론과 비판」, 『세계의 문학』 67, 1993 겨울호.

박치완, 「J. 보드리야르의 시뮬라크르, 시뮬라시옹 개념에 대한 일 반역」, 『해석학연구』 제21집, 해석학회 2008.

배봉기, 「이강백론 – 정치 알레고리를 중심으로 초기 희곡 연구」, 『현대 문학의 연구』 10호, 한국문학연구학회, 1998.

배영달, 『보드리야르와 시뮬라시옹』, 살림, 2005.

윤종범, 「장 보드리야르 연구」, 『한국프랑스논집』 제29집, 한국프랑스학회, 2000.

이영미, 『이강백 희곡의 세계』, 시공사, 1998.

이종한, 「시뮬라크르의 전형으로서 '매트릭스'의 가상세계」, 『디자인학연구』 통권 제55호, 한국디자인학회, 2004.

이 호, 「인물 및 인물 형상화에 대한 이론적 개관」, 한국소설학회 편, 『현대소설 인물의 시학』, 태학사, 2000.

이효석, 「윌리엄 골딩의 '파리대왕' : 현대정치와 시뮬라시옹」, 『현대영미소설』 제 14권 1호, 2007.

정 일, 「이강백의 희곡연구 : '다섯', '셋', '알', 〈파수꾼〉에 대한 기호학적 분석」, 조선대학교 교육대학원, 1999.

진중권, 『미학오디세이 3』, 휴머니스트, 2004.

최성실, 「'만무방'의 지연의 플롯」, 한국소설학회 편, 『현대소설 플롯의 시학』, 태 학사, 1999.

미하일 바흐친, 『문예학의 형식적 방법』, 이득재 역, 문예출판사, 1992.

스티븐 코핸 · 린다 샤이어스, 『이야기하기의 이론 : 소설과 영화의 문화 기호 학』, 임병권 · 이호 역, 한나래, 1996, 7쪽.

장 보드리야르, 『시뮬라시옹』, 하태환 역, 민음사, 2001.

예술학부 글쓰기 교육 사례 - 『영혼의 편지』와 〈열정의 랩소디〉를 중심으로

『사고와표현』 9권 3집, 한국사고와표현학회, 2016.12.

읽기와 쓰기의 상호텍스트성 교육의 한 사례 연구 - 마이클 커닝햄의 〈세월〉과 영화 〈디아워스〉를 중심으로

『사고와표현』 9권 1집, 한국사고와표현학회, 2016.05.

환경영화를 활용한 융합적 사고와 표현 교육모형 연구 - 영화 〈클라우드〉를 중심으로

『사고와표현』 8권 3집, 한국사고와표현학회, 2015.12.

한국전쟁기 양민학살사건을 그린 영화와 소설을 활용한 성찰적 글쓰기 교육방안 - 영화 〈청야〉와 단편소설 「도묘」를 중심으로

『사고와표현』 7권 2집, 한국사고와표현학회, 2014.12.

영화를 통한 이과생 대학 글쓰기 교육방법 연구

『교양교육연구』 7권 4호, 한국교양교육학회, 2013.08.

박범신 소설 『은교』의 영화화 연구

『영상예술연구』 22호, 영상예술학회, 2013.05.

소설의 영화화에 있어서의 시전 연구-소설 〈저기 소리 없이 한 점 꽃잎이 지고〉와 영화 〈꽃잎〉을 중심으로

『국어국문학』 159호, 국어국문학회, 2011.12.

『완득이』의 서술 전략과 영화화 연구

『돈암어문학』 24호, 돈암어문학회, 2011.12

1인칭 소설의 영화화-「우리들의 일그러진 영웅」을 중심으로

『문학과영상』 2권 1집, 문학과영상학회, 2001.05.

영화에 나타난 한국전쟁기 미군과 민간인의 관계-〈작은 연못〉, 〈웰컴 투 동막골〉, 〈아름다운 시절〉을 중심으로

『현대영화연구』 10권 2집, 현대영화연구소, 2014.07.

'아리랑' 영화들에 나타난 내셔널 시네마적 특성 연구

『Comparative Korean Studies』 20권 3호, 국제비교한국학회, 2012.12.

한국 영화에 나타난 다문화 양상 연구-이방인 수용 양상을 중심으로

『영화연구』 47호, 한국영화학회, 2011.03.

영화와 소설 『상실의 시대』의 사유 체계 연구

『영화연구』 57호, 한국영화학회, 2013.09.

이강백의 희곡 「파수꾼」에 나타난 시뮬라크르 양상 연구-영화 〈빌리지〉와의 비교를 중심으로

『현대문학의 연구』 45호, 한국문학연구학회, 2011.11.

인명 및 용어

필름 리터러시

푸른사상 예술총서 15

필름 리터러시

영화로 읽는 세상